Fritz Schneider

Marock 'n Roll

Sex, Drugs, Art and a Surfing Soul

3. Auflage
© Fritz Schneider
c/o Autoren.Services Zerrespfad 9 53332 Bornheim
Alle Rechte vorbehalten.

www.fritzschneider.org

Einbandgestaltung: Fritz Schneider
Druck: KDP Amazon

ISBN: 978-3-9820087-0-7

An dieser Stelle gebietet es sich zu erwähnen, dass es bereits ein Buch mit dem Titel *Marock `n` Roll Beatgedichte von Hadayatullah Hübsch* gibt. Dem Gonzo Verlag wird gedankt für die Freigabe zur Nutzung der Titelrechte.

**Geben und nehmen
ist seliger als
geben oder nehmen.**

Fritz Schneider

Get A Job

The Silhouettes

Es ist still im Raum. Nicht ruhig. Dafür sind zu viele Schweigende anwesend. Sie alle scharren nervös mit den Füßen. Außerdem klirrt das Tafelsilber und die Kleinen schmatzen. Die gesamte Familie hat sich zum Abendbrot versammelt. Vater, Onkel, Tanten, Cousins und Cousinen und der ganze eingebürgerte und angeheiratete Rest, alle mit Kind und Kegel.

Bruno fährt sich durch den akkurat gestutzten Schnauzer. Gerade hat er die Frage gestellt, die jeden hier im Raum interessiert, die sich aber niemand sonst zu fragen getraut hat. Jetzt wartet er ungeduldig auf eine Antwort, die ihm Hanno bisher schuldig bleibt. Wie immer.

Hanno schießt indes das Adrenalin durch die Adern, während sich alle Wörter der Welt in seinem Kopf zu einem Kladderadatsch verklumpen. So gerne will er etwas sagen, aber mehr als rot anlaufen und schwer ausatmen gelingt ihm nicht. Mal wieder.

Bruno zieht – halb mitleidig, halb genervt – die Augenbrauen hoch und setzt erneut an.

»Na, du musst doch wissen, was du jetzt machen willst. Wie es weitergehen soll bei dir.«

Hanno atmet tief ein, aber weil er wieder länger zum Antworten braucht, als Bruno Ruhe ertragen kann, setzt dieser fort:

»Ach Mensch, Hanno, wie kann jemand, der so pfiffig ist wie du, sein Leben nur so verschwenden?«

Hanno will aufstehen, den Raum verlassen. Aber seinem Vater zuliebe bleibt er sitzen. Schließlich ist es sein Geburtstag. Rolf wird heute 55 und kann weder etwas für seinen erfolgsverwöhnten Bruder, der nichts lieber hört als seine eigene Stimme, noch für seinen introvertierten Sohn, dessen Leben so gar nicht dem üblichen Plan folgt. Und doch schämt er sich für beide ein bisschen. Rolf sitzt an der Spitze der reich gedeckten Tafel. Exponiert im Raum, Zentrum des Tages, und doch wie immer im Schatten seines klein gewachsenen Bruders. Bruno ist der Ältere und bleibt das Familienoberhaupt. Das sieht man schon an der Körperhaltung. Gerade und aufrecht, mit sicherem Blick aus klaren Augen. Nicht wie Rolf, mit hängenden Schultern und Tränensäcken so groß wie Sportbeutel. Bruno der Perfektionist, der alles unter Kontrolle hat. Rolf der Wurstler, der sich freut, wenn nicht alles auf einmal den Bach runtergeht. Vor der Tür steht Brunos nagelneuer X5. Ausgestattet mit allen nur erdenklichen Extras, die die Sonderausstattungsliste der Bayerischen Motoren Werke anzubieten hat. Daneben Rolfs zehn Jahre alter Passat, der erstaunlicherweise noch immer fährt. Bruno der Vier-Sterne-Hotelier, der sein Leben lang hart geschuftet und jetzt endlich die Millionen zusammenhat. Rolf der Bandarbeiter, der es zum Schichtleiter gebracht und keine Schulden mehr hat. Rolf und Bruno, zwei Brüder, die wie so viele von familiären Ketten zusammengehalten werden, nicht vom Band der Liebe.

Bruno mustert Hanno. Es ist der kritische Blick eines alten Mannes, der seinen Verstand in den wöchentlichen Stammtischrunden des bayerischen Urigkeitsidylls schult und mit der Tiefenschärfe eines günstigen 800er Teleobjektivs auf klaffender Blende bei jeder Familienvollversammlung die nachfolgenden Generationen auf den Prüfstand stellt.

»Du bist jetzt 30 Jahre alt und hast noch nie richtig gearbeitet, nichts verdient, keine Frau und keine Kinder. Ich weiß, die jungen Leute sind heute etwas später dran, aber meinste nicht, dass es langsam mal an der Zeit wäre, was Vernünftiges zu machen?«

Bruno lehnt sich selbstbewusst zurück, damit niemandem seine stolzgeschwellte Brust entgeht. Seine Augen wandern hinüber zu seiner Tochter, die mit blond gefärbten Haaren und verdächtig rundem Bauch drei Plätze rechts von Hanno sitzt.

»Schau mal, die Sophie hat mit 25 schon ihr Studium abgeschlossen. Betriebswirtschaft, mit summa cum laude! Jetzt hat sie ein Startup gegründet und sich mit ihrem Freund, dem Michael, verlobt.«

Sophie grinst verlegen, während der Rest der Runde anerkennend nickt.

»Ich will ja nicht sagen, dass du das genauso machen musst, aber so langsam wird's doch mal Zeit, in die Pötte zu kommen. Oder willst du ewig von der Hand in den Mund leben? Wenn du irgendwann auch mal 'nen schicken Wagen fahren und nicht als Harzerroller enden willst, dann ...«

Hanno beginnt, innerlich überzukochen.

Jetzt reicht's ... Diesmal lass ich diesen Scheiß nicht auf mir sitzen ... Dieser Oberspießer ... Nur weil er 'ne dicke Karre fährt, braucht er nicht zu denken, dass er sich alles erlauben kann ... Ja, du hast was geschafft in deinem Leben, und ja, deine Tochter ist hübsch erfolgreich ... Das gönn ich euch sogar, aber lasst mich doch bitte in Ruhe damit ... Jetzt muss ich mich schon wieder rechtfertigen ... Nur weil ihr keine Geduld habt, abzuwarten, was aus mir mal wird ... Immer wollt ihr alles vorher wissen ... Und außerdem ist es mir scheißegal, was ich für 'ne Karre fahre ... Ich laufe auch ... Ruhig bleiben ... Immer mit der Ruhe ... Ist schließlich Vaterns Geburtstag!

Hanno verdreht die Augen und rollt den Kopf von einer zur anderen Seite. In genervtem Ton beginnt er endlich zu reden.
»Ich weiß, ich weiß, dann wird es langsam Zeit. Aber Erfolg im Leben ist halt nicht für jeden nur Kohle scheffeln, lieber Bruno.«

Bruno streicht interessiert erneut durch seinen Vorzeigeschnauzer.
»Nicht?«

Die letzten fünf Bier haben ihm den sittlichen Mantel der vornehmen Zurückhaltung ausgezogen.
»Tja, was ist Erfolg im Leben denn dann für dich? Dem Staat auf der Tasche liegen, Surfen gehen, Bilder malen und sich nur um sich selbst kümmern, oder wie?«

Sophie, der ihr Vater zunehmend unangenehm wird und die zu Hanno schon eine Weile mitleidig hinüberschaut, mischt sich halblaut ein.
»Papa! Jetzt lass halt den Hanno in Ruh! Der wird seinen Weg schon noch finden, und wenn er dafür jetzt erstmal zu den Arabern in den Maghreb muss, dann lass ihn halt.«

Brunos Zeigefinger schnellt ihr entgegen.

»Du bist jetzt mal still, meine Liebe! Hier unterhalten sich zwei Männer.«

Die älteren Herren im Raum nicken zustimmend. Die Frauen rollen die Augen, sind aber hübsch brav und wortlos.

»Ich lass den Hanno ja gehen, wohin er will, aber was Erfolg im Leben für ihn bedeutet, das will ich jetzt schon wissen!«

Bruno lehnt sich nach vorne und stützt die Ellenbogen auf dem Tisch ab. Mit eisernem Blick und einem herausfordernden Grinsen im Gesicht fixiert er Hanno. Der ist angestachelt.

Na warte … Diesmal schaff ich's … Diesmal les ich dir die Leviten … Du brauchst nicht glauben, dass du damit wieder durchkommst … Diesmal nicht … Ich zeig dir, wo der Hammer hängt, mein Lieber!

Völlig unerwartet durchfährt ihn ein Schwung Selbstbewusstsein. Er fitzt die Augen zusammen und lehnt sich ebenfalls weit nach vorne. Jetzt sitzen sich die beiden gegenüber, als ob sie sich zum Armdrücken an der Tafel getroffen hätten. Von sich selbst überrascht, beginnt Hanno zu reden. Ruhig, klar und vor allem überzeugend. So wie nie zuvor.

Chapter One

Going Gets Tough

The Growlers

Die Boeing 737, die eben noch im Landeanflug über dem Atlantik geschwebt hatte, kam in diesem Moment auf dem Rollfeld zum Stehen. Nachdem die Anschnallzeichen erloschen waren, gab es den üblichen Tumult. Die Passagiere drängelten durch den Gang, um ihr Handgepäck aus den Staufächern zu kramen. Nur Hanno saß noch auf seinem Platz und schaute aus dem Fenster.

Die anderen Passagiere hatten die Boeing bereits verlassen, als eine der Stewardessen auf ihn zukam. Sie tippte ihm vorsichtig auf die Schulter.

»Excuse me, Sir. We've arrived at our destination. I hope you've enjoyed flying with us.«

Noch etwas verträumt stand er auf, schnappte seinen Rucksack und verließ das Flugzeug. Er spürte einen salzig-scharfen Schmerz in der Brust, als er die Aluminiumtreppe hinunter aufs Rollfeld stieg.

Hanno hatte gewusst, dass die ersten Schritte nicht leicht werden würden. Schon beim Einchecken in Berlin hatte er diesen Kloß im Hals gespürt. Doch jetzt gab es kein Zurück mehr. Der Weg bis zum Terminal war kurz und auf dem kleinen Flughafen standen außer der Boeing, mit der er gekommen war, keine weiteren Maschinen. Schnell wischte er sich die Tränen aus dem Gesicht, bevor er das Flughafengebäude betrat.

Dass er würde weinen müssen, war klar, aber nicht hier, nicht jetzt. Erstmal gab es Formalitäten zu erledigen. Er stellte den Rucksack ab, griff nach dem Kuli und seinem Pass und füllte die kleine, weiße Karte aus, die ihm die Stewardess vor ein paar Stunden gegeben hatte. Dann stellte er sich in die Schlange. Wie eine pappsatte Anakonda bewegte sie sich durch das Zickzack der Absperrung langsam vorwärts. Nach einer gefühlten Ewigkeit war es soweit. Er reichte dem

Grenzpolizisten Ausweis und Karte. Sichtlich gelangweilt blätterte der Mann durch Hannos Dokumente. Er schien kaum beeindruckt von den zahllosen Einträgen aus aller Welt. Als er auf der letzten Seite angekommen war, hielt er inne. Dann griff er nach seinem Stempel und setzte ihn einmal quer über die sechs bereits vorhandenen. Noch einen auf die kleine weiße Karte, einen Haken und einen Kringel – fertig. Er händigte ihm seinen Pass aus, winkte den Nächsten heran, und Hanno schlurfte hinüber zur Gepäckausgabe. Das Förderband, auf dem die Koffer der anderen Touristen lagen, ignorierte er. Außer seinem kleinen Rucksack, der als Handgepäck durchging, hatte er nur ein Boardbag dabei und das kam nicht auf dem Förderband, sondern durch eine ranzige Klappe ganz am Ende des Raums. Es war der Platz, an dem sich die Surfer trafen – der Platz, an dem man miteinander ins Gespräch kam. Zumindest ein kurzer Small Talk war immer drin: Wer wohin will. Wie lange man vorhat zu bleiben. Ob jemand schon ein Auto gemietet hat. In welchem Hotel man abhängt oder ob man plant, ein Apartment zu mieten. Was man eben so fragt. Außerdem war es der beste Ort, um nach Fahrgemeinschaften für Taxis Ausschau zu halten. Aber Hanno hatte gerade so überhaupt keinen Bock auf Small Talk. Er stellte sich weit abseits, um nicht angesprochen zu werden. Nach und nach versammelten sich die üblichen Verdächtigen um die Sondergepäckausgabestelle. Es dauerte auch nicht lange, bis sich die erste wilde Fahrgemeinschaft gebildet hatte. Das etwas schickere der beiden Pärchen aus Berlin und ein zottiger Typ aus München mit einer zerfetzten Baggy hatten einander gefunden. Noch bevor irgendjemand auf die Idee kommen konnte, Hanno anzusprechen, kamen die Boardbags durch die Luke. Erst als die Gruppe um das Berliner Pärchen und den bayerischen Großstädter mit den Brettern unterm Arm und einem vor Vorfreude fast platzenden Grinsen im Gesicht von dannen gezogen war, näherte Hanno sich vorsichtig der Ausgabestelle. Von seinem Boardbag jedoch war keine Spur. Eine Viertelstunde später schob es sich durch die Luke. Vermutlich, weil es das größte und mit ziemlicher Sicherheit auch das schwerste war. Er hatte das Shorty, den Fish und sein Juwel, die süße, kleine, smaragdgrüne Semi-Gun eingepackt. Außer den drei Surfboards hatte er noch einen 4/3er Neo plus Booties und den 3/2er Springsuit, drei Sätze Finnen, ein Board-Repair-Kit, drei Packungen Surfwachs, Ohrstöpsel, zwei Leashes, fünf Meter Leinwand, einen

Skizzenblock, zwei A3- und drei A4-Zeichenblöcke, zwei Sätze Pinsel, Grundierung, Öl- und Acrylfarben, Spachtel, Pastellkreide, Bleistifte und Fineliner, Schnitzeisen, Zweikomponentenkleber, drei Packtaschen mit Krimskrams und seine Waschtasche in das acht Fuß lange Boardbag gezwängt. Glücklicherweise hatte die zierliche Dame am EasyJet-Schalter darauf verzichtet, es anzuheben oder gar zu wiegen, sonst wäre er vermutlich ganz schön aufgeschmissen gewesen. Die erlaubten 30 Kilogramm hatte er in jedem Fall überschritten.

Die Ankunftshalle hatte sich geleert. Hanno ging in die Knie und legte sich den Tragegurt des Boardbags über die Schulter. Er hätte auch einen Gepäckwagen nehmen können, aber irgendwie fühlte es sich gut an, etwas Schweres zu tragen. Der Schweiß rann ihm über die Stirn, als er es endlich an einer der Säulen am Ausgang ablegte. Ein älterer Mann mit schneeweißem Haar kam auf ihn zu. Während Hanno den Reißverschluss an seinem Boardbag öffnete, um die beiden langen, schwarzen Spanngurte hervorzukramen, sprach ihn der fremde Alte an:

»Taxi! Taxi! You need a taxi?«

Ohne zu antworten steckte er einen der beiden Spanngurte in seine Hosentasche, den anderen händigte er dem Fremden aus, den Blick noch immer auf sein Boardbag gerichtet. Dann schloss er in aller Ruhe den Reißverschluss und gemeinsam trugen sie das Ungetüm hinüber zum Wagen des Alten. Wie alle Taxifahrer fuhr auch er einen weißen Mercedes 200 D aus den 80er Jahren. Einen dieser legendären Heizöl-Ferraris. Die Kisten waren einfach unzerstörbar. Mit einem Ruck hievten sie gemeinsam das Boardbag aufs Dach, um es dann mit den Spanngurten festzuschnallen. Alles Routine, denn es war nicht das erste Mal für Hanno, dass er Surfbretter auf dem Dach eines weißen Mercedes-Taxis festschnallte, und es waren mit Sicherheit auch nicht die ersten Surfbretter, die der Alte auf sein Dach schnallte. Als sie fertig waren, nahm Hanno auf der Rücksitzbank Platz. Der Alte machte es sich hinter dem Steuer bequem. Sein Gesicht war tief zerfurcht, die Hände feingliedrig. Die Kleidung war alt und abgenutzt, aber sauber, und sein Lächeln war ehrlich und warm wie der Asphalt am Ende dieses langen Tages.

»My name is Raschid.«

»Nice to meet you, Raschid. My name is Hanno.«

Wie jeder gute Taxifahrer hatte auch Raschid ein untrügliches Gespür für das Befinden seiner Kunden. Er merkte sofort, dass Hanno nicht zum Reden aufgelegt war, und zwängte ihm kein unnötiges Gespräch auf. Hanno schaute aus dem Fenster, als der weiße Mercedes das Flughafengelände verließ. Die Sonne war jetzt hinterm Horizont verschwunden und tränkte den Abendhimmel in ein kräftiges Rot. Sie fuhren auf der Schnellstraße Richtung Norden, während das Rot des Himmels sich in Orangegrau verwandelte. Nachdem sie die Randbezirke der Großstadt hinter sich gelassen hatten, war das letzte bisschen Tageslicht erloschen. Scheinbar rechtzeitig, um die beleuchtete Ruine der alten Kasbah, die auf dem Hügel nordöstlich des Stadtzentrums thronte, angemessen in Szene zu setzen. Unter ihr war in riesigen leuchtenden arabischen Buchstaben zu lesen:

Allah

Vaterland   König

Hanno saß noch immer still da und schaute aus dem Fenster, als vor ihnen ein schwarzer Porsche Cayenne unter lautem Gehupe an einem völlig überladenen Eselskarren vorbeizog. *T.I.A.*, hörte er seinen Bruder Mark sagen. Lächelnd schüttelte er den Kopf, und für einen Augenblick ließ der Schmerz nach. Sie ließen den Containerhafen mit den grauen Schornsteinen, der Raffinerie und der stinkenden Fischkonservenfabrik genauso links liegen wie das von hohen Mauern umgebene, saftiggrüne und von Palmen gesäumte Anwesen des Königs. Dann fuhren sie durch den Kreisverkehr über die Brücke und den Anstieg hinauf auf das letzte, circa fünf Kilometer lange und kerzengerade Stück Landstraße, auf dem Weg zum Ziel.

Als Hanno vor acht Jahren das erste Mal hier war, war dies nur ein Stück karges Land zwischen zwei Dörfern gewesen, auf dem sich ein Dutzend Wagenburgen befunden hatten. Die letzten verbliebenen Hippies, die mit ihren alten Mercedes- oder VW-Bussen von Europa aus aufgebrochen waren, um die Wellen und Welten eines fremden

Kontinents zu erkunden, hatten sich damals hier versammelt. Von der Straße aus hatte man kleine Lagerfeuer zwischen den Bussen erkennen können, und wer sich näher heranwagte, hatte bekannte Akkorde von meist etwas verstimmten Gitarren im Ohr und den schweren, süßen Geruch von Haschisch in der Nase gehabt.

Vor gut drei Jahren, als er zum letzten Mal hier gewesen war, hatten sie mit dem Bau eines riesigen Fünf-Sterne-Hotelkomplexes mit eigenem Golfplatz begonnen. Jetzt erstreckte sich die Baustelle zu beiden Seiten der Straße, soweit das Auge reichte. Zwar stand noch kein einziges Gebäude, aber die immensen Erdmassen, die bereits vorhandene Infrastruktur und das Ausmaß der Baustelle ließen erkennen, welch ein Aufwand hier betrieben wurde, um ein weiteres Luxusschloss mitten in der Wüste zu errichten.

Der weiße Mercedes hatte inzwischen die gigantische Baustelle hinter sich gelassen und das Ziel seiner Fahrt erreicht.

Die Lautsprecher der Moschee am Ortseingang ließen den Gebetsruf über die Dächer des kleinen orangefarbenen Dorfes hallen, und während sich die Gläubigen zum Abendgebet aufmachten, war Hanno damit beschäftigt, sein Boardbag von der Limousine zu hieven. Noch bevor der Muezzin *Allahu akbar* sagen konnte, schlich ein Mann um das Taxi.

»As-salâmu 'alaikum. Hey my friend. How you doing? How was flight?«

Hanno war die Absicht des nicht ganz Fremden wohlbekannt. Und obwohl er weder Interesse an dem Small Talk hatte, noch seine Dienstleistung in Anspruch nehmen wollte, schien es ihm zu unhöflich, einfach nicht zu antworten. Außerdem konnte ja keiner etwas dafür, dass er diesmal mit solch traurigem Gemüt angereist war.

»Wa-'alaikum us-salâm. Nice to see you, Mohammed. I'm okay. I had a long journey«, antwortete er mit gedrückter Stimme.

»Are you looking for apartment? I have something cheap for you, my friend.«

»Oh no, I'm good though. I'll stay the same place I always do. Thank you.«

»Where you stay?«

»Mohammed, please, I'm tired.«

»I have the best apartments in town for cheap! I show you.«

Als Mohammed ihn am Oberarm packte und in Richtung Straße zu ziehen begann, verlor Hanno die Geduld.
»Mohammed, stop! Don't bother me. I have my apartment booked already!«, log er genervt.

»Okay okay, my friend. If you need any help, let me know. See you later. In schâ'a llâh!«

»Thanks, in schâ'a llâh!«

Sie reichten einander die Hände. Dann klopfte Mohammed ihm auf die Schulter und zog unverrichteter Dinge von dannen. Er war einst Hotelier. Als Hanno das erste Mal hier gewesen war, hatte er ein paar Nächte bei ihm im *Atlantic* übernachtet. Doch schon ein Jahr später hatte das Hotel geschlossen. Ob das Haus baufällig gewesen war oder ihm die Lizenz entzogen wurde, weil er nicht genügend Schmiergeld gezahlt hatte? Ob er es sich mit einem Entscheidungsträger auf kommunaler Ebene versaut oder ob er einfach nicht genügend Umsatz gemacht hatte? Allah allein wusste, warum er schließen musste. Jetzt jedenfalls nahm er die Touristen am Taxistand in Empfang, um ihnen bei der Suche nach einem Apartment zu helfen oder um seinen Freunden dabei zu helfen, ihre Apartments zu vermieten. Je nachdem, wie man es sehen wollte. Hanno jedenfalls mochte es nicht, wenn er das Gefühl hatte, dass Menschen unter dem Deckmantel der Hilfsbereitschaft sich selbst bereicherten. Er bedankte sich höflich beim Taxifahrer und händigte ihm die verabredete Summe plus Trinkgeld aus. Dann zog er seinen Rucksack auf und legte sich den Gurt seines Boardbags über die Schulter, um sich auf die Suche nach einem Platz für die Nacht zu machen.
Es sollte eine gute Stunde dauern, bis Hanno ein Apartment gefunden hatte. Sein Lieblingshaus, in dem er auch die letzten Male genächtigt hatte, war ausgebucht gewesen und die beiden anderen

Apartments, die er kannte und mochte, zu groß und zu teuer für ihn alleine.

Unterkünfte gab es genügend, aber ein schönes und günstiges Apartment zu finden, das war gar nicht so einfach. Wie meistens im Leben hatten die günstigen Angebote einen Haken. Sie stellten sich als dreckig oder weit ab vom Schuss heraus. Sie hatten eine eklige Toilette oder kein Warmwasser. Sie waren direkt neben einer Kloake, sodass es zumindest bei Low Tide stank wie Hölle oder sie waren schattig. Irgendwas war immer. So kam es, dass sich Hanno für das teuerste der fünf Apartments, die er besichtigt hatte, entschied. Es war zwar auch das kleinste, aber dafür hatte es eine Dachterrasse mit umwerfendem Ausblick, und noch viel wichtiger war, dass er sich hier sofort wohlgefühlt hatte. Zwei kleine, aber freundliche Räume und ein sauberes Bad mit europäischer Toilette zu einem immer noch akzeptablen Preis. Hanno hatte mit Omar, dem Vermieter, dem auch der kleine Souvenirladen im Erdgeschoss gehörte, ausgemacht, es erst einmal für eine Woche zu mieten. Wenn alles tutti war, würde er wahrscheinlich hier so schnell nicht mehr ausziehen.

Nachdem Omar ihm die Schlüssel ausgehändigt und die Tür hinter sich geschlossen hatte, begann Hanno, sich einzurichten. Er räumte seine Packtaschen in das Bambusregal, das Boardbag kam unters Bett und die Waschtasche ins Bad. Dann lief er auf die Dachterrasse. Der Sternenhimmel war atemberaubend. Der Halbmond stand nur knapp über dem Horizont und sah aus wie ein überdimensionales leuchtendes Kanu auf dem Atlantik. Denn wie hier üblich war die bauchige Seite des Mondes nach unten geneigt. Hanno schaute eine Weile in den Himmel. Dann rollte die erste Träne über seine Wange. Es fühlte sich gut an. Dann die zweite und dritte und dann brach es aus ihm heraus. Er schrie. Er schrie, so laut er konnte. Er trat um sich und schlug mit der Faust gegen die Hauswand. Das letzte Mal, dass er richtig weinen konnte, war ziemlich lange her. Oft hatte er es sich gewünscht, aber nie hatte es funktioniert. Fast dachte er, er hätte es verlernt. Aber jetzt entluden sich seine gesamte Trauer, sein Frust und die Angst in einem einzigen Tränenmeer. Schluchzend kauerte er sich in eine Ecke der Terrasse. Sein Ausbruch war wie ein Sturm. Immer wieder heizte die Verzweiflung über das Geschehene ihn an. Er trat mit den Füßen um sich und Tränen fluteten sein Gesicht.

Dann wieder totale Leere und Erschöpfung. Das Wasser versiegte und das Schluchzen verstummte. Nur um wenig später von Wut und Frust erneut aufgepeitscht zu werden. Wieder und wieder, bis er völlig erschöpft ins Bett kroch.

Der Mond stand jetzt genau da, wo der Horizont Europa und Afrika teilte. Die Sterne funkelten heller denn je in der arabischen Welt. Es war Hannos erste Nacht in Marokko seit einer ganzen Weile und er hatte nicht vor, Taghazout morgen wieder zu verlassen.

Er war gekommen, um zu bleiben, und zwar genau so lange, bis es an der Zeit war zu gehen.

Chapter Two

I'll Slip Away

Rodriguez

Es ist schattig. Nur vereinzelt schafft es ein Sonnenstrahl durch das dichte Fichtendickicht. Der Waldweg ist klamm und es riecht nach Humus. Die kalten Füße spazieren über den feuchtwarmen Waldboden. Zu beiden Seiten stehen mächtige Nadelbäume und mittig über das körnige Braun des Weges zieht sich ein saftiggrünes Band aus Moosen und Flechten. Große braune Zapfen liegen überall verteilt.

Stecke einen nach dem anderen in die Hosentasche. Laufe immer tiefer und tiefer ins Ungewisse.

Da war doch noch etwas? Was war es noch gleich?

Ach, egal! Jetzt erstmal Zapfen sammeln. Krähen sitzen zu Hunderten hoch oben in den Wipfeln. Sie starren herab. Sie schreien. Kraa-kraa. Erbärmlich. Beängstigend.

Die Wipfel der Tannen, sie biegen sich bedrohlich. Bilden einen Tunnel. Immer enger und enger. Licht am Ende des Tunnels, goldenes Licht fällt durch goldenen Rahmen. Freiheit!

Ein Blick über die Schulter. Sie kommen, die Krähen. Wie Speere von den Bäumen geschossen. Spicken hinten ein. Mit dem Schnabel voran in den Waldboden. Der beginnt sich zu bewegen. Scheiße, verfluchte! Nichts wie weg!

Rennen, mit letzter Kraft rennen, zum Ende, durch den Rahmen, ins Licht! Sprung! Landung!

Ein riesiges Felsplateau, sonnendurchflutet. Es bricht ab!

Ein steiles Kliff. Unten ein unentdeckter Ozean. Hellblaue Wellen. Sie zerschellen krachend. Tosende Fluten in der Tiefe. Plötzlich ein kleines rotes Viereck. Tief unten vor dem Blau der unbekannten See. Oben reißt der Himmel auf. Der Schnabel einer gigantischen Krähe bricht durch. Wie sie schreit! Kraa-kraa-kraa.

Der Himmel schließt sich hinter ihr. Klack! Eine Tür kracht ins Schloss. Wer da?! Was ist los? Ich falle: die Klippe hinab, schneller, immer schneller. Zapfen! Überall braune Zapfen. Gleich. Gleich kommt der Aufprall. Gleich!

Hanno schreckte auf, doch das Krähen verstummte nicht. Panisch schaute er sich um. Mit wackeligen Knien folgte er dem Ursprung des Geräusches auf den Balkon. Er schaute durch die Dunkelheit hinab auf den Strand. Jetzt erinnerte er sich wieder. Es waren die hilflosen Schreie der Zweitaktmotoren. Das unverkennbare, unter die Haut gehende Kreischen kleiner Außenborder, die ihn noch vor Beginn des Morgengrauens aus dem Schlaf gerissen hatten. Ein dritter Motor begann, in die Nacht hinauszukrähen. Jeden Morgen stimmten die Fischer noch vor Sonnenaufgang dieses Konzert an. Sie ließen die kleinen Zweitakter warm laufen, bevor sie ihre blauen Holzboote durch die Brandung hinaus in die Küstengewässer vor Taghazout beförderten. Da der Auspuff unter der Wasseroberfläche lag, waren sie auf See selbst bei Vollgas kaum lauter als ein normaler Motorroller. An Land jedoch, ohne jegliche Schalldämpfung, war es, als würde man mitten im Zylinder sitzen, während das Benzin-Öl-Luftgemisch explodierte, und zwar ungefähr vierzehntausend Mal pro Sekunde. Denn die Fischer schienen sich einen Spaß daraus zu machen, die Motoren nicht im Stand, sondern auf Vollgas warm laufen zu lassen. Wie eine Horde Jugendlicher auf Mopeds, die an der roten Dorfampel stehen, drehten sie den Gashahn rhythmisch auf und zu. Es war das Zwitschern der Fischer, das Krähen des Gashahns oder einfach der Weckruf für all jene, die ein Beachfront-Apartment in Taghazout gebucht hatten. Hanno lief zurück zum Bett und legte sich wieder hin. Aber an Schlaf war nicht mehr zu denken.

Er wälzte sich von einer auf die andere Seite. Tausend Gedanken auf einmal schossen ihm durch den Kopf – so viele gleichzeitig, dass er nicht in der Lage war, einen von ihnen klar zu fassen.

Warum, verdammt ... An diesem verfluchten Morgen nicht ... Der Apfel fällt ... Losgefahren ... Nicht weit vom Stamm ... Ich ... Schlechter Bruder ... Was, wenn ich werd wie Vater ... Immer ... Alles falsch ... Mit Lena ... Auch nicht geklappt ... Oder, noch schlimmer, wie meine Mutter ... Vielleicht ... Mehr kämpfen ... Ich ... Scheiß Freund ... Was, wenn ... Hätte mit Mark reden müssen ... Damals ... Bruno recht behält ... Hier nichts auf die Reihe bekomme ... Und Elli ...

*Hab schon Vaters Geburtstag versaut … Was, wenn ich ende wie mein
Bruder … Was'n Sohn … Hätt ich wenigstens Rob Bescheid gesagt …
Vatern … Sorgen um mich … Alles läuft schief …*

Die meisten waren nicht neu. Sie spukten schon seit einer ganzen
Weile durch seine Birne. Doch er hatte noch keine Möglichkeit gefunden, mit ihnen fertig zu werden. Er spürte, wie er immer unruhiger
wurde. Aber nach Aufstehen war ihm nicht zumute. Eigentlich wollte
er nur liegen bleiben und die Welt da draußen vergessen. Am liebsten
für immer. Sein Herz begann zu rasen und er hatte das Gefühl, als
würde ihm jeden Moment die Decke auf den Kopf fallen. Schweiß-
perlen rollten über seine Stirn und er begann, hektisch zu atmen.

Es war nicht das erste Mal, dass Hanno mit Panikattacken konfrontiert war. Es kam öfter vor, als ihm lieb war, und seitdem er sich
vor knapp einem Jahr von seiner Freundin getrennt hatte, musste er
fast täglich mit ihnen fertig werden. Oft waren es nur fünf Minuten am Morgen. Wenn er sich jedoch nicht zusammenriss oder das
Wetter besonders schlecht war, dann konnten sie auch eine Stunde
oder einen ganzen Tag dauern.

Während dieser Attacken war er praktisch vor Angst gelähmt, und
zwar sowohl körperlich als auch geistig. Es war wie bei einem Computer, der so lange mit Spammails bombardiert wurde, bis sich sein
Betriebssystem aufhing. Nur dass es bei ihm keine Spammails waren,
sondern negative Gedankenschleifen, die seinen Verstand so lange
kreisen ließen, ihn in immer tiefere Strudel rissen und sein gesamtes
Konzentrationsvermögen verschlangen, bis jemand auf Reset drückte
oder er völlig erschöpft zusammenbrach. Um genau zu sein, war es
also keine Lähmung, sondern Überforderung.

Meist begann alles mit einem konkreten Gedanken, von dem aus
die Angst expandierte.

Das Problem war, dass er nur in den ersten fünf Minuten, wenn die
Angst sich langsam anschlich, in der Lage war, sich mit vernünftigen
Argumenten gegen sie zu stemmen. War er aber nicht stark genug,
begannen sich die tiefen Ängste und Zweifel auf sämtliche Bereiche
seines Lebens auszuweiten. Sie wurden zu einem alles bestimmenden,
diffusen Gefühl und sein Selbstvertrauen kollabierte völlig. Hanno
biss ins Kopfkissen.

So ist das Leben eben ... Du entscheidest, wer du sein willst ... Und jeder macht mal Fehler ... Bist doch nicht absichtlich nicht gefahren! Und hättest du gewusst, dass ... Dann ... Lena hätte ja auch mehr kämpfen können ... Niemals Selbstmord ... Wirst schon sehen ... Du wirst Künstler ... Und mit Elli, das wird schon ... Dein Vater liebt dich ... Alles gut ...

Aber es war schon zu spät. Sein erster Morgen hier im neuen Apartment sollte einer von den ganz dunklen werden. Denn die Angst hatte bereits um sich gegriffen. Außerdem war er ganz allein. Nach einer guten Stunde stand er schweißgebadet auf. Er lief einige Runden durchs Zimmer. Jedoch ohne ein Gefühl der Erleichterung zu verspüren. Er setzte sich auf die Terrasse. Er stand wieder auf. Zu unruhig war sein Innerstes. Er lief hin und her, bevor er sich erneut hinsetzte. So ging es eine ganze Weile, ohne dass sich Linderung einstellte. Als Hanno das nächste Mal auf die Uhr schaute, war es bereits nachmittags um zwei und er hatte noch nichts geschafft. Nicht einmal Zähne geputzt hatte er. Er verspürte zwar überhaupt kein Hungergefühl, aus Erfahrung aber wusste er, dass es besser sein würde, wenn er etwas zu sich nahm. Wenigstens die Basics für das Apartment und ein paar Lebensmittel wollte er deshalb heute noch einkaufen. Dazu war er fest entschlossen. Er versuchte, die Dinge aufzulisten, die er für die nächsten Tage brauchen würde. Als nach gut einer halben Stunde noch immer nichts weiter als Klopapier, Bananen und Nutella auf seiner Liste stand, gab er auf. Nicht so der Fineliner in seiner Hand, der wollte zeichnen, das spürte Hanno. Er nahm den dicken A4-Block und ließ dem Stift freien Lauf. Es entstanden einige schnelle Skizzen. Die von der Terrasse gefiel ihm am besten. Also begann er eine fotorealistische Zeichnung auf A3 mit allen Details. Als er die Zeichnung fertiggestellt hatte, war die Sonne bereits im Atlantik versunken. Statt ihrer war jetzt wieder das kleine leuchtende Kanu auf seiner Reise durch den arabischen Sternenhimmel. Hannos Panik war Erschöpfung gewichen. Er hatte weder etwas gegessen noch getrunken und die vielen Gedanken hatten seine Birne weich gekocht. Er nahm einen Schluck Wasser aus der Leitung. Es tat gut, schmeckte aber leider verdammt nach Chlor. Es war Zeit loszuziehen, bevor auch die letzten Läden schlossen. Hanno fühlte sich zwar schwach, aber dafür verspürte er endlich die ersehnte

Erleichterung. Es war ein unglaublich befreiendes Gefühl, wenn eine Attacke überstanden war. Irgendwie erinnerte ihn das immer an ein Erlebnis aus dem Kindergarten. Wenn er beim Spielen hingefallen war und sich die Knie aufgeschürft hatte, kam die Erzieherin mit einem Tupfer und Wasserstoffperoxid zur Desinfektion. Der Schmerz war jedes Mal so groß gewesen, dass ihm sofort die Tränen in die Augen schossen und er für wenige Sekunden keinen klaren Gedanken fassen konnte. Dafür fühlte es sich herrlich an, wenn der Schmerz langsam aber sicher nachließ. Genauso wie jetzt. Nur war keine Erzieherin mehr da, die ihm für das tapfere Durchhalten ein Bonbon zusteckte. Das musste er mit Anfang dreißig wohl langsam selbst übernehmen.

Als er in dem kleinen Lebensmittelladen an der Hauptstraße stand und in die völlig überfüllten und scheinbar total chaotisch eingeräumten Regale blickte, hörte er erneut die Stimme seines Bruders: T.I.A.

Erstaunlicherweise fiel es ihm in dieser organisierten Unordnung deutlich leichter, sich zu konzentrieren und die wichtigsten Sachen zusammenzusuchen. Mit vier prall gefüllten schwarzen Plastiktüten und einem Fünf-Liter-Kanister Mineralwasser unterm Arm lief er die nur knapp 50 Meter zurück in sein Apartment. Er stellte seine Einkäufe in der Küche ab, um dann auf den Hacken kehrtzumachen und sich etwas zum Abendbrot zu gönnen.

Das kleine Restaurant bei der Moschee, gleich neben dem *Almugar Surfshop*, hatte die besten *local Tajines*. Es war schmuddelig, günstig und einfach köstlich. Außerdem konnte man von hier aus sowohl dem Treiben auf der Hauptstraße zusehen als auch das Geschehen auf dem Marktplatz beobachten. Hanno war etwas spät dran. Die typisch marokkanische Suppe war schon aus und nur eine einzige Fischtajine wartete noch über der Holzkohle auf einen Kunden. Also nahm er den Fisch im Tonmantel und bestellte sich dazu das ersehnte flüssige »Pfeffibonbon«, einen frischen Minztee. Wie hatte er diese riesigen Zuckerwürfel vermisst! Streichholzschachtelgroß füllten sie zu gut drei Vierteln das zugegebenermaßen kleine Glas. Dann goss er in landesüblicher Manier den Tee darüber, um anschließend das Glas wieder in die Kanne zu entleeren und erneut einzuschenken. Er wiederholte das Ritual dreimal. Es hatte den Zweck, den Zucker im Tee zu verteilen. Gleichzeitig diente es dazu, ihn abzukühlen.

Man konnte es so oft wiederholen, bis der Tee genau die richtige Temperatur hatte, um ihn genüsslich schlürfen zu können. Je höher und schwungvoller man die Kanne während des Ausgießens über die Gläser führte, ohne dabei natürlich einen Tropfen des kostbaren Tees zu verschütten, desto besser. Es war ein angenehmes Gefühl, als der erste Schluck seine trockene Kehle hinunterlief. Köstlich. Der Zucker schoss sofort ins Blut und gab ihm neue Kraft.

Da kam auch schon die Tajine. Hanno brach das frische Fladenbrot. Er tunkte es in die Soße.

Und es machte boom tschakalaka und ratter die peng:

Gemeinsam mit seinem Bruder Mark steht er am frühen Morgen genau hier vor dem kleinen Restaurant neben der Moschee. In Neopren gehüllt und mit ihren Brettern unterm Arm warten sie auf eines der inoffiziellen lokalen Taxis. Endlich hält ein weißer Citroën-Kastenwagen an und sie steigen durch die Heckklappe in den Kofferraum. Zwischen blauweißen Schüsseln mit Fisch sitzen sie zusammengekauert auf Säcken voll Reis. Als das Gefährt sich in Bewegung setzt, klammern sie sich mit je einer Hand an den unverkleideten Streben der Seitenwand fest, mit der anderen balancieren sie ihre Surfbretter so aus, dass diese den Transport möglichst unversehrt überstehen. Außer ihnen sitzen noch fünf weitere Fahrgäste, zwei Hühner im Käfig und ein Fahrer im Taxi. Als der plötzlich bremst und ruckartig lenkt, verliert Hanno das Gleichgewicht und stößt sich den Kopf.

»Verfluchte Scheiße nochmal. Vielleicht wären wir doch besser gelaufen, als mit diesem Selbstmordgeschoss zu fahren!«

Mark kann vor Lachen kaum antworten.

»*T.I.A.*, sag ich nur!«

Hanno klammert sich trotzig an die stabilisierende Strebe der Seitenwand.

»*This is Africa!*«

Er schaut aus dem Fenster der zerbeulten Hecktür hinaus auf die staubige, karge Landschaft und beginnt zu schmunzeln.

»Recht haste! Ich hoffe nur, wir überleben den Ride.«

»Ach, jetzt stell dich nicht so an! Wir sind ja schon fast da!«

Auf der Rücksitzbank unterhalten sich vier verschleierte Damen auf Arabisch, dass es nur so knackt und zischt. Mark haut einmal heftig gegen das Blech des Wagens. Der Citroën hält an und die beiden schälen sich aus dem Kofferraum. Sie drücken dem Fahrer zehn Dirham in die Hand und klemmen sich ihre Bretter unter den Arm. Unterhalb des Kliffes direkt vor ihnen brechen sich perfekte Wellen. Eine nach der anderen und wie im Bilderbuch reihen sie sich auf bis zum Horizont. Mark und Hanno trauen ihren Augen kaum, und nach einigen Sekunden des Schweigens sagen sie beide gleichzeitig: »*T.I.A.*«

* * *

Hanno fuhr sich über die verschwitzte Stirn, bevor er erneut das Fladenbrot in die Fischtajine tunkte. Immer diese Flashbacks. Direkt nach Marks Tod hatte er permanent mit ihnen zu tun. In den letzten zwei Jahren allerdings waren sie immer seltener geworden. Dass sie in Marokko anfangs wieder öfter auftauchen würden, hatte er befürchtet. Zu vieles erinnerte ihn hier an vergangene Zeiten.

Mark war sein Bruder gewesen. Er war es immer noch, aber vor gut dreieinhalb Jahren war er gestorben. Es war der schwerste Schicksalsschlag, den Hanno in seinem Leben bisher hatte einstecken müssen. Nicht dass es davor ein Zuckerschlecken gewesen wäre, aber der Tod seines Bruders hatte ihn tiefer berührt als alles andere zuvor.

Die Probleme hatten mit der Trennung seiner Eltern begonnen. Da war Mark gerade zwölf und Hanno 14 Jahre alt gewesen. Zwei Jahre später zog er dann zum Vater, weil die Situation zwischen ihm, der Mutter und ihrem neuen Freund unerträglich geworden war. Mark hatte lange überlegt, ob er ebenfalls gehen sollte, sich dann aber dafür entschieden, bei der Mutter zu bleiben. Von dem Tag an, an dem Hanno seine sieben Sachen gepackt und Mutter und Bruder verlassen hatte, war der Konflikt, der vorher nur zwischen Vater und Mutter geschwelt hatte, auch irgendwie zwischen ihn und Mark getreten. Sie waren jetzt durch das Recht, selbst entscheiden zu dürfen, in die Pflicht genommen, zu der Seite zu stehen, die sie sich ausgesucht hatten.

Natürlich waren sie noch zu jung, um zu verstehen, was da passierte, aber sie konnten bereits fühlen, wie sie sich immer weiter voneinander entfernten. Hinzu kam, dass sie ja nun auch physisch getrennt waren. Zwar lebten sie noch in derselben Stadt, aber irgendwie in unterschiedlichen Welten, denn wie üblich in dem Alter hatten sie auch unterschiedliche Freundeskreise. Immerhin war Mark zwei Jahre jünger. Erst nachdem Hanno mit 18 auch bei seinem Vater auszog, um gemeinsam mit einem guten Freund in eine WG zu ziehen, kamen sich die beiden Brüder wieder näher. Mark verbrachte viel Zeit in der WG, nicht zuletzt, weil es auch für ihn immer schwieriger wurde, die Situation bei seiner Mutter und ihrem Freund auszuhalten. Nach einem weiteren Jahr zog auch er zu Hause aus. Er wohnte kurz im Internat, dann gründete er mit seinem Freund Rob eine WG. Der Mutter ging es jedoch zusehends schlechter. Was vor allem Mark schwer zu schaffen machte. Schon lange hatte sie Schlafstörungen gehabt, Anfang der 2000er Jahre aber wurde sie schwer depressiv. Irgendwann kündigte sie sogar ihre Stelle als Leiterin der kleinen Supermarktfiliale, in der sie seit knapp zehn Jahren gearbeitet hatte. Sechs Wochen war sie in psychologischer Behandlung in einer offenen Tagesklinik. Mark besuchte sie in dieser Zeit oft. Hanno indes fiel es schwer, seiner Mutter beizustehen. Einerseits hatte er sich bereits emotional emanzipiert, andererseits spürte er jedes Mal dieses Stechen in der Brust, wenn er sie sah. Es tat weh und hielt immer viel zu lange an.

In den folgenden Jahren war Hanno viel unterwegs. Er bereiste die Philippinen, Australien und schließlich Indonesien. Das Surfen hatte er als Zwölfjähriger mit Mark im letzten gemeinsamen Familienurlaub auf »Fuerte« für sich entdeckt. Jetzt aber konnte er es zum ersten Mal wirklich ausleben. Auf die Überseereisen folgten einige Spätsommer-Herbst-Winter-Trips an der europäischen Atlantikküste. Er hatte sich einen VW-Transporter ausgebaut und cruiste damit von

Hossegor nach Peniche und wieder zurück. Nachdem Mark 2003 auch endlich sein Abi in der Tasche hatte, machte er sich ebenfalls auf die Reise. Gemeinsam mit Rob verbrachte er viel Zeit in den Alpen beim Klettern und Bergsteigen. Er ging in der Wintersaison zum Arbeiten nach Österreich und in die Schweiz. Ab und an verreisten die Brüder auch gemeinsam. 2008 begannen sie dann beide eine Lehre: Hanno als Erzieher, Mark als Tischler. 2011, als sie fertig waren, erfüllten sie sich einen Kindheitstraum: Sie eröffneten ein kleines Atelier. Mark hatte nach der Tischlerlehre noch einen Bildhauerkurs gemacht und Hanno zeichnete und malte schon, solange er denken konnte. Es war Marks Idee gewesen und es hatte ihn viel Mühe gekostet, Hanno davon zu überzeugen, den Schritt zu gehen. Denn das Geld, das Hanno früher zum Reisen übrig gehabt hatte, floss nun ins Atelier, und die Hoffnung, wirklich irgendwann einmal ernsthaft Geld mit seinen Bilder verdienen zu können, hatte er schon mit 16 an den Nagel gehängt. Wenn er ehrlich war, hatte er sich Mark zuliebe auf das Abenteuer eingelassen. Der war Feuer und Flamme und der festen Überzeugung gewesen, dass er eines Tages mit seinen Bilderrahmen und Skulpturen den Lebensunterhalt würde bestreiten können.

Ein halbes Jahr später war Mark gestorben. Ein Spaziergänger hatte ihn, oder das, was noch von ihm übrig war, am Fuße eines knapp hundert Meter hohen Felsmonolithen gefunden. Die Umstände seines Todes wurden nie vollständig geklärt. Hanno hatte sich lange Zeit schwere Vorwürfe gemacht. Eigentlich hatte er nämlich an dem besagten Wochenende gemeinsam mit Mark zum Falkenstein fahren, ein, zwei Routen klettern und am Abend gemütlich Lagerfeuer machen wollen. Samstagmorgen sollte es losgehen, aber Hanno hatte vergessen, dass er seinem Vater versprochen hatte, am Vormittag beim Holzmachen zu helfen. Mark wollte nicht warten, und auf dem Weg zum Falkenstein gab es noch ein paar schöne Boulder, an denen er sich auch alleine würde gut beschäftigen können. Also machte sich Mark auf und Hanno gelobte, am Nachmittag nachzukommen. Die Zeit verging wie im Flug, aus Nachmittag wurde Abend, und als die Motorsägen verstummten, war es bereits 18 Uhr. Zu spät, um noch loszufahren, und weil Hannos Freundin Lena in der folgenden Woche Geburtstag hatte, entschied er kurzerhand, den Rest des Abends lieber damit zu verbringen, ihr Geschenk fertig zu basteln.

Als er am Sonntagmorgen endlich seinen ganzen Klettertrödel in den roten T4 geschmissen hatte und mit dem Frühstücksbrötchen im Mund und einer Tasse warmem Tee in der Hand vom Hof fahren wollte, kam ein Streifenwagen um die Ecke gebogen.

Der erste Gedanke, nachdem die Beamten ihre Nachricht überbracht hatten, war: *Das wird Muttern nicht verkraften.* Leider sollte er damit auch recht behalten.

Nach drei Stunden im völligen Delirium verspürte Hanno das dringende Bedürfnis, sich zum Ort des Geschehens zu begeben. Als er zwei Stunden später am Falkenstein eintraf, durchfuhr ihn ein kalter Schauer: Der gesamte Felsen war abgesperrt. Einige wenige Kletterer hatten sich am Fuße des Monolithen versammelt. Marks Leichnam war bereits zur Obduktion gebracht worden. Nur die Markierungen am Boden der Westflanke ließen darauf schließen, wo sich das Unglück abgespielt hatte. Wie es sich abgespielt hatte, konnte weder an diesem Tag noch in den folgenden Wochen eindeutig geklärt werden. Die offizielle Todesursache lautete später »Kombiniertes Herz-Kreislauf-Versagen mit Polytrauma nach Sturz aus größerer Höhe mit Zertrümmerung des Schädels, Zerreißung von Hirngewebe und Thorax-Prellung mit Aortenabriss.« Es war die wissenschaftliche Formulierung für »Körperlicher Totalschaden«. Der Totenschein hielt des Weiteren fest, dass es sich um einen nicht natürlichen Tod handelte. Auch daran konnte niemand zweifeln, der Marks Leichnam zu Gesicht bekommen hatte. Außerdem aber hatte der Arzt das kleine unschuldige Kästchen vor dem Wort Unfall angekreuzt. Genau diesem Viereck misstraute Hanno. Ihn ließ das Gefühl nicht los, dass Mark sich absichtlich in den Tod gestürzt hatte. Weil dieser jedoch keinen Abschiedsbrief hinterlassen und auch sonst niemandem von seinem Kummer berichtet hatte, beschloss Hanno, seine Vermutung für sich zu behalten. Es würde einfacher sein für die Familie, und außerdem war er sich nicht zu hundert Prozent sicher. Das letzte, was er wollte, war, seinem Bruder zu Unrecht zu unterstellen, dass er Selbstmord begangen hatte.

Wenn er ehrlich war, hatte er es sich noch immer nicht ganz verziehen, an diesem verfluchten Samstagmorgen nicht einfach seinem Vater abgesagt zu haben und wie geplant zu Mark gefahren zu sein.

Die folgenden zwei Wochen war Hanno damit beschäftigt, die Beerdigung zu organisieren. Es tat gut, eine Aufgabe zu haben, denn Ruhe hätte er ohnehin nicht finden können, und kurioserweise fühlte es sich so an, als ob es die Beerdigung war, die zum ersten Mal die gesamte Familie zusammenrücken ließ. Hanno war das Bindeglied zwischen den drei Parteien. Er war der Vermittler zwischen Marks Freunden, der väterlichen und der mütterlichen Familie. Die Rolle des Vermittlers hatte Hanno schon oft einnehmen müssen und irgendwie mochte er sie sogar, denn er war sehr gut darin, die Interessen der einzelnen Parteien zu berücksichtigen und zu vermitteln. Gemeinsam mit Rob, Marks bestem Freund, organisierte er jeden Abend kleine Zirkel, in denen alle ihre Ideen für die bevorstehende Zeremonie einbringen konnten. Sie besprachen, welche Musik gespielt, welche Gedichte vorgetragen und welche von Marks Skulpturen ausgestellt werden sollten. Sie suchten die besten Fotos aus seinem Leben zusammen und schnitten ein Video daraus. Sie schrieben ein Lied für Mark und gemeinsam trugen sie Geschichten aus seinem Leben zusammen. Wie Hanno war auch der Rest der Freunde erstmals direkt mit dem Tod konfrontiert. Damit, dass einer aus ihrer Mitte von jetzt auf gleich gegangen war. Zum ersten Mal hielt ihnen das Leben den zerbrechlichen Spiegel der Endlichkeit vors Gesicht. Es war eine intensive Erfahrung und es tat ihnen gut, sie miteinander teilen zu können. Die Hingabe, mit der ein jeder seine Aufgaben erledigte, die Liebe zum Detail und die ungewöhnlich starke Kooperationsbereitschaft aller Beteiligten verströmte eine Energie, die Hanno so noch nie zuvor gespürt hatte. Er fühlte, wie das Lied vom Tod den Lärm des Alltags verstummen ließ, auf dass die Lebenden sich ihres vergänglichen Geschenks bewusst werden konnten.

Rob und Hanno waren sich von Anfang an einig gewesen, dass der Tag der Beisetzung zu einem Festtag des Lebens und nicht zu einem Tag der Trauer über den Tod werden sollte. Marks Freunde waren von der Idee sofort begeistert und nach etwas Überzeugungsarbeit konnten sie auch die beiden Familienteile dafür gewinnen. Jeder wusste, wie sehr Mark vom Umgang der Hindus mit ihren Toten geschwärmt hatte. Es war eine der prägendsten Erfahrungen, die er auf seinem ersten Indientrip gemacht hatte.

Der Tag, an dem Marks Urne schlussendlich beigesetzt wurde, war sonnendurchflutet und warm. Rund 200 Menschen nahmen an der Beisetzung teil, und auch wenn hier und da eine Träne floss, so war die generelle Stimmung doch ungewöhnlich unbeschwert.

Am Tag nach Marks Beisetzung packte Hanno seinen Rucksack und machte sich auf den Weg zu einigen der Plätze, die ihn mit seinem Bruder verbanden.
Unter anderem stoppte er bei jener ersten Bude, die sie gebaut hatten. Viel war nicht mehr übrig. Nur zwei halbverrottete Stämme klemmten noch in der Felsspalte. Kein Dach, kein Boden und keine Wand waren mehr zu erkennen. Hanno holte die große rote Decke aus seinem Rucksack und breitete sie gleich neben der Spalte, in der einst die Bude gestanden hatte, aus. Er legte sich hin, schloss die Augen und atmete tief ein. Vereinzelte Sonnenstrahlen, die sich ihren Weg durch das dichte Blätterdach der mächtigen Tannen und Buchen um ihn herum gebahnt hatten, kitzelten ihn im Gesicht. Wenn er den Kopf bewegte, hörte er das Laub rascheln. Genau wie damals.

Und es machte boom tschakalaka und ratter die peng:

»Wer zuerst bei der großen Tanne ist, bekommt Großvaters Melone!«
Mark rennt aus der Bude und Hanno sprintet hinterher. Die beiden liefern sich ein hartes Duell. Gerade will Hanno überholen, da stolpert er über eine Wurzel und fällt. Mark erreicht den Nadelbaum als erster und schlägt ab. Stolz läuft er an Hanno vorbei, zurück in die gerade fertiggestellte Bude. Er schnappt sich den hellblauen, viel zu großen Hut seines Großvaters und zieht ihn auf. Hanno liegt noch immer auf dem weichen Waldboden. Er hat sich nicht verletzt, aber ist stinksauer. Es ist der dritte Tag in Folge, an dem er gegen seinen kleinen Bruder verliert. Mit stolzgeschwellter Brust tritt Mark vor die Hütte. Er zieht den Hut tief ins Gesicht.
»Auf dem Heimweg nimmst du mich huckepack! Klaro?!«

»Och nö! Nicht schon wieder!«

»Wer den Hut aufhat, darf bestimmen! Schon vergessen oder wie?«

Mark streckt ihm die Zunge raus. Als er sich umdreht, um auf das Dach der Hütte zu klettern und seinen Sieg zu feiern, greift Hanno nach einem der fetten Tannenzapfen neben ihm. Das Laub raschelt in seinen Ohren. Zornig holt er aus und schießt Mark die wackelige Melone vom Kopf.

***

Die folgenden Monate wogen schwer, viele Tage waren quälend und die meisten Nächte zermürbend. Er spürte, wie ihn auf einmal viele der aufgeschobenen Probleme begannen einzuholen. Ausgedehnte Waldspaziergänge und Gespräche mit Rob oder seiner Freundin Lena halfen ihm dabei, den eigenen Schmerz zu lindern. Es waren vor allem zwei Dinge, die ihn beschäftigten. Erstens, was passiert wäre, wenn er an diesem unheilvollen Samstag einfach wie geplant mit Mark zum Klettern gefahren wäre, und zweitens, wie es jetzt in seinem eigenen Leben weitergehen sollte. Das Atelier würde für ein weiteres Jahr geöffnet bleiben. Das hatte er mit dem Vermieter verabredet. Dank der finanziellen Unterstürzung von Freunden und Familie war Geld kein Problem. Den Erlös aus dem Verkauf der Werke wollte er für einen guten Zweck spenden. Künstler zu werden, war immer ihr gemeinsamer Traum gewesen, und auch wenn er wusste, dass er Mark nichts schuldete, so hatte er doch das tiefe Bedürfnis, es zumindestens einmal im Leben ernsthaft zu probieren. Für sich selbst und für seinen Bruder.

Nach Monaten des Grübelns entschied er sich, mit Ende zwanzig doch noch ein Kunststudium zu beginnen. Das Studium selber war ganz okay gewesen, aber Hanno mochte eigentlich keine großen Städte. Deshalb dauerte es eine ganze Weile, bis er sich halbwegs mit Leipzig angefreundet hatte.

Während des Studiums dann traten die Panikattacken auf. Sie kamen immer häufiger und wurden intensiver. Manche seiner Freunde hatten ihm empfohlen, professionelle Hilfe in Anspruch zu nehmen, aber Hanno hielt nicht viel von Therapeuten und Therapien. Seine Mutter schien ihm der lebende Beweis für die Nutzlosigkeit solcher

Maßnahmen: Eine Woche nach Marks Beerdigung hatte sie sich selbst in die Psychiatrie eingewiesen und sie seither nicht mehr verlassen. Jetzt war sie sogar in der geschlossenen Abteilung. Zu helfen schien ihr das nicht. Hanno war sowieso der Überzeugung, dass weder Medikamente noch Ärzte dazu in der Lage waren, einem bei der Bewältigung des eigenen Lebens langfristig zu helfen. Vielleicht konnten es Freunde, Partner oder Ziele. Sicher war er sich da nicht, aber er war fest entschlossen, sein eigenes Leben wieder in den Griff zu bekommen. Koste es, was es wolle.

Er hatte seine Lebensversicherungen gekündigt. Das Geld würde ihm ein Jahr den Rücken frei- und die Arbeit vom Hals halten. In dieser Zeit musste er ein Konzept entwickeln, wie er als Künstler künftig Geld verdienen konnte. Außerdem wollte er einen Weg finden, seine Angst in den Griff zu bekommen und die Panikattacken abzustellen. Genau dafür war er nach Marokko gekommen.

Jetzt saß er hier ganz alleine in dem kleinen Restaurant am Marktplatz, während der letzte Schluck Tee seine Kehle hinabbrannn. Auf der halbhohen Mauer gegenüber saß im orangegoldenen Licht der Laterne ein Junge. Er trug ein gestreiftes Hemd über der zerfetzten Jeans. Zwischen seinen Knien klemmte ein Stock.

Und es machte boom tschakalaka und ratter die peng:

Hanno schaut hinüber zu Mark. Er sitzt auf dem Stuhl in der Ecke des Ateliers. Ein Stück Kirschholz klemmt zwischen seinen Beinen, und die Klinge des Beitels in seiner Hand schält dicke gleichmäßige Späne. Er hat die Ärmel des karierten Hemds hochgekrempelt und in seinem Mundwinkel klemmt ein fetter Spliff. Im Licht der Werkstattlampe glänzt der Vollbart und das Seemannssymbol, das er auf dem Unterarm tätowiert hat, schimmert samtig-golden.

»Du, Hanno …? Ich glaub, ich brauch mal wieder 'ne Auszeit. Irgendwie fühl ich mich scheiße in letzter Zeit!«

»Was denn los?«

»Ach, weiß auch nicht. Fühl mich halt kacke. Ich glaub, ich fahr am Wochenende 'ne Runde klettern. Die Senkrechte bezwingen, bisschen ausspannen, Lagerfeuer, draußen schlafen. Haste Bock mitzukommen? Würd mich echt freuen. Glaub, ich brauch mal wen zum Quatschen.«

Hanno steht in der Mitte des hellen, schlichten Raumes. An den Wänden hängen seine Bilder, eingefasst von Marks handgefertigten Rahmen. Alles Einzelstücke. Alle unsymmetrisch, extravagant und mit Liebe zum Detail gearbeitet. Nussbaum, Eibe, Birne und Pflaume schwingen sich angenehm warm um Hannos Bilder und verschränken sich in den Ecken so gekonnt, dass man das Gefühl hat, sie seien aus einem Guss.

»Klar, Alter! Bin dabei. War auch schon viel zu lang nicht mehr am Fels. Und ein bisschen Thüringer Wald war schon immer die beste Medizin gegen schlechte Laune. Wann willste denn los?«

Mark lächelt erleichtert.

»Morgen früh. Gleich nach dem Frühstück. Dann haben wir das ganze Wochenende Zeit!«

»Spitze! So gegen zehn oder was?«

»Jip, perfekt.«

Hanno klatscht in die Hände.

»So wird's gemacht. Ich mach mich jetzt auch los. Lena wartet schon und du kennst sie ja!«

»Na dann! Ich mach das Stück hier noch fertig …« Mark blickte mit halb zugekniffenen Augen auf den rotbraunen Ast in seinem Schoß »… und dann bin ich auch bettreif. Worauf wartest du noch? Mach dich zu deiner Puppe!«

»*Easy!* Bin ja schon weg!«

»Gut, dann bis morgen früh!«

Hanno verlässt eilig das Atelier. Ein dichter Schwarm Raben fliegt durch die dunkle Gasse vor ihm und obwohl er gar nicht darauf achtet, hört er, wie die gläserne Tür hinter ihm satt ins Schloss fällt.

Chapter Three

All That Weed

Camo Cowboys

Während Hanno in Nordwestafrika nicht gerade vom Glück verfolgt wurde bei dem Versuch, seine Vergangenheit zu bewältigen und seine Ängste unter Kontrolle zu bekommen, um endlich seine Zukunft gestalten zu können, hatte es seine Exfreundin Lena auf die andere Seite des Atlantiks verschlagen. Die beiden hatten sich im verflixten siebten Jahr ihrer Beziehung getrennt. Klar wusste Lena, dass Hanno es seit dem Tod seines Bruders schwer gehabt hatte, aber seine ständigen Panikattacken und die fortwährenden Existenzängste hatten auch sie sehr belastet. Nach all den harten Jahren wollte sie endlich mal wieder ein wenig Unbeschwertheit in ihrem Leben und das schien mit Hanno nicht möglich. Außerdem hatten sie in den letzten drei Jahren, seit Hanno sein Kunststudium in Leipzig begonnen hatte, sowieso nur noch eine Fernbeziehung geführt und sich nicht zuletzt deshalb stark auseinandergelebt. Dass es zwischen ihnen beiden seither nicht mehr richtig lief, lag ihrer Meinung nach vor allem daran, dass er nichts anderes mehr im Kopf hatte als seine Kunstprojekte. Früher waren sie oft monatelang gemeinsam durch die Welt gereist, doch seitdem Hanno sich in Leipzig immatrikuliert hatte, waren sie bis auf ein paar kurze Trips an die französische Atlantikküste gar nicht mehr unterwegs gewesen.

Als Hanno Ende des vergangenen Jahres Lena gefragt hatte, ob sie sich auch eine offene Beziehung vorstellen könne, hatte Lena gespürt, dass es Zeit für einen Cut war. Nach all dem, was sie gemeinsam durchgemacht hatten, fühlte sie sich schon von der Frage schwer gedemütigt. Natürlich hatte auch sie bemerkt, dass bei ihnen im Bett die Luft raus war, aber ihren Partner mit jemandem zu teilen, konnte sie sich genauso wenig vorstellen wie dass der Sex dadurch besser werden sollte. Deshalb hatten sie beschlossen, sich zu trennen. Hanno hatte Elli gleich zu Beginn seiner Zeit in Leipzig kennengelernt. Nachdem mit Lena Schluss war, hatte es noch bis Mitte Januar gedauert. Auf einer wilden Party war es dann passiert. Seither hatte er was mit ihr am Laufen. Elli lebte seit Jahren nur in offenen Beziehungen und bezeichnete sich selbst als polyamor. Lena hatte indes beschlossen, sich eine Auszeit von ihrem anstrengenden Job als Lehrerin zu gönnen und endlich mal wieder zu reisen. Sie hatte die Schulbücher zurück ins Regal geräumt, Flugtickets gekauft, den Rucksack gepackt und die Probleme hinter sich gelassen. Zuerst ging es für zwei Monate nach Bali, wo ein Yoga-Surf-Retreat auf sie wartete. Dort hatte sie zufällig Kevin kennengelernt. Sie verbrachten drei wunderschöne Wochen auf der tropischen Insel der tausend Tempel und es kam, wie es kommen musste. *Eat Pray Love* – zwischen Yoga und Jazz, Surfen und Sushi, Räucherstäbchen und Reisfeldern verliebten sich die beiden ineinander. Als es am schönsten war, musste Kevin zurück nach Kalifornien, weil die Saison begann. Er arbeitete seit fünf Jahren auf einer der zahlreichen Marihuanaplantagen nördlich von San Francisco. Er hatte Lena eingeladen, ihn zu besuchen und ihr auch angeboten, mit ihm zu arbeiten. Lena freute sich über das Angebot, wollte aber ihre neu gewonnene Freiheit nicht gleich aufgeben und reiste zunächst weiter. Als ihr Visum für Bali ablief, entschloss sie sich, nach Mexiko zu fliegen. Dort verbrachte sie zwei weitere Monate, in denen sie oft mit Kevin textete und gelegentlich telefonierte. Als sich ihr Reisebudget dem Ende neigte und sie die Wahl hatte zwischen zurück nach Deutschland in die Grundschule oder weiter nach *Cali* zu Kevin, um auf einer Weed-Farm anzupacken, musste sie nicht lange überlegen. Ende Juni war sie zum ersten Mal in San Francisco gelandet. Kevin hatte sie vom Flughafen abgeholt, um sie mit ins Herz des *Emerald Triangle* zu nehmen.

Doch es hatte nicht lange gedauert, bis sich herausstellte, dass auch Kevin lieber in einer offenen Beziehung leben wollte. Obwohl sie dem Ganzen nach wie vor skeptisch gegenüberstand, einigten sie sich nach langem Hin und Her und vielen Diskussionen darauf, es zu probieren. Lena jedoch war es wichtig, dass sich an folgende Regeln gehalten wurde:

1. Es muss immer offen und ehrlich mit dem Partner über die eigenen Bedürfnisse geredet werden.
2. Ausschweifungen aller Art müssen vorher beim Partner angemeldet

werden, und dieser hat immer das Recht, Nein zu sagen. Auch zu einem späteren Zeitpunkt kann der Partner darauf bestehen, dass die sexuellen Aktivitäten mit Dritten für einen bestimmten Zeitraum zu unterbrechen sind oder gar komplett eingestellt werden müssen. 3. Sollte es aus irgendwelchen Gründen nicht möglich sein, Ausschweifungen vorher anzumelden, müssen diese unbedingt und unverzüglich im Nachhinein erklärt werden.

Nur so war es ihrer Meinung nach möglich, eine offene Beziehung fair zu gestalten. Die ersten drei Monate waren schneller vergangen, als Lena bis vier zählen konnte, und nachdem sie einen zweiwöchigen Visatrip nach Costa Rica unternommen hatte, war sie Ende September pünktlich zum Start der Trim-Season zurück gewesen. Heute war Freitag, der zweite Oktober. Ein Tag wie jeder andere auf der Farm.

***

Kevin war außer sich. Er stand vor dem großen weißen Tisch, an dem die Trim-Crew damit beschäftigt war, die getrockneten Blütenstände von den restlichen Blättern zu befreien, auf dass die fertigen Nuggets wie frisch geschliffene Smaragde aussahen. Die Arme vor der Brust verschränkt, stritt er sich mit Lena über die Frage, ob Gras legalisiert werden sollte oder nicht.

»So what?! Are you fucking kidding me? Why shouldn't it be legal? Why shouldn't all drugs be legal? You know what? I've been travelling everywhere in this fuckin' world! I was in Central and South America, in Europe and in Asia, and there was not a single fuckin' place in this world where I couldn't get drugs. Damn it! Weed, coke, alcohol, LSD, mushrooms, opium, H, fuckin' crack, molly. Whatever it is you want, you fuckin' get it. The only difference is the price and quality. Do you know anyone who ever wanted to smoke weed and didn't do it 'cause it's illegal? That's ridiculous. Go to the fuckin' high schools. Every single teenager out there has tried it. And you know what? Some of them tried it only because it's illegal. And what about the poor bastards who get addicted? They get stigmatized 'cause they did something illegal. Wouldn't it be easier to get them help if it would be legal? Why the hell are alcohol, coffee, and nicotine legal? Alcohol can kill you and so does nicotine. It kills thousands of Americans every year. I listened to a broadcast on KMUD the other day! You know how many Americans died from tobacco consumption in 2000?«

Kevin ließ niemandem Zeit zu antworten. Erstens war er in Rage, zweitens mochte er es, mit Statistiken um sich zu werfen und drittens war das hier sein Lieblingsthema.

»Almost 435,000! Another 85,000 from alcohol! And you know how many died on illegal drugs? 17,000.«

»C'mon, honey. You know that those numbers are including various kinds of deaths that are somehow related to tobacco and alcohol, like cancer and suicide, all that indirectly related shit.«

Kevin holte tief Luft, bevor er zur nächsten Attacke ansetzte.

»You're right, babe, but even if that's true, the difference is still so big between the two. It is just a ridiculously small amount of deaths caused by illegal drugs versus the number caused by legal drugs. And how about OxyContin? Sackler! That's the name of the devil! The pharmaceutical industry makes billions of dollars every year, knowing full well that they fuck up people's lives—even kill them! The real problem is our healthcare system! Goddamn it! Doctors prescribe Fentanyl pills like they are fucking Smarties. And you know why? It's fast, easy, and, most importantly, it makes money! Fuck it.«

Seine Faust krachte auf den Tisch.

»You know how many people have actually been killed from an overdose of weed ever since the records started? None. Fuckin' nobody will ever take a hit of this good old *OG* and die!«

Kevin nahm einen tiefen Zug, lächelte und reichte den Joint weiter an Lena, die mit den Trim-Girls am Tisch saß. Dann verschränkte er die Arme.

»Weed should be legal, and it'll go legal within the next couple of decades. It's just a matter of time.«

»True!«
»Might be.«
»Who knows!«
»Hope so!«
»Whatever!«
»Hmm …«
»Don't care!«

Kevin grinste zuversichtlich.
»Legalizing it in 2016 here in Cali will be just one of the first steps. Oregon, Washington D.C., and Colorado did it. Florida almost passed it, and all the other states will jump on the train too!«

»You know what, Kevin?«

Amandas Augen funkelten, als sie ihm den Joint reichte.
»You know what? I guess you're right about weed. It will get legal in America at some point in the near future, but I'm not even lookin' forward to it. 'Cause you know as much as I do what's gonna happen next. You know what will happen to all of us if this business goes legal? We will get some fuckin' low income bad treated Philip Morris daytaler. Nobody will pay you girls 200 bucks for cleaning a pound anymore, and nobody is paying me as fair to be your mom. There will be no more ›Come over to my house and have a beer in between‹ times at Paul's and no more ›Let's go to the creek 'cause the sun is too hot‹ times either. No dinners at Paul's, no parties in town, and no hanging out at the pond. Instead of sexy trim girls, there will be industrial machines, and for the high-end product that still gets hand shaped, there will be Mexicans with exact timetables, standardized workspaces, who work in shifts just like in any other factory. Fuck that shit!«

Kevin hob den Zeigefinger.
»You're damn fuckin' right. We will be the ones who lose, but that's the price we need to pay so society can make one step forward.«

Amanda zog die Augenbrauen hoch. Natürlich hatte sie recht. Einer würde die Zeche zahlen müssen und das waren zu allererst die Trim-Girls, die jetzt schon ein gutes Viertel weniger bekamen als noch vor zwei, drei Jahren. Aber es würde nicht mehr lange dauern und auch jeder andere, der in der Industrie arbeitete, würde es zu spüren bekommen. *The industry* war zum gängigen Synonym für alle direkt oder indirekt mit dem Marihuanaanbau verbundenen Geschäftsfelder geworden. Aber es stimmte eben auch, dass, sollte der historische Schritt zur totalen Legalisierung tatsächlich stattfinden, es ein kleiner Preis wäre. Um die angespannte Stimmung etwas aufzulockern, beschloss Amanda, das Thema zu wechseln.

»Oh, by the way, do we have any more bud for the girls?«

Kevin kratzte sich die Stirn.

»No, I guess this is the last bin of the greenhouse *OG*. If they trimmed that shit up, they are done for today. But it's outdoor harvest tomorrow. Are you guys looking forward to it?«

»I do!«
»Yep, time to move on!«
»I can't stay in this kitchen anymore.«
»It's nice to be out in the fields anyway.«
»Can't wait!«
»Hope your outdoor buds are as big and dense as this shit! What do we harvest tomorrow? *OG* again?«

Kevin schüttelte den Kopf.

»No, tomorrow we'll start with *Girl Scout Cookie*, and then the day after we'll harvest the outdoor *OG*, and about a week from now we'll go for the *Sour Diesel*.«

Die Tür ging auf und Paul stand mit weit aufgerissenen Augen vor ihnen.

»Get this fuckin' kitchen clean. We got a scare. The cops are on Alderpoint Road. It's a fuckin' convoy, and they are on the way out here. I'll drive up to gate one. I have my phone with me. Do you have yours, Kevin?«

»Sure!«

»So, text me when you are ready. I'll try my best to talk them up and buy at least five minutes for you guys. If everything is clean, and by that I mean fuckin' clean, you guys go up to the hiding hole like always. You got it?«

»Got it!«

»Ok. I'm on my way to the gate.«

Die Tür flog zu. Jetzt musste alles schnell gehen. Die Rollen waren klar verteilt. Amanda war dafür verantwortlich, den Girls Anweisungen zu geben. Wer was wann wie zu tun hatte. Kurze, klare Befehle. Die Einkaufstüten mit den fertig getrimmten Buds dahin, die Scheren dorthin. Du kehrst, du wischst den Tisch ab und du räumst alles weg. Wichtig war, dass am Ende kein Krümel Gras mehr in der Küche zu sehen war. Kevin schnappte sich Lena, um mit ihrer Hilfe das bereits fertig getrimmte und in Pfundpaketen abgepackte Gras in ein abseits der Hauptgebäude gelegenes Versteck zu bringen. Danach trafen sich alle im *hiding hole*, dem Versteck. Amanda und der Rest der Trim-Crew waren bereits vor Ort, als Kevin und Lena schweißgebadet dazustießen. Kevin zückte sofort sein Telefon.
»Five minutes and thirty-eight seconds. We were quick. I'll send Paul a text.«

Eilig tippte er »*ready*« in sein Telefon. Doch noch bevor er *send* drücken konnte, kam Paul in Begleitung einer jungen Dame ins *hiding hole* geschlendert. Sein Gesicht war fröhlich. Von Hektik keine Spur. Er schaute auf seine Armbanduhr.
»Under six minutes! You guys got quicker. Sara, let me introduce to you. That's Kevin and his girlfriend Lena. This is our mom, Amanda, and the trim crew: Amy, Jennifer, Tiffany and Melissa. Guys, this is Sara.«

»Hey Sara!«, erwiderten die Girls wie aus einem Mund.

Kevin stöhnte.

»Damn it. This time I was sure the cops were on the way for real. This is the fifth fake scare this week! Paul, don't you think you overdo it?«

Paul runzelte die Stirn und holte tief Luft. Was dieses Thema anging, war nicht mit ihm zu diskutieren. Solange die Crew nicht in der Lage war, den Raum in unter fünf Minuten blitzblank zu putzen, galt es zu üben, egal wie oft, egal wie anstrengend oder nervig es für sie war. Schließlich war es sein Grundstück und er würde die nächsten Jahre im Knast verbringen, sollten die Cops hier einrücken und 200 Pfund Marihuana sicherstellen. Solange sie keine offensichtlichen Spuren in den Hauptgebäuden finden würden, bräuchten sie einen richterlichen Durchsuchungsbefehl, um sein Grundstück auf den Kopf zu stellen. Fanden sie aber auch nur den kleinsten Krümel hier im Gartenhaus, könnten sie schalten und walten, wie sie wollten. Nein, nein, nein, da gab es keine Diskussion. Sie würden üben, bis alles in unter fünf Minuten picobello war.

»You know what my grandfather used to say, right?«

Er wandte sich an Sara, denn die anderen kannten die Geschichte natürlich längst. Paul ließ nur ungern eine Gelegenheit aus, eine seiner Anekdoten anzubringen, und während sie gemeinsam hinunter zum Gartenhaus liefen, zündete er einen seiner vorgerollten überdicken Joints an, die er liebevoll Gorilla Finger nannte, und erzählte von seinem Großvater.

»He was an old wise sicilian man. God bless him. He came over to America after World War I. It was a time of depression and prohibition. What a life it must have been back then. He was a tough guy, and after a couple of miserable years, he found a way to feed his family by brewing moonshine. He actually got wealthy—not rich—but my grandmother and all their kids had enough food on the table, so to speak. I remember one sunny summer day in the late fifties. I was about seven years old. My parents and I went to visit him and grandma. We drove all the way from the city out onto their property. We had dinner together, and he and dad got in an argument. My father was in trouble 'cause he got fired from his job and didn't know how to pay rent anymore. So he told grandpa this whole long story about how big of an asshole his boss was and how unfair the whole situation ended, and at the end of it all he asked grandpa for advice. Grandpa took a sip of this great italian red wine, laid back and simply said: If you tried hard and you failed? Try harder, motherfucker!«

***

Als sie das Gartenhaus erreicht hatten, begannen Amanda und die Girls sofort damit, die Trim-Station wieder aufzubauen, während Paul damit beschäftigt war, Sara die klassische Einweisung zu geben.

»Okay, Sara! I need to go to town to run some errands. So, long story short:

First of all: We have a no drama rule! As soon as you create any drama of any kind: You are out! Which leads right to…

Second: No fucking around! You can do whatever you want if you leave the farm, but up here you're not going to fuck anybody! No men, no women, no trans! Nothing! You get me?«

Paul schaute ihr tief in die Augen und Sara nickte schüchtern. Alle anderen im Raum grinsten.

»Okay, just making sure you've got it straight! 'Cause sex is the easiest and sweetest way to create a drama! And I have no mercy if it comes to that! So, you better behave, or I'll fire your sweet ass right away and you wouldn't be the first one!

Third: Take care of your own shit like dishes, clothes and so on, and respect everyone else's shit!

Fourth: You can either stay in one of the communal spaces with the others if you find an arrangement of some sort, or we have little platforms where you can put up a tent if you brought one.

Fifth: You need to clean at least a pound a day. If you are for any reason not able to accomplish that goal after one week: You're out!

Sixth: You get paid 200 $ per pound and you need to clean whatever you get from your mom. No fuckin' cherry picking!

By the way, Amanda is a great mom.
Seventh: You get paid once a week for fieldwork. Every Monday is payday. For that, you need to write your hours in here.«

Paul wedelte mit dem schwarzen Ordner, in dem sich die Dienstzettel befanden.
»Whatever is in here is what you get paid for. If you forget to write something down, well that's your problem. For the trimming you get paid at the very end, just like everywhere else.
Eighth: To fulfill the seventh rule, you'll need a handle, a nickname. For everything you label up here, you won't use your real name. Never forget we are on a fuckin' illegal weed farm. So, you have ten seconds to create a name for yourself. Mine is Prof, Kevin is Doc, Amanda is the Dude, and what were your names again girls?«

»We are Loope«
»… Troope!«
»… Rude!«
»… Hoop!«
»… and Boob!«

Sie liebten es, ihre Namen der Reihe nach aufzusagen. Paul schüttelte nur verständnislos den Kopf, aber Sara konnte sich ein Schmunzeln nicht verkneifen. Sie zuckte mit den Schultern und antwortete:
»Okay, I see, I see. Give me a second. Got it. So, my name is Snoope then!«

Sie grinsten breit und konnten es nicht lassen, den Chor nochmals anzustimmen.
»So, I guess that means from now on we are Snoope…«
»… Loope!«
»… Troope!«
»… Rude!«
»… Hoop!«
»… Boob!«
»… and Duuuuuude!«

Chapter Four

Do Wrong Right

The Devil Makes Three

Die Morgenluft war kühl und feucht. Ein dichter Nebelschleier hing in den Baumwipfeln. Nur der Ruf einer Krähe raunte durch die absolute Stille der Halbnacht. Besonders dann, wenn sie hier draußen alleine war, hatte Lena das Gefühl, die Magie dieses Fleckchens Erde spüren zu können. In genau diesen Momenten. Momenten, in denen sich irgendetwas in ihrem Inneren aufrichtig und ehrfürchtig verneigte. Manchmal schlich sich dieses Gefühl heimlich durch die Hintertür in ihr Unterbewusstsein. In letzter Zeit drängelte es sich jedoch immer öfter direkt in ihren präfrontalen Cortex. Ob sie es wollte oder nicht. Ein Schauer lief ihr den Rücken hinunter. Sie bekam Gänsehaut und obwohl sie keinerlei Angst verspürte, wurde ihr in diesen Momenten hin und wieder etwas mulmig zumute. Dieses Gefühl hatte solch eine Kraft, solch eine Intensität, dass es ihr einfach unheimlich wurde. Sie war nicht abergläubisch, vielleicht war sie ein klein wenig esoterisch, ab und zu. Sie mochte Räucherstäbchen, Yoga, Meditationen und Massagen. Sie konnte die Existenz von Energiefeldern nicht ausschließen und fand es aus psychologischer Sicht interessant und gleichsam unterhaltsam, Tarotkarten zu legen, aber eigentlich hatte sie mit Hokuspokus und Zukunftlesen nichts am Hut. Sie glaubte mehr an die Wissenschaft als an Gott oder Hexerei, und doch war da etwas in ihr, das sie so noch nie zuvor gespürt hatte und für das sie keine weniger esoterischen Worte finden konnte als: *It's magic!*

Hier schienen es die knorrigen Eichen zu sein, die mit ihren ineinander verschlungenen Ästen die Landschaft in einen Zauberwald verwandelten. Oder die Magnolien mit ihren goldroten Stämmen, deren dünne braune Borke sich immerfort in Fetzen abschälte. Oder die krummen knorrigen Kiefern. Vielleicht waren es auch die langen gelbgrünen Flechten und Moose, die an den Ästen und Zweigen all jener verwunschenen Bäume wie Bärte herabhingen. Oder die Farne, Gräser und Blumen, die am Boden zwischen ihnen wuchsen, oder die Truthähne und Hennen, die Hasen und Rehe, die sie täglich sah. Oder die Bären, Klapperschlangen und Pumas, die sie zum Glück noch nicht gesehen hatte. Oder alles zusammen. Doch eigentlich musste es etwas anderes sein. Etwas Prinzipielleres. Denn sie hatte dieses mysteriöse Gefühl auch, als sie vor ein paar Tagen mit Kevin surfen war oder als sie vor gut drei Monaten das erste Mal vor einem Mammutbaum gestanden hatte. Was auch immer es war, es hatte sie soeben wieder erfasst. Wie so oft war sie auch heute die erste in der Senkrechten. Sie hatte Kevin geweckt, bevor sie sich zur Morgentoilette aufgemacht hatte. Jetzt war sie im Gartenhaus, kochte eine Kanne Kaffee für den Rest der Crew, schnippelte Kevins Müsli und rollte für sich selbst eine Zigarette aus den frisch geernteten und getrockneten Tabakblättern. Dann setzte sie sich mit einer dampfenden Tasse kolumbianischen Kaffee und der Zigarette in den diesigen Frühmorgen vor der Tür und genoss das magische Gefühl.

***

Es war noch immer sehr zeitig, als sich Kevin, Lena, Amanda und die Trim-Girls anschickten, die Outdoor-Ernte einzubringen. Die urig-wilde, circa ein Hektar große Lichtung war erfüllt vom Ächzen der Weed-Äste. Sie kreischten förmlich unter ihrer mittlerweile übernatürlich hohen Last. Hier und da waren trotz der massiven Metallkäfige, die die Pflanzen stützten, bereits Äste abgebrochen. Die Blütenstände der besten Exemplare waren so lang wie Kevins Arme und so dick wie seine Oberschenkel. Von Nahem betrachtet waren sie voller kleiner Harzkristalle und roter Haare. Er war mehr als zufrieden mit dem Ergebnis seiner diesjährigen Anstrengungen. Die Monate der Vorbereitung voller harter Arbeit, das Pflanzen der *Babies*, gefolgt von den langen heißen Sommertagen des Wässerns und Düngens, des Entlaubens und Beschneidens. Alles hatte sich gelohnt. Der stete Kampf gegen Spinnmilben, Mehltau, Trauermücken, gegen Mäuse, Raupen und Rehe, er war gewonnen! Und zwar allein unter Einsatz grüner Waffen. Denn genau wie beim Dünger legten Paul und Kevin Wert darauf, ausschließlich organische Produkte zu verwenden. Früher war das nur Ehrenkodex gewesen. *Hippie shit.* Aber heutzutage wollten Dealer Testprotokolle von Laboren sehen, in denen das Gras auf Herz und Nieren untersucht worden war. Die Deals liefen noch immer per Handschlag, wie sich das für echte Kriminelle gehörte. Der Rest aber wurde von Jahr zu Jahr professioneller. Kevin begann mit der Einweisung.

»I have a pair of nippers for everybody and plenty garbage bags. So, what we do here is we want to cut the branches about the length of a forearm. It's not about an inch more or less but just approximately equal, so it works out later in the dry rooms. We'll just go for the *Girl Scout Cookie* today. Everybody takes her own plant. If you're done with your *Cookie*, tell me, and I show you your next plant. Keep an eye out for mold. I don't want no single moldy bud in the dry rooms. If it's just a bit cut it off. If the whole branch is infected, don't take it. Any questions? No? Well I have one for you!

How do blonde's brain cells die?«

Die Girls schauten sich verwundert an, als Kevin antwortete.
»Alone!«

Alle außer Amanda kicherten.
»Fuck you! But here is a good one:
Why do men like smart women?«

Totale Stille, bis Amanda selbst die Auflösung präsentierte.
»Opposites attract.«

Die Mädels nickten zustimmend und auch Kevin konnte sich ein Schmunzeln nicht verkneifen, bevor er nachlegte.
»Not too bad. I've got another one: Adam was walking around the Garden of Eden feeling very lonely, so God asked: ›What is wrong with you?‹ Adam said he didn't have anyone to talk to. God said he was going to give him a companion.

God said: ›This person will cook for you and wash your clothes. She will always agree with every decision you make. She will bear your children and never ask you to get up in the middle of the night to take care of them. She will not nag you and she will always be the first to admit she was wrong when you've had a disagreement. She will never have a headache, and she will freely give love and compassion whenever needed.‹

Adam asked God: ›What will this woman cost?‹

God replied: ›An arm and a leg.‹

Adam said: ›Well, what can I get for just a rib?‹«

Die Trim-Crew kicherte wieder. Amanda jedoch blieb ernst.

»You think you are so funny, but you know what God really thought after creating men? I can do so much better.«

Der Saal tobte vor Lachen. Dann war es Tiffany, die das Wort ergriff.

»That's a really good one, but I know a funny one too.

Why does it take 100 million sperm to fertilize one egg?

Because not one will stop and ask for directions.«

Wieder lautes Gelächter. Jetzt wollte jede einen zum Besten geben. Zuerst Jennifer.

»Wait, wait, wait! I have an even better one.

Why do female black widow spiders kill the males after mating?«

Sara löste auf.

»To stop the snoring before it starts.

That was an old one. Check out this one.

What do you call a handcuffed man?

Trustworthy.«

Melissa hielt sich den Bauch vor Lachen.

»That's a fun one. You know this one?

What do you call a man with half a brain?

Gifted.«

Amy klatschte in die Hände.

»I did know that one, but how about this one here:

Why do only ten percent of men make it to heaven?
Because if they all went, it would be hell.«

Erneut lautes Gelächter. Amanda ergriff mit erhobenem Zeigefinger das Wort.
»What is the difference between a girl and a boy?
A boy is eight times more likely to be convicted of murder.«

Kevin schüttelte den Kopf.
»Okay, okay! Got it! That last one was way too serious! Let's start working before I end up killing you guys!«

Zufrieden und mit stolzgeschwellter Brust lief Kevin den Hang hinauf, um jede Pflanze nochmals zu inspizieren. Noch hielt sich der Blütenschimmel in Grenzen, aber es war nur eine Frage von Tagen, von regnerischen Stunden, um genauer zu sein. Ein einziger verregneter Vormittag würde reichen, um die Arbeit eines Jahres vergammeln zu lassen. Aber Gott sei Dank war das Timing diesmal perfekt gewesen. Das *Girl Scout Cookie* war heute dran und würde in voller Blüte und ganz ohne Schimmelverlust geerntet werden. Auch das *OG* sah gut aus. Nur das *Sour Diesel* war jetzt noch in Gefahr. Übermorgen war Regen angesagt, und ob es dann die nächste Woche überstehen würde, war unklar. Die Blüten waren noch nicht ganz reif, weil das *Diesel* einfach ein bis zwei Wochen länger brauchte. Paul hatte entschieden, lieber auf Risiko zu gehen, als einen Sack voll kleiner Blüten zu ernten und so würde nun der Wettergott über den letzten Teil der Ernte entscheiden.

Der Rest des Morgens war im Nu verstrichen. Während alle damit beschäftigt waren, die schweren, klebrigen Äste abzuschneiden und in schwarze Müllsäcke zu packen, fuhr Kevin permanent mit dem kleinen Allradbuggy vom Feld zu den Trockenräumen, um die Säcke zu entleeren.

***

Nach dem Mittag hatten sich die Mädels in dem flachen, kubischen und gut getarnten Gebäude ohne Fenster getroffen. Es gab nur eine Tür und zwei Löcher für die Be- und Entlüftungsanlage. Lena und die anderen Frauen waren seit gut sechs Stunden damit beschäftigt, die frisch geschnittenen Marihuanaäste zum Trocknen aufzuhängen. Sie saßen auf dem Boden der Kammer in kleinen Nischen, umgeben von Tausenden Kleiderbügeln und Bergen aus frischem Weed. Einen nach dem anderen behängten sie die Kleiderbügel mit den harzigen Blütenständen, um sie dann auf die zahlreich gespannten Drähte zum Trocknen aufzureihen. Es war eine angenehme Arbeit und wie üblich wurde ununterbrochen geschnattert, während sich im Hintergrund Hip-Hop und Reggae abwechselten. Amanda rechtfertigte sich.

»Why don't I like it? I'm just not a mom! None of you girls are my children! So what? There is no reason to call a trim manager a ›mom‹ just because she is a woman …«

Tiffany und Jennifer zugleich:
»Right!«

Amanda fuhr fort.
»… It's the same old discrimination thing. It's like calling somebody stupid gay.«

Amy nickte.
»That's the worst!«

Melissa mischte sich ein.
»Yeah, mixing up sexual orientation and IQ is totally fucked. Think about how many artists and scientists in history were gay.«

Lena ergänzte.
»The Greeks: Plato and Socrates, the Italians: da Vinci and Michelangelo, and the Germans: Thomas Mann and Alexander von Humboldt, who by the way gave the name to this beautiful county here. All gay or bisexual, and those are only some of them who came out with it!«

Sara war beeindruckt.
»Woah! Didn't know about that!«

Wieder ergriff Amanda das Wort.
»Or like calling somebody gutless a pussy but somebody brave having balls. It's the same conservative patriarchal man-made bullshit!«

Melissa wandte eher rhetorisch ein:
»But why do people do it still?«

Mit schuldigem Unterton bekannte Amy:
»I do it myself every now and then, and friends of mine do it. Just two weeks ago my friend Randy said to herself: ›I'm such a pussy not taking this test!‹«

»Yeah, it's subconscious«, gestand Amanda gereizt.

»It's 'cause these fuckin' patriarchs make us think it's okay to call somebody gutless a pussy 'cause women are gutless. It's okay to call somebody stupid gay 'cause homosexuals are stupid anyway. They've done it with all their power in politics and media for at least the last 100 years or ever since this piece of land became America. The mainstream doesn't even think about it anymore. It just uses the synonyms! Pussy became a word for gutless and balls for brave. Why the hell is it not the other way around? It's become so normal that even we sometimes do it. Isn't that crazy? And to answer your question that's why I don't like it when Paul calls me the mom instead of the trim manager.«

Lena kratzte sich verlegen am Hinterkopf.
»Hmm, I understand your concerns about the terms pussy and balls and gay and, I mean, fighting against these verbal discriminations is part of the feminist movement. But is calling a female trim manager a mom not the opposite? Is it not showing respect for the term mom? Is it not unconsciously pointing out that the mom is the family manager. 'Cause obviously your actions are comparable to a mom's actions taking care of their kids: providing food, organizing the space, controlling the progress of everybody, helping and spread-

ing love. On the other side, it's obvious too that this here is business and, in terms of business, you are managing the trim scene. So, by calling you a mom, isn't it an upgrade for the term mom?«

Auf einmal war es still im Trockenraum. Mucksmäuschenstill. Alle hielten inne. Niemand war es gewohnt, dass eine Frau Amanda so grundlegend widersprach, wenn es um Feminismus ging. Für gewöhnlich waren es Männer, meistens Machos, und die hatten sowieso keine Ahnung. Lena fühlte sich unwohl. Es war nicht ihre Absicht gewesen, Amanda Kontra zu geben. Ihr war nur aufgefallen, dass es in diesem Falle doch wohl umgedreht war, und der Vergleich mit den anderen Beispielen schien ihr zu platt. Jetzt aber merkte sie, dass sich Amanda von ihr bloßgestellt fühlte. Gerade als diese Luft holte, um zu einer Antwort anzusetzen, sprang die Tür auf und Kevin betrat den Raum.

»Hey ladies. Good news. I met Paul at the barn and he said that we will have dinner today after finishing the outdoor harvest. Around five like usual. How are you guys doing? Everything going nice and smooth or what?«

Amanda zog ihre Lippen zu einem saftigen Schmollmund zusammen.
»Oh, we're good. Almost done here. Maybe another half an hour. Why don't you sit down and help us finish up?«

Kevin klatschte in die Hände.
»Yeah, why not? Sounds good to me. That's why I'm here. So where should I sit, Mom?«

***

Das sandig-gelbe Haus war klein und simpel. Ein moderner einge-
schossiger Kubus, in den Hang gebaut. Viel Glas nach Süden und
Westen, kaum Öffnungen nach Norden und Osten. Das gesamte
Dach eine Terrasse. Hinter der großen getönten Glasfront, die den
Hauptwohnraum nach Westen begrenzte und sich komplett aufschie-
ben ließ, gab es eine weitere Terrasse, an die sich der Ziergarten mit
dem beheizbaren Whirlpool anschloss. Auf den steil abschüssigen
Hängen um das Haus wuchsen Olivenbäume und nach Westen
hin war die Sicht frei auf eines jener für Nordkalifornien typischen
gigantischen Wald- und Bergpanoramas. Die Tafel im Hof, an der
bequem 20 Personen Platz fanden, war gedeckt, das Bier kalt gestellt,
die Weine aufgereiht und das Buffet hergerichtet, als Kevin, Lena,
Amanda und der Rest der Crew am späten Nachmittag aufschlugen.
Nachdem Paul jeden mit Wein oder Bier versorgt hatte, bildeten
sich kleine Grüppchen. Erst als seine Frau Frances die überbacke-
nen Putenbrüste aus dem Ofen holte und damit offiziell das Buffet
eröffnete, kamen wieder alle zusammen. Die Teller füllten sich mit
allem, was der Kredenztisch hergab: frischer Salat, selbstgebackenes
Brot, eine Handvoll Knoblauchknollen aus dem Garten, im selbst-
gepressten Olivenöl gedünstet, eine Käseplatte mit Weintrauben und
Erdbeeren aus eigenem Anbau, die bereits erwähnte Putenbrust von
glücklichem Vogelvieh aus dem Gehege eines Freundes. Alles *local*
und hundert Prozent *organic*. Nur das Dessert war Babylon – Tira-
misu mit Eiscreme –, und zwar aus dem Supermarkt. Als endlich
alle beisammensaßen, war es Amanda, die zuerst das Glas erhob.
»This is one of those moments. One we will always remember.
Thank you, Paul and Frances, for this wonderful dinner, for all
the love you put in this place in general and in this food especially.
Thank you for having us and for being such a great boss. Cheers!«

»Cheers!«
»Cheers!«
»Cheers!«
»Cheers!«
»Cheers!«
»Cheers!«

»Cheers!«
»Cheers!«
»Cheers!«

Dann war es Kevin, der den Mund nicht halten konnte.
»Seems like a triple cheer is appropriate tonight. So, the second goes to the harvest, cheers!«

»Cheers!«
»Cheers!«
»Cheers!«
»Cheers!«
»Cheers!«
»Cheers!«
»Cheers!«
»Cheers!«
»Cheers!«

Zum Schluss ergriff Paul das Wort.
»And last but not least: to crime!«

Alle stimmten ein.

»To crime!«
»To crime!«
»Cheers!«
»Cheers!«
»To crime!«
»Cheers!«
»To crime!«
»To crime!«
»To crime!«

Jedes Dinner in diesem Hause wurde mit den Worten *To crime!* eröffnet. Paul war Amerikaner italienischer Abstammung. Um genau zu sein: In seinen Adern floss sizilianisches Blut. Er war seit knapp 40 Jahren Grower und Outlaw. Und er war stolz darauf. Er war einer von denen, die in den Sechzigern von San Francisco aus nach

Norden aufgebrochen waren, ein Hippie, der dem Ruf folgte: *Back to the land!* So schallte es damals von der Haight and Ashbury über das sonnige Kalifornien. Angetrieben von Flower-Power machte sich eine ganze Generation auf in den dünn besiedelten Norden, um in einer der frisch gegründeten Kommunen die neue Freiheit zu genießen und eine bessere Gesellschaft zu erschaffen.

Freie Liebe und hemmungsloser Rauschmittelkonsum waren eine Weile ganz nett, doch die grundlegenden Probleme im zwischenmenschlichen Miteinander wurden davon nicht gelöst. Das Leben in den Kommunen auf dem Land ermöglichte es zwar, die geltenden Regeln des geächteten Bürgertums weitgehend zu ignorieren, ohne dabei ständig mit den Gesetzeshütern oder selbsternannten Moralaposteln der Elterngeneration konfrontiert zu werden. Weniger Probleme gab es aber auch hier nicht. Darüber hinaus war es alles andere als einfach, sich mitten in den Bergen und oft eine Tagesreise entfernt vom nächsten Dorf selbst zu versorgen. Die Arbeit war hart und der Weg zurück in die Zivilisation weit. Dem Garten kam eine zentrale Rolle im täglichen Leben zu. Er war neben dem Haushalt die größte zu erledigende Aufgabe. Gleichzeitig war er Grundversorgung, Schmuckstück und Spielplatz des täglichen Lebens in einem. Natürlich wurde hier neben Nahrungsmitteln und Kräutern auch *Mary Jane* angebaut, doch es sollte bis Mitte der Siebziger dauern, bis die ersten Kommunen den Maßstab des Anbaus neu definierten und aus einigen Pflanzen für den Eigenverbrauch Plantagen für den kalifornischen Markt wurden.

Paul kam mit einer der letzten großen Wellen nach Humboldt County. Davor hatte er Lehramt in San Francisco studiert. Er war damals Anfang zwanzig und meistens *high*. Die ersten drei Jahre arbeitete er an der gerade gegründeten *Salmon Creek Community School*, einer kleinen Privatschule und unabhängige Institution ohne staatliche Überwachung für die Kinder der umliegenden Kommunen. Wenn er von der Zeit mit den Kids berichtete, klang es immer so, als wären es seine besten Jahre gewesen. Er hatte nur gut ein Dutzend Kinder zu beaufsichtigen und konnte den Unterricht gestalten, wie er es für richtig hielt. Einen staatlichen Lehrplan gab es nicht. Das pädagogische Programm war eine Mischung aus Waldorf, Montessori und *happy hippieness*. Also experimentierte er viel. Es war eine Schule fürs Leben, vielleicht sogar mehr für ihn als für die Kids. Denn wenn er eines aus dieser Zeit mitgenommen hatte, dann war es, dass Menschen Regeln brauchten. Ganz egal wie alt oder jung, wie reif oder unreif sie waren. Möglichst wenige, eindeutige, einfache, kurze, klare Regeln. Nur so hatte das friedliche und faire Zusammenleben eine Chance. Was er nur ungern erwähnte, war, dass ihn eines Tages seine Kolleginnen höflich aufforderten, die Schule zu verlassen oder weniger zu kiffen. Die Entscheidung fiel ihm nicht schwer. Seit jenem Tag war er Grower.

Die Siebziger waren lange vorbei, doch Paul war geblieben und mittlerweile ein Urgestein. Einer der Alten, einer der Echten. Einer von denen, die schon damals anbauten, als noch jeder mit jedem vögelte. Er war einer der Pioniere, einer der wenigen, die nicht den Cops, den Rip-offs oder der Nadel zum Opfer gefallen waren. Er war ein stolzer kalifornischer Ex-Hippie. Er war Grower und Outlaw in Humboldt County und in seinen Adern floss sizilianisches Blut. Deshalb wurde jedes Dinner in seinem Hause mit den Worten *To crime!* eröffnet.

Chapter Five

SundayzZz

Hallucination Generation

Am Morgen des nächsten Tages, knapp 10.000 Kilometer östlich, roch es im Zimmer von Hannos neuer Freundin nach frisch gebrühtem Kaffee. Elli rollte verschlafen einmal von links nach rechts durchs Bett. Sie kratzte sich an der Nase und rieb sich die Stirn, als versuche sie, den Nebel, der sich über die Erinnerung an letzte Nacht gelegt hatte, zu vertreiben. Langsam hob sie den Kopf und öffnete die Augen. Es war noch immer recht dunkel im Zimmer und sie hörte, wie der Regen in schweren Tropfen auf ihre Dachfenster prasselte. Sie liebte dieses Geräusch und sie genoss die Stimmung, die es erzeugte. Es war ein selten beruhigendes Gefühl, das sich in ihr breitmachte. Als ob ihr jemand ins Ohr flüsterte, dass es an Tagen wie diesen da draußen in der Welt nichts zu verpassen gab. Während ihr Kopf wieder in das weiche Daunenkissen sank, beschloss sie, sich der Stimmung hinzugeben und die plätschernde Ruhe zu genießen. Sie hatte auch nichts dagegen, vielleicht nochmal für ein paar Minuten wegzudämmern. Schließlich war es Sonntag und niemand wartete auf sie.

Die Woche war lang und das Ende wild gewesen. Von Montag bis Freitag hatte sie Überstunden im Büro schrubben müssen. Plakate entwerfen, Zitate raussuchen und Vorschläge für die neue Kampagne einreichen. Danach wurde gefeiert. Ohne Rücksicht auf Verluste. So wie an den meisten Wochenenden dieses verdammt heißen Sommers. Jetzt war es schon seit gut drei Wochen Herbst, doch heute war der erste Sonntag, der sich auch so anfühlte.

Ellis Zimmer war das größte in der WG, aber es war ziemlich unpraktisch. Es bestand fast nur aus Dachschrägen und hölzernen Stützbalken. Außerdem war es ungewöhnlich verwinkelt.

Wie immer herrschte Chaos in ihrem Zimmer. Kleider, Hosen, Strümpfe, Gürtel, hohe und flache Schuhe, Hüte und Jacken, Ringe,

Ketten, leere Weinflaschen und halbvolle Tabakpackungen, Papers und Feuerzeuge, alles war verhältnismäßig gleichmäßig über Boden, Schreibtisch und Bett verteilt. Es wirkte, als hätte jemand den Raum mit einem selbstgemachten *lifestyle-quilt* überzogen. Nur ein schmaler Pfad von der Eingangstür zum Bett zerschnitt das postmoderne *after-party patchwork*.

Aber wo war eigentlich Martin? Mit einem Mal fiel Elli auf, dass sie ganz allein im Raum war. Sie schaute sich um, aber außer der riesigen Topfpalme unter dem Dachfenster war kein Lebewesen in Sicht. Wahrscheinlich hatte er sich schon aus dem Staub gemacht. Der Abend mit ihm war ziemlich cool gewesen und der Sex letzte Nacht hatte ihr mindestens drei Orgasmen beschert. Bei dem Gedanken daran lief ihr ein wohliger Schauer über den Rücken. Wieder kitzelte sie der Duft des Kaffees in der Nase. Auf dem kleinen Nachttisch neben ihrem kniehohen Bett aus naturbelassenen Rundhölzern stand zwischen dem Aschenbecher, dem fast leeren Rotweinglas, der hölzernen Zigarrenkiste mit Gras, der Gleitcreme, dem Tagebuch und den Keksen ein dampfender Pott. Doch wie war der dort hingekommen? Es schien ganz so, als hätte Martin zumindest ein kleines Guten-Morgen-Geschenk hinterlassen. Vielleicht war er noch in der Küche und bereitete ein gemütliches Frühstück vor. Ein Lächeln umspielte Ellis Lippen, während sie vorsichtig Tasse und Mund aufeinander zubewegte. Sie pustete zweimal, bevor sie einen kräftigen Schlürf nahm. Mit viel Milch und gut Zucker, so wie sie ihn am liebsten mochte. Das hatte Martin sich anscheinend gemerkt.

Es klopfte an der Tür. Elli rutschte sich zurecht. Sie war immer noch nackt und wollte, dass er ihre Brüste sah. Halb aufrecht und mehr entblößt als verdeckt nippte sie an ihrem Kaffee. Vorsichtig öffnete sich die Tür.

»Hey Elli, heute ist Hausversammlung. Schon vergessen?«

Es war Aron, und ja, das mit der Hausversammlung hatte Elli völlig verpeilt.

»Ach Scheiße, Aron, das hatte ich ja gar nicht mehr aufm Zettel!«

»Na ja, ist nicht so tragisch. Ich hab eh grad nix zu tun. Nicht dass ich mich drum streiten würde, aber wenn du noch im Arsch bist, kann ich schon gehen.«

Elli stellte den Kaffee beiseite und zog die Decke beiläufig ein bisschen höher. Nicht zu schnell und nicht zu hoch, denn sie mochte es, wenn Arons Augen beim Blick auf sie funkelten und er ein bisschen rot wurde. »Och, Aron, du bist viel zu gut für diese Welt. Ich weiß, ich bin eigentlich dran, aber wenn's dir nichts ausmacht zu gehen, dann würd ich lieber liegenbleiben.«

»Ja ja, geht schon klar! Ich mach mich jetzt erstmal runter. Wir treffen uns diesmal im 1. OG bei Heiner.«

»Danke, Aron!«

»Alles gut. Bis später dann. Lass dir den Käff schmecken! Ich hoff, er ist süß genug?«

Bevor sie antworten konnte, war die Tür schon zu. Elli saß eine Weile ruhig im Bett und nahm hin und wieder einen Schluck aus ihrer dampfenden Tasse. Sie ertappte sich dabei, wie ihre rechte Hand unbemerkt zwischen ihre Beine gerutscht war und begonnen hatte, auf engen elliptischen Bahnen sanft und ohne jeglichen Druck ihre Klitoris zu umgarnen. Die Spannung zwischen ihr und Aron hatte sie erregt und sie mochte das Gefühl, wenn sie langsam aber sicher immer feuchter wurde. Der Pott Kaffee wanderte zurück auf das Nachttischschränkchen und sie öffnete die obere Schublade. Ohne hinzuschauen, griff Elli nach dem kleinen, unscheinbaren weiß-grauen Vibrator. Sie rutschte etwas tiefer unter die Decke und spreizte ihre Oberschenkel, schloss die Augen und schaltete das Gerät ein.

Hmmm ... Das Funkeln in seinen Augen ... So ein schüchternes Kerl-chen ... Mit dem kann ich machen, was ich will ... Muss nur mit den Augenlidern klappern und er folgt ... Das nächste Mal lass ich ihn zu mir ans Bett kommen ... Und die Bettdecke aus Versehen runterrut-schen ... Hmmm ... Wird der rot anlaufen ... Und wenn er sich auf die Bettkante setzt ... Hmmm ... Spreize ich einfach langsam meine Oberschenkel ... Ohhh ... Das wird ihn umhauen ... Davon träumt der schon seit Wochen ... Nehme seine Hand ... Hmmm ... Vorsichtig auf meine Brust ... Und dann führ ich sie ganz langsam ... Hmmm ... Nach hier unten ... Uhhhh ...

Ihre Zehen begannen zu verkrampfen, während ein leichter orgastischer Schauer über sie rollte. Körperliche Entspannung und geistige Leere erfüllten sie.

Als sie langsam wieder zu sich kam, dachte sie an den vergangenen Donnerstag. An Liese und daran, wie sich zwischen ihnen beiden im Laufe von Stunden diese wahnsinnig starke erotische Energie aufgebaut hatte.

Sie legte den Vibrator zur Seite und ließ ihre Hand langsam über die Innenseite ihrer Oberschenkel und dann in kreisenden Bewegungen über Bauch und Brust gleiten. Sie ließ sich immer tiefer in die Situation vor knapp drei Tagen fallen. Es war nicht das erste Mal gewesen, dass sie mit einer Frau rumgemacht hatte, aber mit Sicherheit das intensivste erotische Erlebnis, das sie je mit einer Dame gehabt hatte. Vielleicht gerade, weil es nicht zum Sex gekommen war. Die beiden hatten sich am Abend bei Liese zum Yoga getroffen. Das Wohnzimmer war geschmückt wie ein Tempel. Blumen, Kerzen, Räucherstäbchen. Alles war aufgeräumt und mit Liebe hergerichtet. Elli spürte die besondere Energie sofort, und wenn sie selbst auch nichts mit Ordnung am Hut hatte, genoss sie sie bei anderen umso mehr. Weil Liese immer über Rückenbeschwerden klagte, gab Elli ihr nach dem Yoga noch eine Massage. Eins kam zum anderen. Sie saßen sich im Schneidersitz gegenüber und schauten einander tief in die Augen. Ohne ein Wort zu wechseln, begannen sie vorsichtig und zärtlich, das Gegenüber zu berühren. Sie küssten einander. Alles geschah wie in Trance. Elli fühlte sich, als würde der Moment sie verschlingen, als wäre sie Teil von etwas Größerem, etwas, für das sie keine Worte fand. Die beiden hielten gelegentlich inne, nur ihre Blicke wanderten dann über den Körper des anderen, bis sie sich schließlich trafen und für eine kleine Ewigkeit spiegelten. Dann fuhren sie fort und mit der Zeit wurden ihre Küsse länger und intensiver. Sie entledigten sich ihrer Oberteile und ihre Körper begannen zu verschmelzen. Es war, als hätte Elli den perfekten Tanzpartner gefunden, denn bei jeder noch so kleinen Bewegung, die sie machte, reagierte Liese mit der entsprechenden Gegenbewegung. Gefühlvoll, geschmeidig und immer genau im selben Takt.

Bei dem Gedanken an jene Spannung, die sich an diesem Abend in ihr aufgebaut hatte, schaltete sie erneut den Vibrator ein. Als die mittlerweile erkaltete Spitze des Geräts sie im Zentrum der Lust berührte, zuckte sie kurz zusammen. Dann entspannte sie sich wieder und drückte das Gerät umso fester gegen ihre Klitoris. Liese verabschiedete sich aus ihrer Fantasie und Martin trat an ihre Stelle.

Huuuhh ... Dieses kantige Gesicht ... Die breiten Lippen ... Die muskulösen Arme ... Hmmm, und wie er riecht ... So verschwitzt nach der Party ... Wie er mich gefesselt hat ... Hmmm ... So hilflos ... Hat mich zappeln lassen ... Betteln nach mehr ... War der streng ... Und unnachgiebig ... Seine riesigen Hände auf meinem Po ... Und wie er mir ins Ohr geflüstert hat ... Dass ich mich zusammenreißen soll ...

Wieder der Krampf in den Zehen. Doch diesmal zog er sich die Beine hinauf durch die Waden in die Oberschenkel. Sie biss ins Kopfkissen, und als sich die zweite orgastische Welle zu legen begann, zuckte ihr Unterleib. Sie genoss es zu masturbieren. Sie mochte das Körperliche und sie liebte Sex.

***

Es klopfte. Elli fuhr hoch. Sie lag noch immer im Bett. Wahrscheinlich war sie wieder eingeschlafen. Wie spät war es überhaupt? Sie schaute auf ihr Telefon. Was, schon zehn nach sieben?! Es klopfte erneut. Sie griff nach dem Vibrator und legte ihn zurück in die Schublade.
»Elli? Alles gut bei dir? Ich bin's nur, Liese. Schläfst du noch?«

Elli strich die schwarzen Locken aus ihrem noch etwas zerknitterten Gesicht.
»Jetzt nicht mehr! Warum kommst du nicht einfach rein?«

Liese öffnete vorsichtig die Tür.
»Wow, bei dir sieht's ja gut aus!«

»Hmm … Ja, eigentlich wollt ich heute mal ein bisschen auf-räumen. Aber ich glaub, das verschieb ich dann wohl auf morgen.«

»Haste 'n Hüngerchen?«

Elli gähnte.
»Puh, hmm jaoh … Wenn ich ehrlich bin, hab ich 'n Loch im Bauch.«

»Na perfekt, hab dir 'n Falafel vom Dönermann meines Vertrauens mitgebracht. Hier!«

Liese ließ die Tüte neben Elli aufs Bett plumpsen.
»Zeit, hier mal ein bisschen durchzulüften.«

Sie kippte die beiden Dachfenster an, lehnte sich an die braune Kom-mode neben dem Erker und begann, sich eine Zigarette zu drehen. Elli zog sich den dünnen blauen Pullover aus Kaschmir über, der auf dem Boden lag, bevor sie den Falafel auspackte.
»Wie war dein Wochenende?«

Liese antwortete völlig entspannt.
»Gemütlich und produktiv, würd ich sagen. Stört's dich, wenn ich mir 'ne Kippe anmache?«

»Frag doch nicht so blöd.«

»Is' ja gut.«

Das Feuerzeug schnalzte. Liese schaute aus dem Fenster hinab auf das graue und verregnete Leipzig.
»Ich hab weiter an meiner Doktorarbeit geschrieben. Bin gut vor-angekommen. Gestern Abend hab ich mich dann noch mit Rino und Sarah zum Meditieren getroffen. War 'ne gute Session. Aber danach ging's auch gleich ab nach Hause und ins Bett. Nichts Aufregendes, also. Und bei dir so?«
»Party! War Freitagabend im *Dr. Seltsam* 'n Bierchen trinken und danach mit Ricke im *Conne Island* tanzen. Samstag hab ich den gan-

zen Tag durchgepennt. Bin erst so gegen fünf aufgewacht. Abends bin ich dann mit Martin ausgegangen.

Willste eigentlich auch 'nen Bissen vom Falafel oder ist der ganz für mich?«

Liese schüttelte den Kopf.

»Nee, iss mal, ich bin doch jetzt vegan. Den hab ich nur für dich gekauft.«

»Und was ist an dem Tierisches dran?«

»Joghurtdressing. Aber ich hatte gerade einen Tofuburger. Bin pappesatt! Lass dir mal schmecken.«

Elli verdrehte die Augen.

»Bist du jetzt also auch vegan!«

»Ich weiß, auf dem Trip ist grad jeder. Ist mir aber schnurz. Ich bin wirklich davon überzeugt, dass die Menschheit sowohl moralisch als auch rein praktisch früher oder später gar nicht anders kann, als auf tierische Lebensmittel zu verzichten.«

Liese blies den Rauch ihrer Zigarette durch den schmalen Spalt des gekippten Fensters. Elli klatschte in die Hände.

»Weißte was? Iss doch, was du für richtig hältst! Aber ich brauch jetzt auch erstmal 'ne Kippe! Denn der Falafel mit Joghurtsoße hat mir tierisch gut geschmeckt!«

Sie hüpfte aus dem Bett. Mit winzigen Augen kuschelte sie sich neben Liese aufs Fensterbrett und zog den Pulli über die nackten Beine.

»Leipzig ist ganz schön trist heute.«

Die beiden waren für eine Weile still. Liese hatte ihre Arme um Elli geschlungen und Elli ihren Kopf auf Lieses Schulter gelegt. Hin und wieder stieß sie kleine Rauchringe aus und schaute zu, wie diese aufstiegen.

»Du, Liese?«

»Ja.«

»Hab das echt genossen, am Donnerstag.«

»Hmm, ich auch. Aber ich hab keinen Plan, was Ralf dazu sagen wird.«

Elli grinste verschmitzt.
»Ja, hab ich mir schon fast gedacht. Deshalb hast du dann auch die Musik gewechselt und den Abend beendet.«

»Genau, und weil es mich unheimlich angemacht hat zu sehen, wie schwer es dir gefallen ist aufzuhören.«

»Das glaub ich dir. Ich war so im Rausch, ich hätte ewig mit dir weitermachen können.«

Liese hob den Zeigefinger.
»Ich meine, rein technisch haben wir nur ein bisschen gekuschelt.«

»Gekuschelt und geknutscht.«

»Ich denke, das geht noch klar. Ich meine, schließlich hatte ich ja noch Unterwäsche an.«

Elli zog den Pullover etwas tiefer über die Knie. Dann tippte sie vorsichtig mit ihrer Nase gegen Lieses noch immer erhobenen Zeigefinger, küsste ihn zärtlich und flüsterte:
»Was mich nicht davon abhalten konnte, dich überall zu küssen.«

Liese bekam Gänsehaut, und während Elli langsam über ihren Unterarm streichelte, gewann die Vernunft die Oberhand.
»Wir werden sehen, was Ralf dazu sagt, wenn er zurück ist. Will das nicht am Telefon mit ihm bequatschen.«

»Wo ist der denn?«

»Auf Lehrgang in München. Für die nächsten sechs Wochen. Bis dahin heißt es, Finger vom Herd, bevor sich einer verbrennt! Okay?«

Elli zog die Augenbrauen hoch und lehnte sich trotzig zurück.
»Was? Das is' nicht fair! Jetzt sei nicht so 'ne Spielverderberin!«

»Mir fällt es ja auch nicht leicht, aber ich will nicht einfach so meine Beziehung zu Ralf aufs Spiel setzen. Ich bin mir eben nicht ganz sicher, was er davon hält. Was denkst du denn, was deine Männer dazu sagen?«

»Ach, für die geht das klar, haben wir schon abgequatscht. Mit Frauen hatte keiner von denen ein Problem. Mit Hanno hatte ich ja letztens auch 'nen Dreier. Da haben wir so 'ne süße Asiatin ausm Club mit zu ihm genommen. Sie hätte dir bestimmt auch gefallen!«

Liese räusperte sich.
»So, so! Hat er seine Eifersucht jetzt unter Kontrolle bekommen?«

»Ich glaube schon. Ihm gefällt die Vorstellung, eine offene Slash polyamore Beziehung zu führen, immer besser. War ja erstmal alles neu für ihn. Na ja, und Eifersucht ist halt immer irgendwie 'n kleines Teufelchen, mit dem man kämpfen muss. Egal ob mono oder poly. Das kennen wir doch alle, oder?«

Liese grinste verlegen und schaute Elli aufrichtig bewundernd an. Elli gab ihr einen Luftkuss und fuhr fort.
»Wie gesagt, wir hatten den Dreier vor einigen Wochen und das hat ihm schon ausgesprochen gut gefallen. War, glaub ich, eine lang gehegte Fantasie von ihm. Hat sich danach noch ein-, zweimal mit ihr getroffen. Hab mir leider ihren Namen nicht gemerkt, aber sie ist ein Zuckerschnütchen.«

»Mit wem?«

»Na, mit der süßen Asiatin, mit der wir rumgemacht haben. Tharo oder Thao oder so. Auf jeden Fall hat sich's auf Karo gereimt.«

Liese schüttelte den Kopf.

»Ich find's echt krass, wie du das immer machst mit deinen ganzen Liebhabern.«

»Klare Regeln, viel Kommunikation und die Bereitschaft, an den eigenen Schwächen zu arbeiten. Dann wird das auch was.«

»Und ich hab gehört, mit Martin geht jetzt auch wieder was?«

Elli lehnte genüsslich den Kopf zurück.

»Mmmh … Ja! Den hab ich echt vermisst! Wir haben uns im letzten halben Jahr wirklich zurückgehalten. Du weißt schon, Hanno zuliebe. Aber jetzt ist es dafür umso krasser. Wir haben uns letzte Nacht nach 'ner Ewigkeit wiedergesehen.«

Liese zog einen Schmollmund.

»Wiedergesehen? Wie ich euch kenne, habt ihr die ganze Nacht gevögelt.«

»Jetzt sag doch sowas nicht! Wir waren ja erst um vier zu Hause. Ich muss so gegen acht eingeschlafen sein. Das ist also höchstens die halbe Nacht!«

Elli biss sich auf die Lippen.

»Na gut, das auf der Toilette im *So & So* zählt wohl auch. Aber das war echt nur kurz!«

»Schon klar! Und was geht bitteschön mit Aron?«

»Wieso Aron?«

Liese klimperte mit den Lidern.

»Hab das Gefühl, da geht auch was, oder?«

Bevor Elli antworten konnte, klopfte es und Aron schob den Kopf durch den Türspalt.

»Bin zurück.«

Elli schälte sich aus dem Fensterbrett.
»Wenn man vom Teufel spricht …«

»Alter, das war 'ne Sitzung, sag ich euch. Mir steht's bis hier! Immer dieses endlose Gequatsche um den heißen Brei. Das nächste Mal ist auf jeden mal jemand anders aus der WG dran. War jetzt schon dreimal in Folge.«

Der blaue Pullover ging Elli wie ein zu kurzes Kleidchen gerade so über ihren Po, als sie auf Zehenspitzen zu Aron tippelte, um ihn zu umarmen.
»Ist doch ganz klar, dass ich das mache. Sorry nochmal, dass ich's heute verpennt hab. Was ist denn nun rausgekommen?«

Aron antwortete mit leicht erröteter Birne.
»Also, das Haus ist jetzt an einen anderen Hausverwalter übergeben worden und der fordert mit einem Anwalt ausstehende Zahlungen aus dem letzten halben Jahr. Für unsre WG heißt das, sechsmal 400 Euro, macht summa summarum 2.400 Euro. Wir haben genau 157,63 Euro auf unserem Mietkonto angespart, den Rest müssten wir zusammenlegen.«

Liese mischte sich ein, während Elli ins Bett plumpste.
»Und mit dem verhandeln is' nich', oder wie?«

»Na ja, Björn hat sich gemeinsam mit Richard, dem Anwalt vom Mieterschutzbund, bereit erklärt, es nochmal zu versuchen. Ist aber schwer bis aussichtslos, meint Richard. Weil wir alle andere Verträge haben. Außerdem hat jede WG zu unterschiedlichen Zeiten angefangen, die Mieten um unterschiedliche Beträge zu kürzen. Es ist unmöglich, so eine faire Pauschallösung fürs ganze Haus zu finden. Bei einer Abstimmung heute ist der Vorschlag, einfach halbe Miete fürs gesamte letzte Jahr, durchgefallen, weil Ricky und Marlene nicht einsehen, dass sie dann genauso viel oder wenig Nachlass für ihre Bude bekommen wie wir für unsere. Was ich auch verstehen kann. Die hatten ja nicht mal warmes Wasser. Es wird also vermutlich darauf hinauslaufen, dass Björn und Richard beim nächsten Besuch des neuen Hausverwalters erstmal das Problem mit den offenen Rechnungen vom Hausmüll und den Wasserwerken klären. Dann gibt's sicher Termine für jede einzelne WG und schlussendlich kommt's drauf an, was wir am Ende raushandeln. Ich denke mal, mit 2.000 müssen wir mindestens rechnen. Also müssen wir uns was einfallen lassen.«

Elli konnte sich kaum halten.

»Was? Da fehlen ja noch knapp zwei Scheine! Scheiße. Sollten vielleicht mal drüber nachdenken, 'ne Soliparty im *Goldhorn* zu schmeißen. Motto:

Funky monkey
needs
money for honey«

Aron lachte.
»Ich hatte eigentlich an 'ne *Hallucination Generation* Action aufm Wagenplatz gedacht. Vielleicht unter dem Motto:

Safer clubbing
changed
my ~~life~~ wife

Aber bei zweieinhalbtausend Tacken müssen wir wohl beides klarmachen. Wie auch immer. Das waren jetzt drei Stunden Konferenz, in denen wir gefühlt kein Stück weitergekommen sind. Sagt mal, wie spät ist es eigentlich?«

Elli schaute zum Wecker. 19:54, leuchtete es von der Digitalanzeige herüber. Fast hätte man denken können, dass dies auch dem Baujahr des spröden Plastikkastens aus dem VEB Uhrenwerke Kombinat Ruhla entsprach. Nur Elli wusste es besser. Denn ihr Opa hatte dort gearbeitet und den Wecker für sie am Tag ihrer Geburt aus den heiligen Hallen des Betriebes geschmuggelt. Weil sie aber mit ihren Eltern auf der anderen Seite der Mauer aufwuchs, hatte es lange gedauert, bis ihr Großvater den Eltern das Geschenk überreichen konnte. Von ihnen hatte sie den Wecker dann zum 18. Geburtstag bekommen und seither stand er immer neben ihrem Bett. Elli fuhr sich elegant durchs Haar, bevor sie Aron antwortete.

»Kurz vor Tatort-Time, würde ich sagen!«

»Und wie ich sehe, habt ihr nichts vorbereitet. Da geh ich schon für dich auf diese dämliche Sitzung und dann sowas. Jetzt aber hurtig. Ich hol Chips und Bier oder Wein? Wie hätten's die Damen denn gerne?«

Aron tat Liese irgendwie leid. Er war ihrer Meinung nach einfach viel zu gut für diese Welt.
»Nichts ist, Aron! Darum kümmern wir uns. Du machst es dir jetzt hier aufm Bett bequem.«

Sie schaute mit ernster Miene zu Elli.
»Du holst die Getränke und ich kümmere mich um den Rest.«

Aron war sichtlich überrascht.
»Das sind ja ganz neue Töne. Aber wenn das so ist …«

Er schob Kissen und Decke zum Kopfende von Ellis Bett und baute eine angenehme Rückenlehne. Elli holte Chips, Nüsse und eine Flasche Rotwein aus der Küche, Liese öffnete die ARD-Mediathek und schaltete die Boxen ein. Dann lehnten sie sich alle drei zurück und genossen das allsonntägliche Ritual.

Chapter Six

No Woman, No Cry

Bob Marley

Die Sonne schien sanft am späten Nachmittag des folgenden Tages. Mitten in den wilden Bergen des Humboldt County standen zwei eiskalte Biere am Rand des in die Terrasse eingelassenen hölzernen Whirlpools. Daneben lagen ein schwarzes Feuerzeug, eine Packung Papers und ein Ein-Liter-Einweckglas, gefüllt mit *Girl Scout Cookie* von der letzten Ernte, eine Ukulele, eine Tafel Schokolade, Lenas Notizbuch und Kevins ausgefranster Ringordner, in dem er Hunderte Kopien von Songtexten mit den dazugehörigen Akkorden gesammelt hatte.

Der Tag neigte sich dem Ende zu und ein dünner Nebelschleier hatte sich über die Wipfel der dunkelgrünen Nadelbäume im Tal gelegt. Der Himmel war wolkenlos und die Silhouette des Berges am Horizont von einer goldgelb-orangerot-pinken Aura umgeben. Kevin saß im dampfenden Hot Tub und Lena lehnte mit seiner Ukulele in der Hand am Geländer der Terrasse. Ihr Blick war auf den Horizont gerichtet, während ihre Finger ein wenig auf dem Instrument herumklimperten.

Paul und Frances waren über ein verlängertes Wochenende nach San Fran gefahren und hatten das Haus offen gelassen. Alle waren herzlich eingeladen, von den Annehmlichkeiten, die es bot, Gebrauch zu machen. Amanda und die Trim-Girls hatten sich aber entschieden, die freien Tage zu nutzen, um sich auf einen spirituellen Trip zum Mount Shasta zu begeben.

Der Mount Shasta ist eine der höchsten Erhebungen Kaliforniens, der zweithöchste Vulkan der USA und darüber hinaus ein seit Urzeiten von Legenden umwobener heiliger Berg. Er ist als Muladhara das Wurzelchakra und damit eines der sieben tantrischen Energiezentren der Erde. Auch Kevin hatte vor einem guten Jahr am Fuße des Mount

Shasta gestanden. Doch diesmal hatte er sich entschieden, gemeinsam mit Lena hier auf dem Grundstück zu bleiben. Erstens musste sowieso immer mindestens einer hierbleiben und zweitens war es sein Gras, das gerade in den Trockenräumen hing und darauf wartete, nächste Woche getrimmt und verpackt zu werden. Schließlich war da ja auch noch der *Sour Diesel* auf den Feldern, der diese Woche noch seine volle Aufmerksamkeit benötigte. Heute jedoch war das Wetter gut gewesen und damit nicht viel zu tun. Am Morgen hatte Kevin seine Runde gedreht, dann die Trockenräume kontrolliert und zuletzt den Rest der Outdoor-Pflanzen auf Schimmel gecheckt und anschließend gegossen. Nach dem Mittag hatte er es sich gemeinsam mit Lena hier am Whirlpool gemütlich gemacht. Sie hatten ein paar Bier getrunken, den einen oder anderen Joint geraucht, auf der Ukulele gespielt und den lieben Gott einen guten Mann sein lassen. Lena schaute mit etwas betrübter Miene zu Kevin herüber.

»I have a weird feeling about Amanda.«

»You guys really don't like each other, do you?«

»It's not that I don't like her, but I guess she doesn't like me. I don't know, but it feels like she is a bit attracted to you and she doesn't like me because I'm your love and she doesn't like to see that some of the other girls like me too. On top of it all, she also makes a weird face whenever Paul is saying something good about me. It's like she is jealous about every aspect of me.«

Kevin holte tief Luft.

»Well, it's good you told me. I didn't feel it as intensely as you did, but I could also tell that she is a bit jealous of you, and well I guess she is a little bit attracted to me since we were kissing the other day.«

»What? Why didn't you tell me?«

»There wasn't the time. We were so busy last week and I didn't just wanna talk to you about all that on the fly.«

Lena war einigermaßen entsetzt. Damit hatte sie nicht gerechnet.
»We had a deal. A couple of days is not right afterwards! You know

how important it is to stick to your rules in an open relationship if you want to be able to trust each other. Especially since we haven't been together for very long yet. Also it is against Paul's rules!«

»It's not! We didn't have sex! We just kissed around! And I know I should have told you before! I'm sorry! To be honest, we kissed three weeks ago for the first time and then just a tiny little kiss last week.«

»Three weeks ago, and you guys had something twice since then and you didn't tell me? Plus, you haven't told me all day long, and we've had plenty of time. If I wouldn't have opened up with my bad feelings about her, you might not have said anything at all!«

Kevin versuchte, sie zu beruhigen.
»Well, baby, I can see that this seems a bit weird to you. Especially since it came up this way, but I really just didn't think about it. I mean, we are in an open relationship anyway, and there was just no time to talk about it.«

»No time? You had all day.«

»Yes, and I did tell you what happened.«

Jetzt wurde sie erst richtig wütend.
»You told me after I brought up the topic.«

»Babe, it just didn't feel that important to me. Look, we just kissed. We haven't had sex or anything.«

»It's totally okay that you guys kissed around. That's fine. It's just not cool that you didn't tell me.«

»I did tell you«, rechtfertigte sich Kevin.

»Yeah, but not in time. You even fooled around with her again before you told me.«

»Ah, come on babe. Now I feel like you're jealous.

Lena wurde wieder ein bisschen ruhiger und gefasster.

»I am not. I just think that wasn't very smart, and it wasn't fair.«

»What do you mean?«

»I mean I don't think it was smart to kiss her since we are up here on a mountain and need to deal with each other twenty-four seven. She was jealous of me before and the way you acted isn't going to help it. Plus, it's business related and, just to remind you, we are on an illegal pot farm. I don't think Paul would like to hear about it either, and on top of all that, I am just pissed that you didn't tell me right away!«

Kevin stieg aus dem Pool. Mit vorsichtigen Schritten lief er die paar Meter hinüber zu Lena, die noch immer splitterfasernackt am Geländer lehnte.

»Babe, come here. I really didn't mean it in any bad sort of way. I am sorry.«

Er versuchte sie zu umarmen, aber Lena machte keine Anstalten, sich darauf einzulassen. Stattdessen schnappte sie sich ihre Hose und das Top und während sie sich anzog, fauchte sie in Kevins Richtung:

»You know what? Don't think about touching me right now. I'm pissed. I guess I'll go and do some yoga on my own and you should take some time to think about the way you acted.«

Kevin sah Lena hinterher, als sie stolzen Schrittes die Terrasse Richtung Gartenhaus verließ. Nachdem sie hinter den Bäumen verschwunden war, setzte er sich an den Rand des Hot Tubs und griff nach dem Roach, der noch im Aschenbecher lag. Er klemmte ihn zwischen seine Lippen und ließ das Feuerzeug schnalzen. Dann nahm er den letzten Schluck aus der Flasche und ließ die Beine im Pool baumeln.

Chapter Seven

Move By Yourself

Donavon Frankenreiter

Es waren wieder die Fischer, die Hanno im Land des Sonnenuntergangs am frühen Morgen des Folgetages weckten. Trotzdem fühlte er sich heute endlich etwas besser. Hanno blickte zu seinem Surfbrett. *The early bird gets barreled!*, dachte er. Es war Zeit für ein paar ordentliche Cutbacks. Die letzten Tage waren allesamt dunkel, traurig und anstrengend gewesen. Er putzte die Zähne, zwängte sich in seinen Neo und schmierte sein Gesicht mit einer dicken Schicht Sonnencreme ein. Schließlich griff er nach dem kleinen blauen Karton, der auf dem Tisch neben dem Surfbrett lag.

Mrs. Palmers
ultra sticky
surf wax

stand darauf. Er mochte den Geruch und seiner Meinung nach war Mrs. Palmers einfach die einzige, die Mann zwischen sich und sein Brett lassen durfte. Hingebungsvoll kreiste das kleine weiße Stück Paraffin über das Fiberglas.

Es war nicht mehr dunkel, aber die Sonne auch noch nicht am Horizont erschienen, als Hanno mit seinem Brett unterm Arm die Haustür hinter sich zuzog. In dem Souvenirladen im Erdgeschoss brannte schon Licht und durch einen Spalt sah Hanno jemanden auf dem Boden knien. Es war Omar, der mit dem Kopf gen Mekka auf einem wunderschönen Teppich das Morgengebet sprach. »Allahu akbar« – »Gott ist am größten« – schallte es in diesem Moment von der Moschee über das verschlafene Örtchen. Das erste der fünf täglichen Gebete sollte vor Sonnenaufgang abgehalten werden. So hatte es der Prophet vor gut 1.400 Jahren verkündet und so wurde es hier noch immer gelebt.

Wie wohl die Menschen zu Hause reagieren würden, wenn jeden Morgen vor Sonnenaufgang die Glocken sämtlicher Kirchen der Stadt läuten würden, um die Bewohner zur Morgenmesse zu rufen? In einem Deutschland, in dem mittlerweile Christen, Muslime, Juden, Hindus, Buddhisten und vor allem ein ganzer Haufen Atheisten lebten, schien dies unvorstellbar. Während er langsam die Hauptstraße gen Norden entlanglief, fragte er sich, ob es überhaupt möglich war, Religionen, die so tief in den Alltag der Menschen eingriffen, in einer säkularen Gesellschaft zu praktizieren, ohne dass man sich zwangsläufig abkapseln musste. Wie pragmatisch musste ein Gläubiger sein, um sowohl seine Religion leben zu können als auch in der Lage zu sein, an einem nicht religiösen Alltag in einer multireligiösen Gesellschaft teilzunehmen?

Hanno gähnte. Es war wohl noch ein bisschen früh für gesellschaftspolitische Diskussionsrunden in seinem Kopf. Er beschloss, stattdessen die friedliche Landschaft zu genießen.

Auf seinem Weg entlang der Landstraße beobachtete er, wie zwei Ziegen in einem der kleinen knorrigen Arganbäume umherkletterten. Es war ein herrlicher Anblick. Diese meckernden Vierbeiner waren viel geschicktere Kletterer, als man vermuten würde. Selbst auf den schmalen, dornigen, wild geschwungenen Ästen in der Krone des Baumes balancierten sie anscheinend ohne jede Mühe. Hanno hielt einen Moment lang inne. Eine der beiden Ziegen schaute ihm direkt in die Augen. Es waren nur wenige Meter zwischen ihnen und für einige Sekunden hatte Hanno das Gefühl, dass sie nichts trennte. Dass diese Ziege ein Bewusstsein besaß, genau wie er. Dass sie sich ihrer selbst genauso bewusst war wie der Existenz dieses in Gummi gehüllten Zweibeiners mit dem seltsam geformten Brett. Dass sie sowohl ein ausführliches Verständnis von Raum und Zeit besaß als auch ein Gedächtnis voller Erinnerungen und eigener Erfahrungen. Vor einigen Jahren, als Hanno seine ersten Reisen unternommen hatte, hatte er immer von einem kleinen, technischen Gerät geträumt, das er den STD nannte. Es stand für Simultaneous Translation Device. Es sollte im Prinzip funktionieren wie ein Hörgerät, aber etwas cooler aussehen. Ein kleiner bunter Kasten, in dem sich ein Rechner mit Mikrofon und Lautsprecher befand. Die Software sollte in der Lage sein, die mittels des Mikrofons aufgenommene Sprache in Echtzeit zu übersetzen und direkt ins Ohr des Trägers zu senden.

Jeder, der zwei STDs besäße, wäre dann in der Lage, sich mit jedem beliebigen anderen Menschen auf der Welt zu unterhalten und beide Personen würden einfach in ihrer Muttersprache reden können. Jetzt war man nicht mehr weit davon entfernt, ein solches Gerät zu erfinden. Vielleicht gab es bei Apple oder Google im Silicon Valley längst solche Geräte. Der nächste und viel revolutionärere Schritt, das wurde Hanno genau in diesem Moment klar, würde sein, dieses Gerät für die Kommunikation zwischen Mensch und Tier auszulegen. Dass Tiere, zumindest Säugetiere, miteinander kommunizierten, war zweifelsfrei belegt. Wenn es dem Menschen gelingen sollte, sich in diese Kommunikation einzuschalten, wenn man sich auf einmal mit jedem Säugetier unterhalten könnte, würde wohl auch dem letzten Idioten klar werden, dass es sich dabei um Lebewesen handelte, die genauso viel Respekt verdienten wie jeder Homo Sapiens. Vermutlich würde ein solcher Schritt das Bewusstsein der gesamten Menschheit um eine Stufe anheben.

Der Moment war längst verstrichen und die Ziege vermutlich gelangweilt von Hannos verlorenem Blick. Sie widmete sich lieber wieder den saftig grünen Blättern der Argania spinosa als irgendeiner spekulativ bewusstseinserweiternden Maßnahme der Zukunft. Wer konnte es ihr verübeln?

Als Hanno an den Ruinen der alten Fischfabrik, dem Platz, den die einheimischen Madraba und die Surfer *Anchor Point* nennen, angekommen war, empfing ihn ein enttäuschender Anblick. Zwar liefen hin und wieder ein paar Setwellen über die Sandbänke des *Anchors*, aber sie waren so klein, dass sie nur gerade eben so zu brechen anfingen. Vielleicht hätte man mit einem Longboard eine Chance gehabt, sie zu surfen, mit seinem Shortboard jedoch schien es ausgeschlossen. Von der Straße aus hatte es deutlich besser ausgesehen. Am Horizont, direkt vor dem rund 50 Meter hohen Kliff, das Braun und Blau entzweite, konnte er jedoch dicke schaumige Weißwasserwalzen erkennen. Er setzte sich für eine Weile auf die Mauerreste der alten Fabrik, um die Wellen zu beobachten. Bis Ende der 50er Jahre wurden hier die frischen Fänge der lokalen Fischer weiterverarbeitet und für den Export nach Europa vorbereitet. Seit dem Abzug der Kolonialmacht Frankreich 1959 stand das Gebäude allerdings leer. Es verfiel Stück für Stück, bis schließlich auch die letzten Grundmauern vor ein paar Jahren verschwanden.

Als Anfang der Sechziger die ersten wilden Aussies nach Marokko kamen, sollte es nicht lange dauern, bis sie die legendäre rechte Welle, nur wenige Meter nördlich des verschlafenen Fischerdörfchens, ausfindig machten. Aufgrund der vielen rostigen Anker, die rund um das Fabrikgebäude lagen, bekam der Spot seinen Namen. In den 70ern und 80ern sollte er zum Mekka aller europäischen Surf-Hippies werden. Einem Platz weitab der Zivilisation, ohne den Druck und die Erwartungen der modernen Leistungsgesellschaft, einem Platz, an dem es nichts gab außer gutem Hasch, perfekten Wellen und einer Handvoll Gleichgesinnter. Es war die Zeit, in der es weder surfende Locals gab noch volle Line-ups; es war aber auch die Zeit, in der niemand wusste, wie die Wellen am nächsten Tag werden würden. Die Zeit, in der die alte Weisheit galt: *Never leave a running spot.* Das Internet war noch nicht erfunden und wer einen Anruf tätigen wollte, musste eine Tagesreise nach Agadir auf sich nehmen und stundenlang anstehen, um dann für eine utopisch hohe Summe wenige Minuten mit den Angehörigen reden zu können.

Jetzt lag kein einziger Anker mehr am Strand, jedes Hostel hatte Wi-Fi, aus dem verschlafenen Fischerdorf war *Morocco's surf capital* geworden und aus der Handvoll Gleichgesinnter Flugzeugladungen voller Gleichgerichteter. Das Haschisch war noch immer gut, aber praktisch alle Surfjünger hatten sich jetzt dem *magicseaweed.com* verschrieben. Zehn Tage Wellen-Forecast *for free*, und wer bereit war, jährlich 'nen Zwanni abzudrücken, dem offenbarte die kristallene Kugel sogar das Heil der bevorstehenden zweieinhalb Wochen. So wurden aus den chilligen Hippies von damals die sportlichen Hipster von heute. Die mehrmonatige Flucht aus der europäischen Leistungsgesellschaft wurde zum zweiwöchigen Trainings-Surfcamp-Trip und in der Abgeschiedenheit der marokkanischen Wüste war man dank Internet auf einmal von genauso vielen Menschen und Informationen umgeben wie auf dem Alex mitten in Berlin. Es war Fluch und Segen der *Generation Online*, dass egal wo auf der Welt man sich befand, immer die Möglichkeit bestand, mit allem und jedem verbunden zu sein. Es gab im Zeitalter der totalen Vernetzung keine Flucht im klassischen Sinne mehr, keinen Ort der Zuflucht. Der einzige Platz der Abgeschiedenheit war, so schien es ihm, das eigene Selbst.

Jetzt hatte sich die Sonne ihren Weg über den steil aufsteigenden Horizont gebahnt. Die Schatten der Arganbäume waren lang und

Hanno hatte sich entschlossen weiterzugehen und sein Glück am *Killer Point* zu versuchen. Er lief vorbei an *Mysteries*, dem Spot, der seinen geheimnisvollen Namen zu Recht trug, wie auch er später noch am eigenen Leib erfahren würde. Es war nämlich schon den verrückten Australiern in den frühen Sechzigern aufgefallen, dass die unerklärlichen Sachen immer genau hier an diesem Strandabschnitt passierten.

Während er an der brüchigen Küstenlinie entlangschlenderte, machte Hanno sich einen Spaß daraus, die weißen und silbernen Dacia Logans zu zählen, die mit Brettern auf dem Dach von Taghazout Richtung Norden aufbrachen, um *Boilers* oder *Tamri* zu surfen. Auf halbem Weg hatte er bereits 15 Surfkonsummobile, wie er sie liebevoll nannte, gezählt. Nachdem er auch *La Source* – die Quelle –, an der die campenden Pioniere ihr Trinkwasser geschöpft hatten, hinter sich gelassen hatte, konnte er erkennen, dass bereits zehn Mann im Line-up am *Killer Point* saßen. Der Spot verdankte seinen Namen nicht etwa dem Umstand, dass hier besonders viele Surfer ihr Leben ließen, sondern der Tatsache, dass die Hippies von damals vor dem weit hinausragenden Kliff des Öfteren Orcas gesichtet hatten.

Es war ein weiter Weg, wollte man von der Bucht bis zum First Peak hinauspaddeln. Bei Low Tide konnte man die Abkürzung durch die Höhle nehmen, aber jetzt war schon Mid Tide und der Umweg über das Kliff zu dem Felsen direkt vor dem Second Peak war auch nicht kürzer, als aus der Bucht hinaus zu paddeln. Also legte Hanno die Leash um sein rechtes Fußgelenk und schwang sich auf sein Surfbrett. Als er nach gut 20 Minuten des Paddelns gegen die Strömung endlich angekommen war, fühlte er sich schlapp und müde. Die drei Longboarder und die sieben anderen Dudes auf kurzen Brettern, die bereits im Line-up saßen, verzogen keine Miene, als er sie freundlich grüßte. Es war still und er setzte sich erst einmal auf die Schulter der Welle, um zu verschnaufen. Die Stimmung war irgendwie verkrampft, genau wie sein Verdauungstrakt. Als er erneut hinüber zu den anderen schaute, fiel ihm ein durchaus bekanntes Gesicht auf. Die lockigen Haare, die breite Nase, der lange Bart und dieser zackige Style auf dem Brett. Hanno sah, wie der Einheimische mit voller Absicht einem der blonden Typen reindroppte.

Und es machte boom tschakalaka und ratter die peng:

Da stehen sie nun. An den weißen Citroën-Kastenwagen erinnert nur noch eine Staubwolke, die sich im frühmorgendlichen Glück verflüchtigt. Nichts als perfekte Lines, bis zum Horizont! Mark boxt Hanno in die Seite.

»Wer die erste Welle surft, bekommt den Hut für heute!«

Hanno zuckt zusammen und Mark jagt los. Wie angestochen rennen sie über die schmalen Wege, die sich das Kliff hinunter zum Atlantik schlängeln.

Hanno hat natürlich keine Chance, an Mark vorbeizuziehen, ohne abzuschmieren, aber er klebt ihm an den Fersen. Dann der Sprung vom Felsen ins kühle Nass und die beiden paddeln um die Wette hinaus zu den Wellen. Hanno liegt vorn, als Mark auf einmal anhält, sich umdreht und eine der kniehohen Wellen auf der Inside anpaddelt. Er schafft den Take-off und einen Turn, dann versackt das Wellchen unter ihm. Hanno wartet indes an der Peak auf das erste Set. Dann reiht er Turn an Turn in das mannshohe gläserne Face. Als er bei Mark ankommt, springt er vor Freude grölend über die Schulter der Welle. Mark schaut ihn mit einem breiten Grinsen an.

»Nicht schlecht, aber den Hut bekomm ich!«

Hanno zeigt ihm den Vogel.

»Das zählt nicht! Das war 'n Krepel und keine Welle. Ich hatte die erste richtige Welle!«

Mark schmunzelt.

»Das stimmt. Aber ich hab nicht gesagt, wer die erste richtige Welle surft, kriegt den Hut.«

Hanno schlägt aufs Wasser.

»Ach komm schon! Wirklich?«

»Jip, wirklich!«

Eine dreiviertel Stunde surfen Hanno und Mark noch. Natürlich streiten sie sich bei jeder Gelegenheit darüber, wer nun den Hut bekommt, bis endlich fünf weitere Froschmänner mit Surfboards vom Felsen springen und zu ihnen hinauspaddeln. Es ist Said, der Sohn des reichsten Mannes in Taghazout, mit vier von seinen Freunden. Allesamt ziemlich gute Surfer. Sie setzen sich ohne Begrüßung genau an den Take-off-Spot und surfen eine Welle nach der anderen. Mark und Hanno gehen leer aus, aber lassen das Spiel eine Weile geschehen, bevor es Hanno ist, der an Said vorbeipaddelt, um sich so die Vorfahrt für die nächste Welle zu sichern. Said jedoch interessiert sich dafür wenig und droppt ihm einfach rein. Hanno kann gerade noch ausweichen. Die Welle aber reitet Said. So geht es drei-, viermal hintereinander, ohne Entschuldigung und mit voller Absicht die Regeln missachtend. Hanno wartet geduldig darauf, doch noch eine Setwelle abzubekommen, als Mark zu ihm herübergepaddelt kommt.

»Alter, was ist das denn, bitteschön? Die sind ja voll aggro drauf!«

Hanno nickt.

»Ja. Vielleicht ist es besser, sich aus dem Staub zu machen.«

»Okay, eine Welle noch und dann raus.«

Mark hebt den Daumen und nachdem ein Set mit fünf Wellen durchgerollt ist, sitzen sie auf einmal völlig allein am Peak. Die nächste Welle kommt. Mark paddelt, macht den Take-off und saust los. Nach zwei Turns sieht er, wie Said etwas weiter *down the line* beginnt zu paddeln. Sehenden Auges droppt er ihm mitten in die Welle rein. Mark kann gerade noch so einen Zusammenstoß vermeiden. Er ist stinksauer. Auf der nächsten Welle kommt Hanno geritten. Er hat Glück und kann fast bis zum Strand cruisen, ohne dass sie ihm streitig gemacht wird. Als Mark an Said vorbei Richtung Ufer paddelt, platzt ihm der Kragen.

»What was that? Why are you dropping in on us all the time!?«

Said grinst selbstbewusst.

»Shut up and get out of here!«

Das kann Mark natürlich nicht auf sich sitzen lassen.

»That's just not cool. We are seven people, and there's been plenty of waves for everybody. No need to drop in!«

Said hält an und setzt sich nur zwei Meter entfernt von Mark auf sein Brett. Die Stimmung ist aufgeladen und der Bogen zum Bersten gespannt. Mark schaut gereizt in Saids hasserfüllte Augen, als der erneut zu sprechen anfängt.
»These are our waves. We don't need to share with nobody. Get out of here before I break your board!«

Er schlägt mit der flachen Hand aufs Wasser, dass es Mark ins Gesicht spritzt.
»The person inside goes first! Same rule everywhere around the world! We respected you! Didn't paddle for any wave for the first 20 minutes after you came in! So why the fuck do you need to drop in on us?«

Said paddelt noch dichter auf Mark zu, schlägt mit der Faust auf sein Brett und beginnt, wild zu gestikulieren.
»Who do you think you are? Coming here and surfing our waves? You think just because you have a European passport and you are allowed to go wherever you want you can do whatever you want? Fuck you! Go home, Alibaba, and surf the waves in Europe! You have plenty of them! These here are our waves! Today they're perfect and belong to us! You understand? Get out before it's too late!«

Mit einem heftigen Ruck reißt Said Mark von seinem Surfbrett und drückt ihn unter Wasser. Mark bekommt es mit der Angst zu tun. Als er wieder auftaucht und wutentbrannt ausholen will, kommen Hanno von der einen und Saids Freunde von der anderen Seite angepaddelt.
»Beruhig dich, Mark! Komm, lass einfach gehen!«

Er greift an Marks Leash und zieht ihn zu sich heran.
»Beruhig dich, Alter! Das ist den Stress nicht wert. Wenn die hier meinen, sie müssen den Local raushängen lassen, dann isses eben so. Wir finden einen anderen Spot.«

Mark ist auf hundertachtzig. Er schnaubt noch immer. Doch als er hinüber zu den fünf grimmigen Gestalten schaut, sieht er ein, dass Hanno recht hat. Er atmet tief durch und sie beginnen, Richtung Land zu paddeln. Said und seine Freunde feiern sich selbst, bevor sie sich zufrieden wieder hinaus zu den perfekten Wellenkämmen am Horizont begeben.

***

Jetzt wusste Hanno wieder, woher er dieses Gesicht kannte. Sir Said der Wellenkönig hatte sich heute genau wie damals einen Spaß daraus gemacht, den Touris reinzudroppen. Anstatt den internationalen Verhaltenskodex im Wasser zu respektieren, nahm er einfach jede Welle, die er kriegen konnte. Ohne Rücksicht auf Verluste und wenn sich jemand beschwerte, wurde er gnadenlos zusammengeschissen. Im Gegensatz zum letzten Mal waren die Wellen heute aber eine absolute Katastrophe. Setwellen kamen nur sehr selten und die Pausen zwischendurch waren lang. Zu allem Überfluss war auch noch auflaufendes Wasser und nach gut einer Stunde brach keine Welle mehr. Hanno hatte zwei, drei kurze Rides ergattert, aber das war auch schon alles. Der Vibe im Wasser war unangenehm und er hatte beim besten Willen keinen Bock auf Stress mit Said. Locals wie ihn gab es überall auf der Welt. Ob in Europa, Australien, in Amerika oder Indo. Auch die Diskussionen waren jedes Mal dieselben. Sie drehten sich im Kern um die Frage, wem die Wellen gehören. Für Hanno war die Antwort klar. Natürlich gehörten sie niemandem und genauso natürlich sollte man sich als Gast respektvoll den Locals gegenüber verhalten. Ganz einfach! In den allermeisten Fällen war er damit auch sehr gut gefahren. Und wenn wie damals aller Abstand und Respekt nichts halfen, dann machte er sich halt aus dem Staub.

Etwas bedröppelt paddelte er zurück zum Strand. Schon auf dem Hinweg hatte er dieses Grummeln im Bauch verspürt, jetzt aber musste er hart mit sich und seinem Mageninhalt kämpfen.
Als er mit diesem flauen Gefühl im Bauch die Landstraße wieder Richtung Taghazout zurücklief, erblickte er einen toten Hund im Straßengraben. Er war offensichtlich erst vor Kurzem überfahren worden. Sein kompletter Hinterleib war zerquetscht und die Ge-

därme hingen heraus, aber der Verwesungsprozess hatte noch nicht eingesetzt. Beim Anblick des toten Tieres war es dann soweit. Hanno schaffte es gerade noch, sich über die Leitplanke zu lehnen, bevor sich der übelriechende Schwall aus seiner Kehle den Weg nach draußen bahnte. Der frittierte Fisch, den er am Vorabend gegessen hatte, war offensichtlich zu viel des Guten gewesen! Er legte das Surfbrett beiseite und setzte sich zum Verschnaufen mit etwas Sicherheitsabstand neben den leblosen Vierbeiner.

T.I.A. Er hatte Marks Stimme im Ohr. *Das hättest du auch wissen können. Frittierter Fisch vom Straßenhändler? In der ersten Woche? Da muss der Magen schon ein bisschen im Training sein.*

Erschöpft schaute er dem toten Hund, genau wie der Ziege Stunden zuvor, tief in die Augen. Diesmal spiegelte sich jedoch kein hellwaches Bewusstsein in den schalen Pupillen, sondern das Grinsen von Gevatter Tod. Er bekam Gänsehaut.

Und es machte boom tschakalaka und ratter die peng:

Mark steht vor dem Bücherregal im Wohnzimmer des kürzlich verstorbenen Großvaters. Er blättert in einem Buch, als Hanno den Raum betritt.

»Du, Mark, ich glaub, Rex macht's nicht mehr lange. Er frisst schon seit Tagen nichts mehr!«

»Stimmt, der sieht ganz schön matt aus. Liegt auch nur noch in der Küche rum. Aber so alt ist der doch noch gar nicht.«

Hanno kratzt sich am Kopf.

»Den haben wir aus dem Tierheim geholt, im Jahr nach meinem Abi. Da war er noch ein Welpe. Das heißt, jetzt müsste er sieben sein.«

»Das ist eigentlich noch kein Alter für 'nen Schäferhund.«

»Ich weiß. Vatern war letzte Woche mit ihm beim Tierarzt.«

Mark zuckt mit den Schultern.

»Und?«

»Kerngesund! Hab ihm frisches Rindfleisch vor die Nase gehalten, aber er hat nicht mal gezuckt. Ich glaub, er will einfach nicht mehr. Jetzt, wo Opa tot ist.«

»Na, dann lass ihn doch. Wenn er nicht mehr will, dann will er halt nicht mehr. Seine Entscheidung. Kann man nichts machen.«

Hanno schaut mitleidig Richtung Küche.
»Ach Quatsch! Ich nehm ihn mit zu mir und päpple ihn wieder auf.«

Mark überlegt einen Moment. Er blättert aufgeregt in dem Buch, das er noch immer in den Händen hält. Dann springt er auf den Wohnzimmertisch.
»›Aber dem Kämpfenden gleich verhasst wie dem Sieger ist euer grinsender Tod, der heranschleicht wie ein Dieb – und doch als Herr kommt.
Meinen Tod lobe ich euch, den freien Tod, der mir kommt, weil *ich* will.‹
Hmm …
›Und jeder, der Ruhm haben will, muß sich beizeiten von der Ehre verabschieden und die schwere Kunst üben, zur rechten Zeit zu – gehn.‹«

Hanno schüttelt den Kopf.
»Ach du und dein Nietzsche! Also sprech ich, der hätte vielleicht lieber mal auf dem Höhepunkt seines geistigen Schaffens selber den Freitod wählen sollen. Stattdessen ist er in die tiefsten Tiefen des psychischen Morastes gesunken, um dann schlussendlich von der Hand des bereits Totgeglaubten erlöst zu werden. Welch Ironie!
Als ob Rex es auf Ruhm abgesehen hat! Klar ist der traurig, dass Großvater weg ist, aber das krieg ich schon wieder hin. Außerdem ist Selbstmord die Verletzung einer Pflicht gegen sich selbst und Selbstentleibung ein Mord und nichts anderes. Basta.«

»Uhh, sehr schön kategorisch, Herr Kant! Wenn du meinst, dass es besser ist für Rex, wenn er sich noch zwei Jahre bei dir quält, dann nimm ihn halt mit. Ich würde ihn hier in Ruhe sterben lassen, wenn er das so will. Das Leben ist ein Geschenk Gottes und wem es nicht gefällt, der gibt es eben zurück. Basta!«

***

Er hatte Rex damals mit nach Hause genommen. An einem sonnigen Morgen keine zwei Wochen später hatte sich in seinen Pupillen dasselbe Grinsen gespiegelt, das er jetzt in den Augen des zerquetschten Vierbeiners direkt vor seinen Füßen sah. Hanno musste sich nochmals übergeben. Dann griff er nach seinem Surfbrett, stand auf und lief eilig weiter die Straße entlang Richtung Taghazout, als könnte er so den bösen Gedanken entfliehen.

Chapter Eight

Blowin' In The Wind

Bob Dylan

Am darauf folgenden Tag, ganz im Norden Italiens, kletterte Rob souverän, ruhig und völlig fokussiert. Die erste Seillänge war verhältnismäßig einfach. Er hatte immer den nächsten Griff und Tritt im Blick. Alles schien von alleine zu passieren. Auch in der zweiten Länge lief es rund bis zum Erreichen der Crux. Hier stockte er zum ersten Mal. Ein dynamischer Zug auf gut 70 Meter Höhe. Nachdem er die Hände gechalkt hatte, hielt er inne, nur für einen Moment, aber der war schon zu lang. Er wusste, dass diese Stelle ihn mental fordern würde. Der Zug an sich war nicht allzu schwer. Von einem dicken Henkel aus ging es gut anderthalb Meter nach oben zu einem breiten Band, auf dem ebenfalls Platz für beide Hände war. Die Tritte am Absprung waren fest und breit. Er hatte die Stelle in der Woche zuvor nochmals akribisch ausgebouldert und war sich sicher, dass es keine andere Lösung gab, als von dem Henkel hinauf zum Band zu springen. Er hatte den Move unzählige Male geübt. Doch in diesem Moment des Zögerns überkamen ihn Zweifel. Er wusste, dass er es sich nicht erlauben konnte, hier zu lange rumzuhängen. Erstens kostete es Kraft und zweitens würden die Bedenken Sekunde um Sekunde seine Psyche zermürben. Er chalkte und schüttelte den linken Arm ein weiteres Mal, dann den rechten. Er holte tief Luft und fühlte, wie jede Faser seines Körpers mit Adrenalin geflutet wurde. Sein Blick bohrte sich in das Band über ihm. Er visualisierte den Augenblick, in dem seine Hände den Fels zu greifen bekommen würden. Er stellte sich vor, wie sie förmlich einrasten würden.

Dann zog er durch. Die Finger hatten die klobige Steinnase, an der er gerade noch gehangen hatte, bereits gehen gelassen, während er noch aus den Beinen nachdrückte. Mit einem Mal flog er durch die Luft ohne jeglichen Kontakt zum Fels. Es war, als ob die Zeit stillstünde, ein wahnsinnig kurzer Augenblick Unendlichkeit. Ein

Moment der absoluten Ausgesetztheit und der totalen Freiheit. Ein Atemzug zwischen dem Flug zur Sonne und dem Sturz in das glühende Magma der Erde. Kein Seil, kein Netz, kein doppelter Boden. Eine Sekunde so schwer an Bedeutung, dass sie ein Leben lang wiegen würde. Rob streckte den Oberkörper. Er machte die Arme lang. Den Blick permanent auf das Band fokussiert, legten sich zuerst die Finger der rechten und nur Sekundenbruchteile später die der linken Hand um die breite Stufe im Kalkfelsen. Die Füße landeten sicher an der richtigen Stelle. Er fühlte, wie sein Körper das dynamische Moment dieses Zuges reibungslos abfing und in eine kontrollierte statische Position überführte. Genauso, wie er es zuvor unzählige Male geübt hatte. Ein 500-Zentner-Granitbrocken fiel von ihm ab und machte einem großartigen Gefühl der Erleichterung Platz. Ohne lange innezuhalten und wie befreit, kletterte er die nächsten 20 Meter bis zum zweiten Stand. Griff um Griff spürte er sein Selbstbewusstsein wachsen. Tritt um Tritt fühlte er sich kraftvoller. Eines war klar, den *point of no return* hatte er jetzt überschritten. Nicht dass umzukehren vorher eine besonders reizvolle Option gewesen wäre, aber von nun an war sie ausgeschlossen. Den Dynamo abzuklettern war schlicht unmöglich. Doch diese Erkenntnis wirkte auf Rob weniger verunsichernd als befreiend. Es gab nichts mehr zu entscheiden und von hier an nur noch einen einzigen Weg aus dieser Wand. Und zwar senkrecht nach oben!

Er wusste, dass es für Vorfreude noch zu früh war, aber er fühlte sich stark und so gut vorbereitet wie nie zuvor. Er checkte das Tape an seinen Fingern und chalkte die Hände gründlich, bevor er sich aufmachte, die dritte Seillänge in Angriff zu nehmen. Er durchstieg sie zügig, aber ohne jede Hektik. Auch Länge Nummer Vier verlief reibungslos. Präzise, kontrolliert und immer dem eigenen Rhythmus folgend, bewegte er sich am Felsen entlang wie der Zeiger einer Schweizer Uhr über das Zifferblatt. In der fünften und vorletzten Länge, gerade nachdem er die letzte Hauptschwierigkeit gemeistert hatte, passierte es.

Während er die rechte Hand in einem glücklicherweise knapp faustgroßen Riss klemmte, griff er mit der linken auf ein schmales Band. Genau in dem Moment, als er den rechten Fuß entlastete, merkte er, dass die linke Hand auf etwas Lebendiges gegriffen hatte. Aus dem Augenwinkel sah er noch, wie der Schwanz eines Reptils über die Kante lunzte, doch da war es schon zu spät. Vor lauter Schreck und weil Rob eine tiefsitzende Angst vor Schlangen hatte, löste er automatisch die linke Hand, der linke Fuß glitt ab und damit der Gegenpol für die Klemmbewegung der rechten Hand im Spalt. Für den Bruchteil einer Sekunde war er völlig aus dem Gleichgewicht. Er rutschte ab. Geistesgegenwärtig ballte er die rechte Faust im Riss. Sie verklemmte sich. Jetzt hing er mit beiden Füßen in der Luft, die Knie blutig geschlagen und mit dem linken Arm rudernd, gut 200 Meter über dem Lago di Garda, nur an seiner rechten Faust. Noch während die Panik in Wellen seinen Nacken hinabbrauste, begannen seine Füße nach neuen Tritten zu suchen, und die linke Hand tastete über den Fels, bis sie schließlich auf einem dicken Sloper Halt fand.

»Verfluchte Scheiße!«, fuhr es ihm als erstes durch den Kopf.

»Wow, das war knapp!«

Er hatte mittlerweile zwei passable Tritte gefunden und während er versuchte, sich einen Überblick zu verschaffen, sah er gut zwei Meter über sich eine kleine Mauereidechse, die unschuldig auf ihn herabblickte. Langsam löste er die rechte Faust, die noch immer im Riss verklemmt war. Die Finger bluteten, ließen sich aber alle noch bewegen. Die letzte Seillänge war verhältnismäßig einfach, und solange sein Körper noch im Schockmodus war, würde er die Schmerzen nicht spüren.

Er kletterte an dem schmalen Band vorbei, das ihn kurz zuvor fast das Leben gekostet hatte, und sah den braun-grau-schwarz gemusterten Schwanz der Eidechse dort liegen. Sie musste ihn vor Schreck abgeworfen haben. Es war seltsam befriedigend zu sehen, dass auch sie ein Opfer gebracht hatte. Zu gerne hätte er das gute Stück zur Erinnerung eingesteckt, aber jetzt war nicht die Zeit für sentimentale Ausbrüche, Umwege und Extrawürste. Es war schwer genug, mit der verwundeten rechten Hand halbwegs Grip am Felsen zu bekommen, denn das Blut wirkte wie ein natürliches Gleitmittel. Erst am letzten Stand konnte er kurz innehalten. Ein Vorsprung, auf dem beide Füße Platz fanden, bot Gelegenheit, die müden Arme auszuschütteln, die Finger nochmals bündig mit Tape abzukleben und mit reichlich Magnesia zu pudern. Bevor er die finale, leicht überhängende, aber dennoch verhältnismäßig einfache Seillänge anging, sammelte er sogar noch eine der kleinen gelben Blumen ein, die in den Spalten wuchsen. Vorsichtig verstaute er die zarte Pflanze in seinem Chalkbag. Dann durchstieg er die letzten 40 Meter wie in Trance. Wieder völlig souverän und absolut konzentriert. Das Bild jedoch, das sich am tiefsten in sein Gedächtnis eingebrannt hatte, war jenes der unschuldig auf ihn hinabschauenden Eidechse.

***

Er hatte es geschafft. Er hatte es tatsächlich geschafft. Er fühlte sich leicht und frei wie ein Vogel. Wie einer jener Falken, die ihn heute während seines Aufstiegs skeptisch begutachtet hatten. Er stellte sich an die Kante, die vor ihm mehrere hundert Meter senkrecht abfiel, und schrie so laut er konnte. Er schrie hinab auf die Welt zu seinen Füßen und er schrie hinauf in den Himmel des Herrn. Alles brach aus ihm heraus. Die ganze Anspannung der Vorbereitung, die schlaflosen Nächte der letzten Woche und dann dieser Tag voller unbegreiflicher Momente. Es waren Schreie der Erleichterung und der Befreiung. Die Arme wie Flügel ausgebreitet, die Hände blutig und geschwollen, als würden sie nur noch von dem Tape zusammengehalten, das sich um die Finger schnürte. Es waren Schreie der Überwindung, des Über-sich-Hinauswachsens. Die braunverbrannten Waden unter den blutenden Knien mündeten in viel zu kleine Kautschukkorsetts. Ja, es waren auch Schreie eines Gequälten, eines sich selbst Quälenden. Wie lange hatte er auf diesen Moment gewartet, darauf hingearbeitet, Stück für Stück, Tag für Tag und Zug um Zug! Zweifelsohne waren es Schreie eines Findenden, eines Menschen, der in genau jenem Moment fand, wonach er lange gesucht hatte. Es waren Schreie eines Menschen, der dem Wahnsinn ins Gesicht geblickt hatte.

Nachdem alles aus ihm herausgebrochen war, wurde es wieder still. Die Ruhe des Gipfels füllte ihn aus und während die Berge schwiegen, öffnete er seine Schuhe, um den Füßen etwas Luft zu gönnen. Dann rückte er vor bis zum leicht überhängenden Ausstieg der Route und ließ die Beine über dem Abgrund baumeln. Er legte sich mit dem Rücken auf den warmen Felsen und schaute verloren in den strahlend blauen Himmel über ihm. Seine Sinne verloren sich im Wahn des Augenblicks, sein Geist war für einen Augenblick wahnsinnig klar.

Und es machte boom tschakalaka und ratter die peng:

»Jip, yeah! Alter, wir haben's gerockt! 300 Meter im VIII. Grad und beinahe geflasht, die Karre! Das ist mal 'ne Ansage!«

Mark ist völlig euphorisiert. Er sitzt auf dem kleinen Plateau und seine Beine baumeln über dem leicht überhängenden Ausstieg der Route. Er hält seine Hand hoch.
»*High five*, Alter! Das war 'n Ding! Und das in nur einer Stunde!«

Rob grinst bescheiden und schlägt ein.
»Na ja, wenn überhaupt, dann wäre es 'n Team Free gewesen, kein Flash. Wir haben uns ja im Vorstieg abgewechselt und meine Uhr zeigt 1 Stunde 11 Minuten und genau 23 Sekunden an!«

Mark klatscht mit der Hand auf Robs Oberschenkel.
»Da isser ja wieder! Mister Ganzgenau! Team Freestyle oder Flash? *Whatsoever!* Drauf geschissen! Du bist ja eh einmal reingekracht!«

Rob fährt sich durch das schulterlange blonde Haar.
»Das ist ein Unterschied. Aber du hast recht, ich hab's versaut.«

»Egal! Wir haben heut trotzdem ordentlich einen gucken lassen! Das war mit Abstand die beste Begehung in den letzten zwei Jahren. So flüssig. So *smooth*. Hat doch sonst alles wie am Schnürchen geklappt.«

»Jip! Nur ein kleiner Patzer von mir.«

Mark schüttelt den Kopf und klatscht lachend in die Hände.
»Ja, aber ich weiß auch nicht, ob ich die Crux beim ersten Mal im Vorstieg gestickt hätte. War ja schon im Nachstieg verrückt und ich wär auch fast abgerutscht.«

Aufgeregt imitiert Mark, wie seine Hände auf der Leiste Halt fanden.

»Mal wieder mehr Grip als Verstand bei mir! Manometer, du bist aber auch ordentlich gesegelt beim ersten Mal. Hatte ganz schön 'nen Stift in der Hose, als ich das von unten mit angeschaut hab.«

Sein ganzer Körper schüttelt sich vor Euphorie.

»Waren bestimmt zehn Meter freier Fall. Alter, hat das gezerrt am Seil! Mich hat's gut gegen den Fels geballert, als du reingekracht bist.«

Rob beißt sich auf die Lippe.

»Was 'ne Crux! Aber ging echt nicht anders als mit 'nem Monsterdynamo! Da waren sonst keine Griffe. Nicht mal 'n Leistchenchenchen. Oder hast du was gesehen?«

»Nope, nichts. Erst oben wieder.«

Mark lehnt sich zurück, bis er flach mit dem Rücken auf dem Fels liegt. Er schaut in den blauen Himmel. Seine Waden schaukeln noch immer über der Valpolicella, als er mehr zu sich selbst als zu Rob sagt:

»Weißte was? Wenn ich mal groß bin, dann klemm ich das Ding free solo!«

***

Es war also nicht das erste Mal, dass Rob hier oben saß und doch war es heute etwas Besonderes. Diesmal hatte er es getan! Er war die 300 Höhenmeter vom Gardasee bis hier hinauf alleine geklettert. Er hatte nichts bei sich gehabt als das, was er am Körper trug: ein Hemd, eine Hose, den Chalkbag und die Schuhe. Kein Seil, kein Gurt, kein Keil, kein Friend, kein Kara. Nichts! Nur er und der Fels. So ehrlich, so rein, so simpel wie nur denkbar.

Free solo!

Es war unbestreitbar die Klettervariante, die den geringsten Spielraum für Fehler zuließ. Manche behaupten auch, es wäre die riskanteste Variante überhaupt, die Senkrechte zu begehen. Rob war der Begriff Risiko zu komplex, als dass er sich auf diese Formulierung eingelassen hätte. Eines jedoch war klar: Gerade weil der Spielraum für Fehler so unheimlich eng war und weil jeder noch so kleine Fehler direkte, unkorrigierbare und totale Konsequenzen haben konnte, war es ein einmaliges Werkzeug zur Erforschung der eigenen Psyche. Es ging dabei nicht um das platte Spiel mit der Angst, jenem Adrenalinkick, den sich der Ottonormalbürger in der Achterbahn oder beim Bungeejump im Abenteuerurlaub abholt, jenem fremdgesteuerten Thrill, der einen für ein paar Sekunden das Adrenalin am Kleinhirn klumpen lässt und dadurch für einen Moment den verhassten Alltag vergessen macht. Nein, eine Route free solo zu begehen, war etwas ganz anderes. Natürlich konnte jeder halbwegs vernünftige Kletterer im III. oder IV. alpinen Grad auch einfach mal das Seil weglassen, um auszuprobieren, wie stabil seine Psyche war, aber auch das hatte nichts damit zu tun, was Rob an diesem Tag veranstaltet hatte. Bei ihm ging es um etwas ganz anderes.

Um ein Projekt!

Vergleichbar mit der Gründung eines Start-ups. Am Anfang steht eine Idee, eine Vision. Etwas, das einen begeistert, fesselt und nicht mehr loslässt. Etwas, das bisher Bekanntes so weiterentwickelt, dass es neue Maßstäbe setzt. Etwas, wonach man sein ganzes Leben hin ausrichten würde, wofür man bereit wäre, alles zu geben.

Das Ziel für einen ganzen Lebensabschnitt.

Bei Rob war es eben diese Route im VIII. Grad, die sich, elegant und anspruchsvoll zugleich, wie der frische Trieb einer Rondinella-Rebe vom »Lacus Benacus« bis hier hinauf auf das Plateau über Arco zog. Diese herrlich heikle, 300 Meter lange Tour mit ihrer Hauptcrux in der zweiten Seillänge frei zu gehen, war seine Vision gewesen seit jenem Tag vor sechs Jahren, als er das letzte Mal gemeinsam mit Mark hier am Gardasee gewesen war.

So saß er noch immer am leicht überhängenden Ausstieg, den Blick hinab auf das bunte Laub der herbstlichen Reben Norditaliens gerichtet, den Geist im Moment verloren, zwischen Zukunft und Vergangenheit. Langsam sich besinnend, öffnete er mit zittrigen Händen den seitlichen Reißverschluss an seinem Chalkbag. Neben einer Rolle Hansaplast kam eine blaue, eiförmige Aluminiumkapsel zum Vorschein. Sie war etwas länger als eine Streichholzschachtel und schon ziemlich zerkratzt. Egal, wohin es ihn verschlagen hatte, die Kapsel war sein ständiger Begleiter gewesen. In einer mondlosen Nacht vor gut drei Jahren hatte er gemeinsam mit Hanno, gegen Recht und Gesetz, Marks letzten Wunsch erfüllt. Seither trug er sie immer bei sich. Er schloss die Augen, während er die Kapsel fest gegen seine Brust drückte.

Und es machte boom tschakalaka und ratter die peng:

Die Welt ist schwarz, denn es ist Neumond und man kann kaum die Hand vor Augen sehen.

Vorsichtig schleichen sie über den Friedhof hin zu jener Stelle, an der Marks Urne vor wenigen Stunden beigesetzt worden ist. Dort angekommen, beginnen sie sofort damit, die zahllosen Kränze und Gestecke, die unzähligen Sträuße und Trauerlichter beiseite zu räumen. Als sie fertig sind, halten sie kurz inne. Die Luft scheint rein zu sein und der Wachmann, der hier stündlich seine Runde dreht, momentan anderweitig beschäftigt.

Hanno holt den Klappspaten aus seinem Rucksack und beginnt, das Grab zu öffnen. Es dauert eine gefühlte Ewigkeit, bis er den knappen Meter Erde über der Urne ausgehoben hat. Genau in dem Augenblick, als sie den Deckel der Urne erblicken, hören sie, wie sich ein Auto dem Friedhof nähert und am Eingang parkt. Hanno und Rob erstarren. Die Autotür öffnet und schließt sich, dann quietscht das metallene Eingangstor des Friedhofs fürchterlich unheimlich. Sollten sie jetzt einfach wegrennen? So kurz vor dem Ziel! Eine zweite Chance würden sie vermutlich nie bekommen. Rob hat eine Idee. Er flüstert Hanno seinen Plan ins Ohr. Der nickt nur kurz und während er vorsichtig den Klappspaten beiseitelegt, um mit seinen Händen weiter zu graben, schleicht Rob auf Zehenspitzen Richtung Friedhofseingang.

Vorsichtig zieht er die Kapuze seines schwarzen Hoodie über und sammelt einige der größeren Kiesel, die auf dem Schotterweg liegen. Dann versteckt er sich hinter der großen Buche am Haupteingang. Der Wachmann hat sein Smartphone im Anschlag. Scheint damit beschäftigt, Nachrichten einzutippen und durchs Netz zu surfen. Er schlendert gemütlich durch den Eingangsbereich des Friedhofs und macht keinerlei Anstalten, in Hannos Richtung zu laufen. Nach einer Weile der Untätigkeit jedoch horcht er auf. Wie bei einem Hund, der in der Ferne ein Schwein wittert, schnellt sein Kopf nach oben. Er verharrt und während er vorsichtig mit der einen Hand sein Telefon in die Hosentasche gleiten lässt, ist die andere damit beschäftigt, nach der dicken Maglite zu tasten, die an seinem Gürtel hängt. Mit einem kräftigen Ruck zieht er sie aus dem Halfter und hält sie wie ein Cop seine Knarre im Anschlag.

Jetzt ist Robs Stunde gekommen. Er nimmt einen der Kiesel und wirft ihn gegen die Blechtür des knapp zehn Meter entfernten Geräteschuppens. Ein lautes Scheppern durchdringt die Dunkelheit und schallt über die Gräber. Es klickt und der Wachmann flutet kraft seiner aufgemotzten 500-Lumen-Mag den kleinen Werkzeugschuppen. Misstrauisch läuft er hinüber zu der Hütte. Rob wirft einen weiteren Kiesel. Der fliegt, mehr aus Versehen als gewollt, gegen den riesigen Grabstein gleich neben der Bretterbude. Der Wachmann wird zusehends nervöser. Er beginnt verunsichert in die Dunkelheit zu rufen und mit der Taschenlampe zu fuchteln. Bevor er jedoch den Bereich des Friedhofs erhellt, in dem Hanno damit beschäftigt ist, seine Mission zu Ende zu bringen, entscheidet sich Rob für einen Frontalangriff. Er nimmt die restlichen Kiesel und wirft sie allesamt auf den Wachmann. Dann prescht er aus seiner Deckung hervor und rennt über den Friedhof. Natürlich in die von Hanno abgewandte Richtung des Gottesackers.

Der Wachmann steht wie angewurzelt da. Dann aber nimmt er wütend die Verfolgung auf. Doch weil seine Statur und Beweglichkeit mehr einem fetten Dobermann als einem drahtigen Windhund gleicht, hat Rob leichtes Spiel mit ihm. Er muss sich sogar etwas bremsen, damit ihn die »Töle« nicht aus den Augen verliert. Rob ist haushoch überlegen und das Spiel beginnt ihm richtig Spaß zu machen. Immer wieder lässt er den »Kläffer« bis auf wenige Meter an sich herankommen. Dann wird er immer leiser und Rob hört nur noch sein hektisches Hecheln. Bevor er aber den feuchten Atem im Nacken spürt, stellt er mit einem kräftigen Antritt und dem einen oder anderen Sprung über Grab und Stein wieder einen komfortablen Abstand her. So hetzen die beiden im Zickzack um die Gräber, bis Rob endlich aus dem Augenwinkel Hanno über den Zaun Richtung Freiheit springen sieht.

Sicherheitshalber dreht er noch eine Ehrenrunde um die Gedenkstätte mit dem roten Stern. In Gedanken zieht er seinen Hut vor den russischen Soldaten, die im Zweiten Weltkrieg ihr Leben gelassen haben, um Hitler-Deutschland zu befreien. Dann verabschiedet auch er sich über die Palisaden und schwingt sich auf sein vorher bereitgestelltes Rad.

Die Zunge des Doberwachmanns hängt bis zum Boden. Auf den Zaun stützend kramt er sein Telefon hervor, um völlig verzweifelt die Kollegen von der Polizei zu alarmieren. Bis unters Dach voll mit Adrenalin braust Rob auf seinem Zweirad durch die Nebenstraßen der Kleinstadt nach Hause.

**

Die gütigen weichen Strahlen der herbstlichen Mittagssonne salbten Robs gequälten Körper. Mit noch immer zittrigen Händen schraubte er die kleine blaue Aluminiumkapsel auf. Dann nahm er die Blume, die er auf seinem Weg in einer der Felsspalten gefunden hatte, aus dem Bürstenhalter seines Chalkbags. Er zupfte ihre kleine Blüte ab und steckte diese in die untere, mit Asche gefüllte Hälfte der Kapsel. Es war wunderschön, wie das strahlende Goldgelb der Vergänglichkeit dieser lebendigen Blüte zwischen dem metallischen Blau des Moments und dem endlosen Grau-Grau der anorganischen Ewigkeit vermittelte. Wie eine sanfte Brise ungefragt begann, die Asche in die Welt zu saugen und wie Rob erschöpft und glücklich im Moment verweilte.

Er schloss die Augen, als er die kleine Kapsel mit ausgestreckten Armen vor sich und über die Kante des Felsens hielt. Er sah Mark neben sich und hörte ihn euphorisch lachen. Genauso wie damals.

Als er die Augen wieder öffnete, war er geblendet von dem strahlenden Blau des Himmels, von dem Grün-Bunt der Ebene und den orange-gelben Strahlen der Sonne. Langsam malte er mit der Hand, die die Kapsel hielt, eine waagerechte Acht in die Luft. Mit dem Symbol der Unendlichkeit verteilte er die Asche in den Himmel über Arco, und während die Blütenblätter noch beschaulich hinabsegelten, hatte sich die graue Staubwolke im Handumdrehen aufgelöst.

***

Rob hatte Biene, gleich, nachdem er wieder im Auto saß, einen Text geschrieben. Sie sollte wissen, dass es ihm gut ging und sie sich keine Sorgen machen brauchte. Seine Knochen hatten zwar ganz schön gezwackt, doch ernsthaft verletzt war er zum Glück nicht. Deshalb hatte er sich auch entschlossen, den Nachmittag zwischen Kalkwänden und Kiefern mit beschaulichen Gedanken zu verbringen.

Doch jetzt war er auf dem Weg zu dem kleinen weißen Apartment einige Kilometer nördlich von Arco. Sie würde bestimmt längst auf ihn warten und so sehr er die Einsamkeit des heutigen Tages genossen hatte, so sehr sehnte er sich nun nach ihr. Er liebte sie seit dem ersten Augenblick. Biene und Rob waren schon in der Schule ein Paar.

Am Anfang flogen sie durch ein Meer aus Schmetterlingen und die frische Liebe trug die Beziehung auch über die schweren Phasen des jungen Erwachsenenlebens. Mit Anfang zwanzig, als sich in ihrem Freundeskreis jeder von jedem trennte, hielten sie weiter zusammen. Biene hatte ihr Medizinstudium abgebrochen. Sie wollte Menschen helfen, konnte aber kein Blut sehen. Mehr aus Vernunft als aus Leidenschaft entschied sie sich, eine Ausbildung zur Büro-kauffrau zu machen. Damals war Rob im Winter meist mit Mark auf Saison in Österreich, um zu arbeiten. Im Sommer kletterten die beiden durch die französischen und Schweizer Alpen, sodass Rob nur äußerst selten zu Hause war. Es war die härteste Zeit und Biene hatte zwischendurch ernsthafte Zweifel. Über weite Strecken führten sie eine sich schleppende Fernbeziehung, doch sie skypten so oft wie möglich und verbrachten so bisweilen mehr Zeit am PC als mit realen Personen. Irgendwie hatten sie es auf jeden Fall geschafft zusammenzubleiben und vor allem sich immer neu zu lieben. Gerade an Tagen wie diesen spürte er, wie sehr er diese Liebe in seinem Leben brauchte, um er selbst sein zu können. Um Halt zu haben in einer Welt, die sich scheinbar immer schneller drehte.

Rob parkte den mintgrünen T3 in der Einfahrt direkt vor dem Haus. Er krallte sich den Rucksack mit dem Klettertrödel und die Kiste mit den Einkäufen, die er auf dem Heimweg besorgt hatte. Es hatte gerade zu nieseln begonnen. Vorsichtig öffnete er die Tür des Apartments. Im Kamin loderte schon ein kräftiges Feuer und der Raum war angenehm warm. Biene saß an dem hölzernen Wohnzimmertisch hinter ihrem Notebook. Sie war umringt von Ordnern, Blöcken, Zetteln, Stiften und Büchern. Mit 29 hatte sie nochmal begonnen zu studieren. Jura, mit voller Leidenschaft. Sie war als Jugendliche in der Antifa gewesen und hatte sich auch danach immer politisch engagiert. Sich für Menschen einzusetzen, die gesellschaftlich oder finanziell benachteiligt waren, war für sie schon immer ein Anliegen gewesen. Wenn alles glatt lief, wäre es bald ihr Beruf.

Rob legte den Rucksack an der Garderobe ab, bevor er die Kiste mit den Lebensmitteln auf die rote Marmorplatte der Küchenzeile stellte. Dann lief er hinüber zu ihr und gab ihr einen Kuss auf die Stirn.

»Wie war dein Tag?«

»Anstrengend! Ich hab heute den ganzen Tag damit verbracht, ein einziges Kapitel nachzubearbeiten. Wie ich es hasse, Hausarbeiten zu schreiben! Aber bin gleich fertig. Gib mir noch fünf Minuten, ja?«

Rob nickte und gab ihr einen weiteren Kuss, diesmal auf die Wange. Dann öffnete er die Scheibe des Kamins und legte zwei der kantigen Scheite Eichenholz in die Glut. Er räumte die mitgebrachten Lebensmittel in die Küche und gerade als er die Treppe hinaufgehen wollte, um sich eine Dusche zu gönnen, klappte Biene das Notebook zu und stand auf.

»Fertig für heute! Warte! Komm her und lass dich drücken! Wie war denn dein Tag eigentlich?«

Die beiden umarmten einander, bevor sie sich auf die Couch vor den Kamin setzten. Biene blickte besorgt auf Robs Hände.
»So wie deine Finger aussehen, hast du es ja mal wieder ganz schön übertrieben.«

Sie war es gewohnt, dass Rob mit geschundenen Händen nach Hause kam. Doch der Anblick dieser geschwollenen und blutigen Finger machte ihr dennoch Sorgen. Rob grinste vorsichtig.
»Hmm, gute Frage … sehr bewegend, würd ich sagen!«

Biene kicherte verlegen.
»Und dabei hast du die bewegendste Nachricht des Tages noch gar nicht gehört!«

Rob sah sie fragend an.
»Gut oder schlecht?«

Sie nahm seine rechte Hand, führte sie, so vorsichtig sie konnte, zu ihrem Mund und küsste zärtlich die geschundenen Finger. Dann lächelte sie zufrieden.
»Tut mir leid, die passt nicht in eine der beiden Kategorien. Egal! Bei den Fingern und Knien bist du sowieso zuerst dran. Jetzt erzähl schon: Was ist passiert?«

Rob schaute sie ernst an.
»Na gut, wie du willst. Dann halt dich fest. Heute war es soweit! Ich hab die Valpolicella entkorkt!«

Biene erstarrte vor Schreck. Sie kannte ihn nur zu gut und wusste sofort, wovon er sprach. Jene sagenumwobene Route, die nach dem besten Rotwein der Region benannt und die er vor Jahren gemeinsam mit Mark geklettert war, schwirrte ihm seit Ewigkeiten als Free-Solo-Projekt durch den Kopf.
»Ist nicht wahr! Da bist du nicht wirklich ganz alleine durchge-stiegen?«

Rob nickte ernst. Biene schüttelte ungläubig den Kopf.

»Du bist doch verrückt! Na, jetzt erzähl schon und lass dich nicht dreimal bitten!«

»Verrückt! Es war genauso verrückt, wie ich es erwartet hatte. Ich bin heute Morgen um sechs wach geworden. Es war noch dunkel, aber ich konnte vor Aufregung nicht mehr schlafen. Also bin ich aufgestanden und hab versucht, was zu frühstücken, aber mehr als 'ne halbe Schale Müsli war nicht drin. Den Rucksack hatte ich gestern Abend schon gepackt, damit ich nicht zu viel Krach mache. Wollte dich auf keinen Fall aufwecken.«

»Wie lieb von dir! Ich hab auch nix mitbekommen. Bin um acht aufgestanden und hab mich gewundert, wo du hin bist. Aber dann hab ich den Zettel in der Küche gefunden.«

»Da war ich vermutlich gerade beim Zustieg, mit zittrigen Knien. Das war echt komisch. Irgendwie bin ich von Schritt zu Schritt nervöser geworden. Erst als ich den Fuß der Wand erreicht und mit dem üblichen Stretching begonnen hatte, ist es langsam besser geworden. Danach bin ich ein wenig am Einstieg umhergebouldert. Bin immer wieder im Kopf die Bewegungsabläufe der Schlüsselstellen jeder Seillänge nochmal durchgegangen. Dann ging's los und ich fühlte mich mit einem Mal erleichtert und frei!«

Während Rob von seiner aufregenden Free-Solo-Tour berichtete, tanzten die Flammen im Kamin immer wilder und Biene wurde mit jedem Wort aufgeregter. Sie kletterte selber leidenschaftlich gerne und wusste deshalb genau, um was es ging. Immer wieder durchzogen sie Schauer vom Haaransatz bis zu den Zehen, wenn sie sich die Ausgesetztheit dieser Momente vorstellte. Es waren jene Schauer, die einen erfassen und tief im Mark berühren, weil sie den Nerv kitzeln, der direkt zur Angst vorm Tod führt. Sie wusste, dass Rob schon lange fasziniert von dem Gedanken war, völlig frei durch eine Wand zu steigen, doch bei aller Begeisterung fürs Klettern hätte sie sich beim besten Willen nicht vorstellen können, jemals selbst eine Tour free solo zu begehen. Anfangs war ihr auch völlig unklar, was Rob daran so faszinierte. Wollte er sich profilieren oder einfach Russisch

Roulette spielen? Wieso nur würde sich jemand freiwillig dieser Gefahr aussetzen, wenn es doch im Klettern seit jeher darum ging, den Aufstieg sicherer zu machen? Bessere Haken, Seile, Karabiner, Klemmkeile und Friends. Wenn man wollte, konnte man sich heute quasi auf den Everst tragen lassen und Rob musste eine Tour unbedingt free solo klettern. Er würde ja nicht mal weltberühmt damit. Wahrscheinlich würde er außer einer Handvoll Leuten niemandem davon erzählen und Geld ließ sich damit auch nicht verdienen. Selbst den ganz Großen der Szene sprangen die Sponsoren ab, weil sie das Risiko eines tödlichen Unfalls nicht bereit waren zu tragen.

Doch je öfter sie darüber gesprochen hatten und je länger sie darüber nachdachte, desto mehr stand sie hinter ihm. Dass es sich beim Free-Solo-Klettern um eine lebensgefährliche Aktion handelte, war unbestritten. Doch die Intention war das Entscheidende. Es ging darum, selber den Schwierigkeitsgrad zu wählen, selber das Training dafür zu gestalten und dann völlig alleine in der Route zu sein und auf sich selbst zu vertrauen. Anders als normalerweise üblich war es eine absolute Egonummer, in der es um nichts anderes ging, als sich selbst richtig einzuschätzen, die Tiefen der eigenen Psyche zu erforschen und sich trotzdem zu vertrauen, indem man sich selbst überwindet und dabei neu kennenlernt. Gerade diese Auseinandersetzung mit sich selbst, mit den eigenen körperlichen und geistigen Grenzen, war es, was Biene an Rob liebte und was ihr auf eine ganz besondere Art auch Sicherheit für ihr eigenes Leben gab.

Rob war kein Typ, der blind den Massen folgte. Kein Fisch im Schwarm. Keiner, der sich besoffen auf die Rücksitzbank einer beliebigen Partybekanntschaft niederließ, um sich durch die Innenstadt Berlins kurven zu lassen. Und obwohl es ihr manchmal auch zu viel des Guten war und sie hier und da ein bisschen Lockerheit vermisste, wusste sie doch, dass es genau diese Auseinandersetzung mit sich selbst und der Welt war, die sie so sehr an ihm liebte. Jenes Anderssein und Andersdenken.

Und wenn aus dem unsicheren schüchternen Mädchen doch mittlerweile eine selbstbewusste, starke Frau geworden war, so sehnte sie sich noch immer unheimlich nach einem Menschen, an dem sie sich orientieren konnte. Jemandem, der ihr Halt gab in den seltenen Momenten, wenn aus der stolzen Kämpferin für Recht und Freiheit wieder das kleine verzweifelte Kind wurde. Und wer wäre dazu besser geeignet als jemand, der erfolgreich die eigenen Grenzen wie die der Welt erforscht! Und was sollte sie auch tun? Ihm das Free-Solo-Klettern verbieten? Das hätte sie nicht übers Herz gebracht. Vielleicht hätte er ihr zuliebe sogar darauf verzichtet, aber was dann? Dann hätte sie den Rest des Lebens mit einem Mann verbracht, der den Träumen seiner Jugend nachhing, den unerfüllten Herzenswünschen. Nein, das wollte sie auf keinen Fall. In ihrer Freizeit organisierte sie Demos, betreute Selbsthilfegruppen und engagierte sich für kulturellen Austausch zwischen Migranten und dem Kleinstadtproletariat. Was sie auf der Suche nach sich selbst gefunden hatte, war das Bedürfnis, anderen zu helfen. Und weil Rob am meisten geholfen war, wenn man ihm bei der Reise zu sich selbst nicht im Wege stand, brachte Biene den Mut auf, den es brauchte, einen geliebten Menschen gehen zu lassen, selbst wenn es bedeutete, dass er vielleicht nie zurückkehren würde.

Als Rob mit seinem Bericht fertig und die wilden Flammen im Kamin erloschen waren, kuschelte Biene schweigend ihren Kopf auf seine Brust. Rob legte den Arm um sie und seine geschundenen Finger streichelten zärtlich über ihren Unterarm. Der Stimmung angemessen flüsterte er:

»So, und jetzt bist du dran: Welche bahnbrechende kategoriefreie Neuigkeit wartet denn in deinem Nähkästchen?«

Biene schmunzelte schüchtern und zufrieden.

»Also …«

Robs Telefon klingelte. Er warf einen Blick auf die Anzeige.

»Scheiße, das sind Heike und Dieter! Die haben es heute schon dreimal probiert.«

»Na, dann nimm schon ab!«

Biene grinste, und während Rob mit dem Telefon in der Hand Richtung Schreibtisch lief, murmelte sie:

»Einer muss ja das Geld für die Familie verdienen.«

Chapter Nine

Respect

Aretha Franklin

Endlich war es wieder Donnerstag und Elli mit der Straßenbahn auf dem Weg zu Liese. Zwei Reihen vor ihr echauffierte sich der Herr mit Hut lauthals.

»Aber jetzt mal im Ernst! Das kann doch nicht angehen, dass die uns jetzt vorschreiben, wie viele Frauen wir in die Aufsichtsräte deutscher DAX-Unternehmen setzen. Die spinnen doch! Die brauchen sich nicht wundern, wenn uns China bald überrollt. Und nächstes Jahr müssen dann bei den Müllmännern 42,3 Prozent Transvestiten eingestellt werden.«

Der Herr ohne Hut direkt neben ihm stimmte mit ein.

»Genau, und VW muss dann auch 50 Prozent Kfz-Schlosserinnen einstellen.«

So ging es hin und her.

»Und zwei Drittel Schweißerinnen. Eine amerikanische Untersuchung hat nämlich ergeben, dass Frauen einfach ein besseres Gefühl für gerade und saubere Nähte haben.«

»Der war gut! Aber pass auf, das kommt noch besser: Die Fertigungsroboter müssen dann auch zu Siebenundzwanzigdreiundachtzigstel wieder abgeschafft und durch Frauen ersetzt werden. Schließlich sind Roboter ja auch männlich. Es heißt ja *der* Roboter, und wahrscheinlich war ihre Erfindung nur der erste Schritt eines patriarchischen Arschlochs auf dem Weg zur feministischen Konterrevolution 2.0.«

»Ja, ganz genau! Und das pervertierte Arschloch sitzt jetzt im Silicon Valley und lässt die Software für die nächste Generation frauenentmachtender Roboter auch noch von armen Inderinnen programmieren.«

»Diese Dreckschweine! Nur gut, dass da jetzt mal jemand in der Politik was gegen macht. Wo kämen wir denn sonst hin?«

Während die beiden gut gekleideten Herren, mit und ohne Hut, sich weiter gegenseitig auf die Schulter klopften, öffnete Elli ihren Schirm und hüpfte die zwei Stufen aus der Straßenbahn auf den Gehweg. Sie mochte es, wie der Schirm sie kurz vor der Landung abbremste. Sie fand es toll, erst das Klicken des Schirms zu hören und dann das Klacken ihrer Absätze, wenn sie den Asphalt berührten. Sie liebte den Beifall der klatschenden Tropfen auf ihrem Schirm und dann das Patschen ihrer Absätze durch die grauen Pfützen. Jedes Mal, wenn es regnete und sie in die Straßenbahn einstieg, freute sie sich schon darauf, endlich aussteigen zu können. Doch diesmal hatte sie es nicht nur deswegen kaum erwarten können. Der Hutträger und sein Freund hatten sie fast aus der Haut fahren lassen.

Jetzt knallten ihre Absätze stolz aufs Pflaster. Sie lief zügig die 50 Meter bis zu Lieses Haustür. Dort schnellte der Finger aus der Manteltasche und wenn er die Macht besessen hätte, dann hätte er den kleinen schwarzen Knopf neben dem Schriftzug »Liese Baumann / Ralf Krämer« atomisiert. Streng schüttelte sie den Regenschirm aus und schloss ihn beim Betreten des Hausflurs. Als sie aber Lieses neues Schuhregal erblickte, zauberte es ihr doch wieder ein kleines Lächeln aufs Gesicht. Es thronte vor ihrer Tür wie ein Symbol guten deutschen Spießbürgertums. Dazu der schlichte schwarze Fußabtreter und der kleine misstrauische Spion. Liese war nun mal ohne Zweifel deutlich praktischer veranlagt als sie. Vielleicht waren sie einander gerade deshalb so sympathisch. Elli stellte ihre hochhackigen schwarzen Stiefel neben Lieses Wanderschuhe ins Regal, knöpfte den schwarzen Mantel auf und betrat das Reich der Ordnung. Liese saß im Wohnzimmer vor ihrem PC und arbeitete offensichtlich mal wieder an ihrer Doktorarbeit.

»Hey Elli, schön dich zu sehen. Wie geht es dir?«

»Ich bin auf hundertachtzig!«

»Wieso das denn? Gab's Stress auf Arbeit oder wie?«

Elli schüttelte den Kopf.
»Nee, aber ich hab grad hinter so zwei Spinnern in der Straßenbahn gesessen. Sag mal, was hältst du denn eigentlich von der Frauenquote?«

Liese klappte den Laptop zu und räumte die beiden Aktenordner weg, die neben ihr auf dem Tisch lagen.
»Du stellst ja Fragen! Jetzt mal eins nach dem anderen. Zieh erstmal deinen Mantel aus und setz dich. Dann kannste mir erzählen, was es mit den Spinnern in der Straßenbahn auf sich hatte. Ich koch uns derweil mal 'nen Sonnenaufgangstee und dann kann ich dir auch gerne meine Meinung zur Frauenquote darlegen.«

»Einen kleinen Sonnenaufgang könnt ich gerade gut gebrauchen in diesem grauschwarzen Moloch hier.«

»Mannomann, die haben dich ja tüchtig aus der Fassung gebracht.«

Elli ertappte sich dabei, wie sie ihren Mantel einfach wütend über den Stuhl geschmissen hatte. Sie wusste nur zu gut, dass bei Liese alles seinen Platz hatte. Deshalb atmete sie einmal tief durch, nahm den Mantel und hängte ihn zu all den anderen Jacken an die Garderobe hinter der Tür. Dann schlich sie sich zu Liese in die Küche.
»Ich weiß auch nicht, warum mich das gerade so getroffen hat. Aber ich bin stinksauer!«

»Komm her und lass dich erstmal drücken.«

Liese gab ihr eine lange und warme Umarmung und Elli spürte, wie der angestaute Aggressionseisberg langsam zu schmelzen begann.
»Das tut gut. Danke!«

Dann ließ sie sich wie ein nasser Sack auf die Couch plumpsen.
»Ach, die haben sich über die Frauenquote aufgeregt und sind über Feministinnen hergezogen. Ich war kurz davor, ihnen mal die Meinung zu geigen, aber dann kam schon meine Haltestelle.«

»Ja, das mit der Frauenquote ist so 'ne Sache. So, hier ist erstmal dein kleiner Sonnenaufgang.«

Liese stellte die beiden roten, selbstgetöpferten Becher, die sie von ihrer Mutter zum Geburtstag geschenkt bekommen hatte, und eine blecherne Teekanne auf den hölzernen Tisch. Nachdem sie Elli und sich selbst eingeschenkt hatte, setzte sie sich zu ihr auf die Couch. Die angenehme Stille eines grauen Herbsttages quoll aus den dampfenden Tassen. Liese atmete tief ein.

»Also ich finde, dass die Frauenquote falsch ist. Weil ich denke, dass es in der Wirtschaft, im Kapitalismus konkurrierender Nationalstaaten ausschließlich um Qualifikation gehen muss. Klar müssen wir die gesellschaftlichen Rahmenbedingungen schaffen, damit es Frauen möglich ist, Karriere und Familie unter einen Hut zu bringen, und ja, Quoten haben ihren Sinn in Wissenschaft und Politik, wo ich ein verständliches Interesse sehe, die Geschlechter in ausgeglichenen Verhältnissen zu repräsentieren, aber in der Wirtschaft zählt einzig und allein Qualifikation. Zumindest solange wir kapitalistisch mit anderen Staaten im Wettbewerb stehen.«

»Ja, aber an der Qualifikation mangelt es doch nicht. Schau dir die Zahlen der Hochschulabsolventinnen an. Und trotzdem gelangen sie nicht in Führungspositionen.«

»Aber Qualifikation ist eben auch mehr als nur ein Abschluss an einer Hochschule, gerade, wenn wir von Führungspositionen im Topmanagement von DAX-Konzernen reden.«

»Und du meinst wirklich, dass es diese qualifizierten Frauen nicht gibt? Es ist doch ganz klar, dass das Patriarchat die Macht nicht aus der Hand gibt, wenn es nicht dazu gezwungen wird. Das war immer so und wird auch so bleiben. Sicher ist es scheiße, dass die erste Generation Frauen in Aufsichtsräten jetzt damit leben muss, unter Generalverdacht zu stehen, eine Quotenfrau zu sein, die ihren Posten nicht verdient. Im allerdümmsten Fall wird es sogar hier und da passieren, dass eine nur als Quotenfrau eingestellt wird. Aber wenn man es ernst meint mit der Chancengleichheit, gibt es keinen Weg an der Quote als Türöffner vorbei. Als Werkzeug zur Strukturänderung.«

Liese und Elli verstrickten sich immer tiefer in die Diskussion über Sinn oder Unsinn der Quote. Während sich ihre Köpfe noch über die Rollen von Frau und Mann in einer modernen Gesellschaft stritten, waren sie sich im Herzen schon einig. Unter dem Tisch hatten ihre Füße längst zueinander gefunden. Elli wusste ganz genau, dass Liese sich nicht mehr von ihr verführen lassen würde, bis sie mit Ralf gesprochen hatte. Sie war viel zu vernünftig, als dass sie einfach so der Neugier und dem Verlangen nachgeben würde. Trotzdem konnte Elli es nicht lassen, sie ein bisschen zu reizen. Als nicht nur die Füße und Blicke einander berührten, sondern Ellis Finger über Lieses Beine strichen, wurde Lieses Miene ernst.

»Ich hatte doch gesagt, Finger weg vom Kartendeck! Richtig?«

Sie berührte Elli mit dem ausgestreckten Zeigefinger zärtlich auf der Stirn und drückte ihren Kopf dann langsam von sich weg und in die Couch. Elli verdrehte die Augen.

»Uhh, hatte ich ganz vergessen.«

»Das kannste deiner Oma erzählen, aber nicht mir. Wenn du dich nicht dran hältst, dann gibt's hier demnächst 'ne Quote für zu heiße Schnittchen in der Bude und die ist gleich null!«

»Hahaha! Und wo schläfst du dann?«

Da musste auch Liese lachen.

»Ich würde sagen, du reißt dich jetzt mal ein bisschen am Riemen, junge Dame. Wenn du mir hoch und heilig versprichst, die Finger stillzuhalten, machen wir jetzt noch 'ne Runde Yoga, bevor ich dich rausschmeiße.«

»Oh-ha, da meint es aber jemand ganz ernst heute. Na gut, wie du willst, dann halt *easy peasy*.«

Liese war fast ein bisschen sauer auf Elli, weil diese es ihr so schwer machte. Doch Elli nahm sich fest vor, sich der Freundin zuliebe jetzt zusammenzureißen und sich ihre Fantasien für die Nacht aufzuheben. Sie rollten ihre Yogamatten aus und begannen die Session mit einem tiefen Savasana.

Chapter Ten

Cash's Theme

Camo Cowboys

Es war Freitag. Lena lief langsam und schweren Schrittes den breiten urigen Stamm hinauf. Ein heftiger Sturm musste den mächtigen Ahorn einst umgeschmissen haben. Jetzt hatte Kevin in die Krone des gefallenen Riesen ein Baumhaus gebaut. Auf ungefähr vier Metern Höhe hatte er eine Plattform errichtet, indem er die Äste mit Balken verbunden und später auf das Balkengerüst Paletten und Sperrholzplatten genagelt hatte. Auf dieses etwa sieben mal sieben Meter große Plateau hatte er eine simple Bretterbude gezimmert. Der Clou war, dass man drei der vier Seiten praktisch komplett aufklappen konnte. So verwandelte sich die im Winter recht dunkle Hütte über den Sommer in einen unglaublich hellen Ort. An den heißen Nachmittagen wehte eine sanfte Brise hindurch und machte so die Siesta erträglich. Kevin hatte außerdem ein Bett gebaut und ein paar Möbel im *thrift store* besorgt. Ein indischer Teppich lag in der Mitte des gemülichen Raumes, eine alte Öllampe sorgte am Abend für stimmungsvolles Licht und ein kleiner einfacher Bollerofen im Winter für angenehme Wärme. Die ganze Konstruktion war simpel und preiswert. Die Materialien waren alle gebraucht, recycelt oder von Mutter Natur bis auf Weiteres geborgt. Darauf war Kevin ziemlich stolz. Schon von Weitem konnte man den ebenfalls selbstgemachten riesigen Wimpel sehen, der wie eine Fahne am Schlossturm hing und auf dem stand:

God does not make junk!

Das volle Gefühl der Freiheit entfaltete sich jedoch immer erst auf der etwas abgeranzten, aber unglaublich bequemen Ledercouch. Hier thronte man wie der König des Dschungels über allem, was da so kreuchte und fleuchte, und hatte einen fantastischen Blick über die gesamte Lichtung. Bis vor wenigen Tagen hatte hier noch eine gigantische Weed-Pflanze neben der anderen gestanden. Jetzt war nur noch knapp ein Drittel von ihnen übrig. Der Rest war bereits geerntet, getrocknet und wartete darauf, von der Trim-Crew in klebrige, glitzernde Weed-Nuggets verwandelt zu werden. Ob das wundervolle Gefühl, das sich in ihr breitmachte, wenn sie die Plattform betrat, dem erhabenen Ausblick geschuldet war oder dem guten Gewissen, in einem nachhaltig erbauten Heim zu wohnen, wusste Lena nicht genau zu sagen. Eines aber war sicher, dies hier war mit Abstand das schönste Zuhause, in dem sie je gewohnt hatte.

Heute jedoch vermochte all das nicht sie zu trösten. Schlapp sackte sie auf die warme Ledercouch. Lena fühlte sich schon den ganzen Tag hundsmiserabel. Wenigstens konnte sie zum Mittag eine Kleinigkeit essen, nachdem sie zum Frühstück keinen Bissen runterbekommen hatte. Doch jetzt arbeitete es in ihrem Bauch mindestens genauso heftig wie in ihrem Kopf. Wenn sie ihre Tage hatte, fühlte es sich immer so an, als würde ein Alien in ihrem Uterus wohnen, der nichts Besseres zu tun hatte, als mit einem brennend heißen Korkenzieher ihre Eingeweide zu bearbeiten. Nun musste er sich wohl mal wieder an ihrer Wirbelsäule zu schaffen machen. Sie spürte einen stechenden Schmerz. Ihr Kopf brummte und jetzt rollten die ersten Tränen über ihre Wangen.

Nach einem recht diesigen Morgen hatte sich gerade die Sonne durchgekämpft und es versprach, ein wunderschöner Oktobernachmittag zu werden. Doch das änderte nichts an Lenas trauriger Stimmung. Sogar dass Kevin einen bunten Strauß offensichtlich selbst gepflückter Wildblumen für sie auf das kleine Nachttischschränkchen gestellt und die Hütte aufgeräumt hatte, munterte sie kein bisschen auf. Irgendwie war sie ja immer noch sauer auf ihn wegen der Sache mit Amanda. Wenn sie ehrlich war, hatte sie einfach keine Lust auf eine offene Beziehung. Das Ganze hatte für sie kaum Vorteile. Denn war sie verliebt, hatte sie ohnehin kein Interesse, mit anderen Typen zu schlafen, und wollte sie mit jemandem vögeln, dann war sie in den meisten Fällen auch mit dem Herzen dabei. Ein Drama war so vorprogrammiert. Sex ohne Liebe jedoch machte ihr beim besten Willen keinen Spaß. Wenn ihr Partner aber mit anderen Frauen schlief, wurde sie eifersüchtig und fühlte sich zutiefst gekränkt. Es gab also absolut keinen Grund für sie, sich in eine offene Beziehung zu begeben, außer um ihrem Gegenüber eine Freude zu machen. Es schien ihr mehr als ironisch, dass sie und Hanno sich getrennt hatten, weil Hanno nach den vielen Jahren die Beziehung hatte etwas öffnen wollen und sie sich das absolut nicht vorstellen konnte. Nur um sich im Anschluss in Kevin zu verlieben, für den es gar keine andere Option des Zusammenlebens gab. Vom Regen in die Traufe. Aber was sollte sie tun? Schließlich konnte sie sich ja nicht aussuchen, in wen sie sich verliebte und die Nummer mit Kevin deshalb gleich abzubiegen, hatte sie nicht übers Herz gebracht. Sie hatte sich jedenfalls entschieden, es zu probieren, und am Anfang war ja auch alles *easy* gewesen. Sie waren beide verliebt, die balinesische Sonne schien ihnen aus dem Allerwertesten, die Kokosnüsse waren eisgekühlt und in den Nächten ging es heiß her. Lena genoss den frischen Wind in ihrem Liebesleben und sie mochte es, dass Kevin so wild und stark war. Im Leben wie im Bett. Genau das hatte sie in den letzten Jahren vermisst. Hanno hatte ein gutes Herz, das stand fest. Bei Kevin war sie sich nur sicher, dass er einen runden Hüftschwung und ein ordentliches Gerät hatte. Nicht, dass sie ihn ausschließlich auf das Sexuelle reduzieren wollte, aber was sein Herz anging, konnte sie sich einfach kein rechtes Bild machen. In letzter Zeit musste sie des Öfteren an Hanno denken. Nicht zuletzt, weil sie sich nach diesem wohlig warmen Gefühl der Geborgenheit sehnte, das sie in Kevins Armen einfach nicht spürte. Die Art und Weise, wie Kevin die erste »offene Situation« mit Amanda gehandhabt hatte, half ihr auch nicht gerade dabei, Vertrauen aufzubauen. Dass Amanda als offizielle Chefin der Trim-Crew und heimliche Anführerin der Mädelsgruppe sie nicht besonders leiden mochte, war beschissen genug. Dass aber ausgerechnet diese Amanda nun mit ihrem Freund rumgemacht hatte, war ein absolutes Desaster.

Der kleine Alien in ihrem Uterus setzte erneut den Korkenzieher an. Sie stöhnte laut auf und schlug die Fäuste gegen die Lehne. Alles fühlte sich gerade so hoffnungslos an.

Sie kauerte sich noch etwas tiefer in die braunen Lederpolster. Zum ersten Mal, seit sie Deutschland verlassen hatte, überkam sie Heimweh.

***

Kevin hatte sich den Nachmittag freigenommen und war zum Strand gefahren. Der Forecast hatte mannshohe Wellen ohne Wind versprochen und sollte ihn nicht enttäuschen. Es war diesig, wie so oft, wenn er den schwarzen Sandstrand entlangrannte. Auch wenn überall in Kalifornien die Sonne schien, hier unten war garantiert Nebel. Die Tage, die er mit Sonnenschein im Gesicht in dieser Bucht gesurft war, konnte er an einer Hand abzählen und er war in den letzten fünf Jahren verdammt oft hier gewesen. Doch genau das war es, was er so liebte an diesem Flecken Erde. Sonnenstunden hatte es mehr als genug gegeben in seinem Leben. Er war schließlich im *Sunshine State* aufgewachsen. Nach dem Highschool-Abschluss in seiner Heimatstadt Fort Lauderdale hatte er noch eine Weile auf den Keys abgehangen. Die Wellen dort waren mäßig, aber dafür gab es einen Haufen Kokosnüsse, gute Musik und nackte Mädels. Doch eines sonnigen Samstagnachmittags war ihm der Kragen geplatzt. Er verfrachtete sein Hab und Gut auf die Ladefläche des völlig zerbeulten Ford-Pick-up-Truck und ließ den Achtzylinder aufheulen. Mit quietschenden Reifen fuhr er los, ohne irgendjemandem Bescheid zu sagen. Einmal quer durchs Land. Vier Tage, vier Nächte, von Küste zu Küste. Dann qualmten die Räder erst wieder, als er mit der Handbremse einparkte. Sein Zuhause waren die legendären Parkplätze von Trestles bis Rincón entlang der kalifornischen Küste gewesen. Einmal von San Diego nach San Fran und zurück. Von Ocean Beach bis Ocean Beach mit allem, was dazwischen lag. Ein Sommer mit neuen Freunden. Ein Sommer voller Wellen und Weed, voller Partys und Pussys, mit Donuts am Strand und endlosen Lines auf spiegelglatten Flächen. Ein sorgloser Sommer dank Moms Master-Card und Dads altem Ford.

Das war jetzt fünf Jahre her und die Zeiten hatten sich und ihn verändert. Er genoss den Nebel in der Luft und das kalte Nass im Gesicht. Nachdem er die ersten zwei Meilen gejoggt war, musste er nun um eine Felsnase paddeln. Das Tor zum Niemandsland. Die Klippen waren steil und der Pazifik so gierig, dass er kein Stück Strand freigab. Selbst bei absoluter Low Tide war es fast unmöglich, diese Stelle trockenen Fußes zu meistern. Wieder an Land war es noch eine knappe Meile bis zum Spot. Kleine Bäche schossen hier und da die Klippen herab und ergossen sich kristallklar über die schwarzen Körnchen. Die Welle war noch nicht zu sehen, das wütende Grollen des Pazifiks dagegen war schon deutlich zu hören. Nachdem er auch die letzten Meter hinter sich hatte, tauchte sie endlich aus dem Nebel auf. Die eine rechte, die war wie keine andere. Sie brach perfekt über die Felsen hinweg. Manchmal mit Barrel Sections, dann wieder mit knackigem Face und genug Zeit für Turns. Genau in der Mitte lag ein dicker Felsbrocken, um den herum es zu surfen galt. Nur eine Highline oder der rechtzeitige Absprung bewahrte einen davor, mit dem mit schroffen Muscheln und Pocken besetzten Ungetüm zu kollidieren. Hier am Ende der Welt konnte jeder Unfall tragisch enden. Kein Telefonempfang, keine Badegäste, kein Rettungsschwimmer. Nichts. Und selbst wenn man es zurück zum Auto schaffte, war es noch eine knappe Stunde Fahrt bis zur nächsten Klinik.

Diese wilde Welle war jetzt sein Home Spot. Hier war er Local seit fünf Jahren.

***

Er zog die Kapuze über, schlüpfte in seine Handschuhe und paddelte durch das eiskalte Wasser hinaus zum Peak. Er war der einzige Affe hier draußen zwischen all den Lachsen und Haien, den Pelikanen und Falken, den Robben und Seeottern. Zwischen all den anderen, mitten unter seinesgleichen.

In letzter Zeit war er nicht oft zum Surfen gekommen. Zu viel Arbeit, zu viel Stress. Wie immer um diese Jahreszeit. Kurz vor der Ernte ging es eben hektisch zu. Zu viel stand auf dem Spiel, zu viel war schon investiert und zu viel konnte schiefgehen, als dass er es sich hätte erlauben können, einen Gang zurückzuschalten. *So what?*, dachte er. Es war nicht sein erstes Jahr. Er wusste, wie der Hase läuft und spätestens in drei, vier Wochen würde er das Gröbste hinter sich und einen ordentlichen Batzen Kohle vor sich auf dem Tisch liegen haben. Wenn alles glatt lief, sollten 150.000, vielleicht sogar 200.000 Dollar in *cash* in seine Tasche wandern. Nicht schlecht für neun Monate Arbeit. Dann würde er auch wieder Zeit haben zum Surfen. Klar, alles hing davon ab, wie die Deals liefen. Wie die meisten Grower hatte auch Kevin einen Prozent-Deal. Er bekam ein Viertel der gesamten Ernte. Je besser er sich also um die Pflanzen kümmerte, desto mehr hatte er am Ende für sich und je cleverer er die Früchte seiner Arbeit an den Mann brachte, desto größer würde der Stapel grüner Scheine ausfallen.

Er hatte schon viele Dudes gesehen, die aus beschissenem Weed gutes Geld gemacht hatten, aber er hatte auch schon einige Typen kennengelernt, die wegen Beschiss beim Deal mit 'ner Kugel im Kopf geendet waren. Dealen war Psychologie und über die Jahre hatte Kevin eines gelernt: Wenn man länger als eine Saison im Business bestehen wollte, gab es nichts, was mehr zählte als ein Mann, auf dessen Wort man sich verlassen konnte. Dessen Handschlag etwas wert war. Oder wie Paul immer sagte:
»Out here in the Wild West we have no contracts! No judges and no institutions can help you, motherfucker. Funny enough we have more justice out here in Humboldt than anywhere else I know. Handshakes on dark dusty roads. Handshakes you can rely on. That's all what counts out here, man!«

***

Unvermittelt tauchte das erste Set aus dem Nebel auf. Dicke, gleichmäßig sanfte Wölbungen, mannshoch.

Er ließ die ersten drei Berge unter sich durchrollen und beobachtete sie genau. Erst die vierte und vorletzte Welle war seine. Er paddelte kurz, sprang auf und während ein sauberer Bottom Turn den Weg in die Welle ebnete, strich seine Hand über die Wasseroberfläche. Sein Blick hing an dem muschelbesetzten Monster, das nur ein paar Meter *down the line* auf ihn wartete. Er war auf seinem 6'9" Single Fin unterwegs und setzte Turn an Turn. Es war ein original Lightning Bolt. Ein Gerry-Lopez-Meisterwerk. Auf dem gleichen Brett war schon sein Vater unterwegs gewesen und es war einfach perfekt für diese Welle. In *SoCal* war es immer nur um möglichst fette Airs und dicken Spray bei den Turns gegangen. Hier draußen brauchte man ein Brett mit Substanz. Eines mit Sicherheitspolster. Ein Brett zum Spaßhaben, das einen aber trotzdem sicher wieder nach Hause brachte. Außerdem fügten sich seine Lines mit diesem Brett perfekt zwischen die der Pelikane und Robben zu einem harmonischen Ganzen. Kurz vor dem grauen Kollegen in der Line zog Kevin in das obere Drittel der Welle. Ein super smoother Top Turn umschloss den Fels. Gleich im Anschluss ging er in die Knie, soweit er konnte, und verlagerte das Gewicht ganz nach hinten. Das Brett bremste ab und die Welle begann ihn einzusaugen. Eine klitzekleine, aber dennoch wunderbare Barrel Section schloss ihn ein, bevor sich das Face wieder öffnete und ihm Platz für zwei weiche, runde Cutbacks bot. Dann ließ er sich in einer Bewegung über den Kamm der Welle gleiten und auf seinem Brett nieder. Als wäre nichts gewesen, paddelte er in aller Ruhe durch den Nebel zurück zur Peak, während seine Gedanken wieder abschweiften.

$$***$$

In den letzten Wochen hatte er oft überlegt, was er mit der ganzen Kohle anstellen sollte, die er verdienen würde. Es war das erste Mal in seinem Leben, dass wirklich etwas übrig bleiben könnte. Zuvor hatte es immer für den Alltag, die Reisen und das Begleichen der Schulden gereicht. Diesmal jedoch hatte er keine Schulden und sein Verdienst könnte mit etwas Glück doppelt so hoch ausfallen wie im letzten Jahr.

Die ersten 50.000 Dollar würde er einfach verprassen, die zweiten 50.000 bräuchte er als Kapital für das nächste Jahr. Die dritten 50.000 würde er in Gold und den Rest in Bitcoins investieren. Das war sein Plan. Gold war so sicher wie das Amen in der Kirche und Bitcoins so ungefähr die riskanteste Geldanlage, die es gab, und damit ganz nach seinem Geschmack.

Als er vor drei Wochen bei Wells Fargo gewesen war, um sich eine neue Bankkarte zu bestellen, hatte er sich fast kaputtgelacht. Diese riesigen Filialen mit all den Mitarbeitern wirkten auf ihn so verstaubt, so von gestern wie die Bilder an den Wänden von alten Postkutschen, die durch die Prärie jagten. Als wollte das Interieur sagen, sieh her, alles hat ein Ende. Es war 2015, man konnte mit einem Klick 50.000 Dollar in einer Viertelstunde nach China, Timbuktu oder Patagonien senden. Fast für umsonst. Alles, was man brauchte, war ein Smartphone, ein E-Wallet und ein Internetzugang. Doch die meisten Menschen glaubten immer noch an Banken. Was für ein Quatsch! Ein Institut, das ihnen Geld abnahm, um damit selbst Geld zu verdienen. Ein Unternehmen, das es verdammt teuer machte, 50.000 Dollar nach Japan oder Europa zu senden und praktisch unmöglich, auch nur 5.000 in den Kongo, das alles aufzeichnete und nach Belieben Konten sperrte. Kryptowährungen waren die Zukunft und Kevin wollte Teil dieser Zukunft sein. Deshalb, aber auch weil es einfach günstig, praktisch und anonym war, wollte er sein Geld in Bitcoins investieren. Vielleicht würden die Dinger ja auch noch im Preis steigen, wenn all die Trantüten und Otto Normalos mitbekommen würden, was das für eine Revolution war. So wie die Autos die Postkutschen ersetzten, so wie Amazon die gigantischen Shopping Malls der 80er und 90er leergefegt hatte. So wie Facebook die Unterhaltungen zwischen Freunden, die sich lange nicht mehr gesehen haben, überflüssig und gleichzeitig den Arabischen Frühling und die Mehrheit für Obama möglich gemacht hatte. So wie Tinder die herrlichen Seiten mit den kleinen Kästchen, die immer mit denselben Buchstaben, aber garantiert ohne Bilder ausgekommen waren, abgelöst hatte. Jene letzte Seite der lokalen Sonntagszeitung, die nun so überholt erschien, weil heute jede Frau von Welt jedes Mannsbild jederzeit sehen, begehren und daten konnte.

Genauso würden Crypto Coins Wells Fargo, JP Morgan, Goldman Sachs und die ganze Wallstreet wegfegen. Bitcoin war der Marktführer und hatte gute Chancen darauf, sich durchzusetzen. Zumindest vorerst.

Kevin jedenfalls glaubte an morgen. So wie die meisten Menschen in Kalifornien. Deshalb war er schließlich hierher gepilgert. Morgen würde hier Weed legal sein, die Menschen mit Bitcoins dafür bezahlen, Amazon würde es mit Drohnen liefern – und er freute sich darauf.

***

Kevin ritt eine Welle nach der anderen. Immer gut gelaunt Richtung Zukunft. Erst auf dem Heimweg holte ihn die Vergangenheit wieder ein. Auf der kurvigen Landstraße verlor er sich im Labyrinth seiner Gedanken. Sie schlängelte sich in steilen Auf und Abs durch die schroffe Landschaft, ganz wie seine Lebenslinie durch Raum und Zeit. Er hatte am Vormittag mit Amanda getextet. Zwei, drei kurze Nachrichten, in denen es um Orgakram für die Farm ging. Nichts Besonderes. Aber ihre Nachrichten hatten immer diesen sexuellen Unterton. Sie endeten mit: *Yes, Sir!* und *As you wish.* oder *I just like to please you!* Seitdem sie vor ein paar Wochen rumgeknutscht hatten, waren alle ihre Interaktionen mit dieser sexuellen Energie aufgeladen. Anfangs hatte es ihm viel Spaß bereitet, mit ihr zu flirten, bis er Lena am Pool von dem Techtelmechtel berichtet und sie eine Szene daraus gemacht hatte. Seither quälte ihn die ganze Sache nur noch. Lena war die erste Frau seit sehr, sehr langer Zeit, in die er sich richtig verliebt hatte. Während er bei sich selbst nie ganz sicher war, konnte er deutlich spüren, dass sie ein gutes Herz hatte. Ehrliche, wahrhafte Menschen hier draußen zu finden, war nicht einfach. Ehrliche, wahrhafte Frauen zu finden, war praktisch unmöglich. Obwohl er keine Kompromisse machen wollte, was das Zusammenleben in einer offenen Beziehung anging, war ihm klar, dass die Situation nicht einfach war. Er hatte in den letzten Jahren oft genug miterlebt, was passierte, wenn Menschen auf engstem Raum miteinander lebten und arbeiteten. Wie kompliziert das soziale Miteinander in einem nahezu abgeschlossenen System war, wusste jeder, der eine Staffel *Big Brother* geschaut hatte. Die kleinsten Kleinigkeiten wurden zu unlösbaren Problemen. Das hier aber war *Big Brother extreme deluxe*. Denn man hockte nicht nur vierundzwanzig-sieben aufeinander. Auch Geschäftliches und Privates kamen sich ständig in die Quere und um dem Ganzen die Krone aufzusetzen, waren sie auf einer illegalen Pot-Farm. Kevin hatte viele seiner Freunde in den Bau gehen sehen, weil die Ex sie verraten hatte. Wenn die Zahlen stimmten, hatten es sogar neunzig Prozent aller Grower ihrer Ex zu verdanken, dass sie hinter schwedischen Gardinen saßen. Hier oben in den magischen Bergen Kaliforniens konnte in wenigen Tagen aus dem freundlichsten, hilfsbereitesten Menschen das größte, egoistischste Arschloch werden. In einem Business, das nach wie vor illegal war und in dem von einer Sekunde auf die andere aus Bettlern Millionäre und aus Millionären Leichen oder Knastis wurden, entpuppten sich jeden Tag fromme Seelen als hässliche Monster. Drama war nicht weit, wo es um Macht, Geld und Sex ging, das hatte er von Paul gelernt. Und jede Farm war ein Pulverfass. Deshalb hatte er all seine Vernunft zusammengekratzt und Amanda mehrmals klargemacht, dass zwischen ihnen nichts gehen konnte. Sie hatte sich in den Gesprächen einsichtig und verständnisvoll gegeben. An ihren Nachrichten und Blicken hatte das jedoch nichts geändert. Das Problem war, dass Kevin sie auf einmal unwiderstehlich fand, und zwar genau seit dem Zeitpunkt, an dem es ihm die Vernunft verboten hatte, Amanda zu berühren. Denn es stimmte eben auch, dass keine Frau so heiß war wie die verbotene Komplizin mit der Zündschnur im Mund. Das wusste er so gut wie Amanda und sie liebten es beide, mit dem Feuer zu spielen. Deshalb hatte er ihr noch einen Text geschickt, bevor er sich in seinen verflucht dicken Neoprenanzug gequält hatte und mit dem Brett unterm Arm zu seinen tierischen Surfbuddys gerannt war.

»If you don't stop sending me suggestive messages, I will see to it myself that you're disciplined!«

Als er sich völlig gestokt von seiner Bomben-Session wieder aus dem schwarzen Gummi schälte und seine eiskalten Finger über das Telefon wischten, las er ihre Antwort.

»Pleaaase do so! I can't wait for it anymore!«

Wow. What a fuckin' bitch! What a damn fuckin' hot bitch, schoss es ihm durch den Kopf, während er ein angenehmes Kribbeln zwischen den Beinen verspürte. Es war schon alles irgendwie verrückt hier draußen.

Anfangs hatte er sich nicht mal allzuviel aus Amanda gemacht. Selbst in der Nacht, als sie zum ersten Mal geknutscht hatten, war er nicht hin und weg von ihr gewesen. Er hatte nur ein paar Whiskey intus und den einen oder anderen Joint geraucht. Lena war nicht da und Amanda wollte ganz offensichtlich ein bisschen mehr. Da konnte er schlecht Nein sagen. Seit jenem Nachmittag mit Lena am Pool aber stieg sein Verlangen täglich. Das Thema ließ ihn nicht mehr los. Amanda war einfach ein verflucht heißes und ziemlich unanständiges Mädchen. Ihm war klar, dass er niemals ernsthaft mit ihr anstarten wollte und Lena hatte ja recht, es war auch einfach *businesswise* nicht clever, etwas mit ihr anzufangen. Je klarer es ihm aber sein Kopf sagte, desto deutlicher gab ihm sein Schwanz zu verstehen, dass es mit Sicherheit ein aufregendes Abenteuer wäre. So kämpften Kopf und Unterleib auf dem Heimweg miteinander. Pünktlich zum Abendbrot war er zurück auf der Farm. Doch weder Lena noch Amanda saßen an dem großen hölzernen Esstisch, an dem immer alle gemeinsam speisten. Während er, hungrig wie er war, den ersten Teller hastig in sich hineinschaufelte, vibrierte das Telefon in seiner Tasche. Beiläufig las er Amandas Nachricht.

»Can you come to the bathroom? I need your help here for a sec. Something is wrong with the sink!«

»Sure!«, antwortete er.

Sure! Little bitch!, dachte er. Nervös nahm er noch zwei Löffel, bevor er aufstand und hinüber zum Waschraum lief. Vorsichtig öffnete er die Tür. Amanda stand oben ohne vor dem Spiegel und nur ein kunstvoll verziertes, ziemlich kleines, hauchdünnes Teil Unterwäsche bedeckte ihren intimsten Bereich. Sie hatte sich über das Waschbecken gebeugt und streckte ihm ihr Hinterteil entgegen. Kevin spielte mit.
»What's wrong?«

Amanda schaute ihn übertrieben hilflos an.
»Oh, I just wanted to wash my hands, but the water didn't come out. So I figured you could help me out!«

Kevins strenger Blick streifte ihren Po, wanderte über die Schulter hin zum Waschbecken.
»Seems like it works again.«

»True! Just popped the second you opened the door. I swear!«, erwiderte Amanda schuldbewusst. Fast unmerklich begann ihre Hüfte leicht zu kreisen und ihr Blick ging hinüber zu dem braunen Ledergürtel auf der Waschmaschine. Kevin verstand sofort.
»You are such a little bitch! What if someone comes in?«

Sie drehte ihren Kopf zu ihm.

»They are all eating! Calm down! Nobody is going to come in, and don't you judge me! Just help me to be a good girl!«

Sie machte einen prallen Schmollmund, griff nach seiner freien Hand und legte sie vorsichtig auf ihren Po. Kevin atmete schwer, während seine Hand nachdenklich und zärtlich zugleich über ihren Körper fuhr. Dann holte er aus und versetzte ihr einen ordentlichen Hieb. Mit ernster Stimme flüsterte er in ihr Ohr.

»Okay. You'll get what you deserve but promise to do better next time! Promise!«

Ihre Augen funkelten, während sie ihm schüchtern zunickte. Kevin zückte den Gürtel und ließ ihn mehrmals auf ihre prallen Backen knallen. Ihr Körper zuckte und ihr Gesicht war schmerzverzerrt.

»Don't be so hard on me! Please! I promise whatever you want!«

Wieder knallte der Gürtel. Diesmal etwas härter.

»Promise you'll never be a bitch again!«

Abermals der Gürtel.

»I promise. I promise whatever you want!«

»Say: Yes, I promise, Sir!«

Wiederum der Gürtel.

»Okay, okay. Yes, I promise, Sir! Whatever you want, Sir!«

»That sounds like a good girl to me.«

Seine Hand streichelte zärtlich über den mittlerweile mit roten Striemen überzogenen Hintern, um dann vorsichtig das letzte bisschen Stoff zur Seite zu schieben und ihre Lippen zu berühren.

»What's that? You're getting all wet. Are you fucking kidding me?«

Wieder schnalzte der Gürtel.

»Ow, ow! No, no that can't be true!«

Er beugte sich vorsichtig nach vorn über und flüsterte ihr ins Ohr:
»Are you fuckin' lying to me?«

Dann fuhr seine Hand wieder zärtlich zwischen ihre Beine. Diesmal jedoch etwas tiefer.
»Hmm ... No! No! I swear no!«

Er packte sie im Genick und zog den triefend nassen Finger wieder aus ihr heraus. Dann hielt er ihn vor ihre Augen und drückte ihren Kopf fest auf die Waschmaschine.
»What's that then, huh? Open your mouth! Open your fuckin' mouth and taste it!«

»Yes, Sir!«

Er presste den Finger in ihr Gesicht, bevor er ihn ihr tief in den Mund schob.
»You are a bad girl!«

Ein letztes Mal ließ er den Gürtel schnalzen. Dann stellte er sich genau hinter sie, griff in ihr langes schwarzes Haar, zog ihren Kopf von der Waschmaschine herauf an seine Brust und hauchte ihr ins Ohr:
»Get the fuck under the shower and clean your dirty self. Promise that you're never going to do that shit again! Promise!«

»Yes, Sir! I promise, Sir!«

Er öffnete die Duschkabine und zog sie an den Haaren hinein. Dann drehte er sich herum und schmiss die Tür zu. Noch bevor sie etwas sagen konnte, hatte er den Raum verlassen. Er atmete zweimal tief durch, ließ den Kopf von links nach rechts kreisen und lief zurück in die Küche. Niemand schien etwas bemerkt zu haben. Er schnappte seinen Teller und lud sich ein weiteres Mal auf. Anschließend setzte er sich wieder in die Runde und obwohl ihm äußerlich nichts anzumerken war, herrschte pures Chaos in seinem Kopf. Gerade als er seine Stirnlampe aufsetzte, um sich auf den Weg zum Baumhaus zu machen, kam Amanda in den Raum. Sie lief an ihm vorbei, als wäre nichts geschehen, als hätte er die Szene im Bad nur geträumt.

Etwas müde und ziemlich verwirrt stieg Kevin von seinem roten Dirt Bike. Der Lichtkegel seiner Stirnlampe zerschnitt die zappendustere Nacht und während er den Stamm hinauf zum Baumhaus trottete, wunderte er sich, dass immer noch alle Seiten offen standen. Es war mittlerweile doch recht frisch geworden. Der Sommer war vorbei und die Nächte wurden wieder kälter. Hin und wieder hatte er in den letzten Wochen sogar bereits den Ofen angefeuert. Es brannte weder Licht, noch hörte er Musik und so mischte sich unter sein schlechtes Gewissen die Sorge um Lena.

Die anderen Mädels hatten sie seit dem Mittag nicht mehr gesehen und hier schien sie ja offensichtlich auch nicht zu sein. Er war gerade dabei, die Seitenteile zu schließen, als er Lena entdeckte. Seine blaue Daunenjacke als Decke und das grüne T-Shirt als Kissen lag sie mit dem Kopf tief im Polster vergraben auf der Couch und schlummerte friedlich. Vorsichtig streichelte er ihre Wangen, bevor er ihr einen Kuss gab. Dann nahm er ihren Körper behutsam in seine Arme und trug sie hinüber ins Bett. Sie begann, im Halbschlaf zu murmeln, aber er konnte kein Wort verstehen. Eigentlich wollte er sich auch gleich schlafen legen, aber er hatte es mal wieder nicht geschafft, an dem Whiskeyregal vorbeizulaufen, ohne sich ein Glas einzuschenken. Also setzte er sich mit einem Rye auf die Couch und rollte sich einen Gute-Nacht-Joint.

Kevin konnte sich nicht mehr an den Tag erinnern, an dem er ohne einen Joint zu rauchen zu Bett gegangen war und während der weiße Rauch den Raum zu füllen begann und der Rye von einem Bourbon abgelöst wurde, begannen seine Gedanken zu verschwimmen. War er ein schlechter Mensch, nur weil er gerne und viel vögeln wollte? War es dumm von ihm, darüber offen mit seiner Partnerin reden zu wollen? Alle seine Bros fuhren eine andere Taktik. Sie vögelten einfach, wen sie wollten. Egal ob sie in einer Beziehung, Single oder verheiratet waren. Mit dem Unterschied, dass sie die Klappe hielten. Etwas direkter gesagt, sie logen ihre Freundinnen an.

If the truth hurts too much, it's better to shut the fuck up, bro!, pflegten sie zu sagen. Er hatte immer daran geglaubt, dass es besser war, die Wahrheit zu sagen, aber offensichtlich hatte er damit wenig Erfolg. Schon seine Exfreundin hatte sich deshalb von ihm getrennt und auch Lena konnte nicht damit umgehen. Es hätte wahrscheinlich überhaupt kein Problem gegeben, wenn er ihr einfach nicht von seinem kurzen Abenteuer erzählt hätte. Rausgefunden hätte sie es bestimmt nicht von allein und wenn, dann wäre das Drama sicher auch nicht viel größer gewesen, als es ohnehin schon war. Doch dafür war es sowieso zu spät. Die Frage, die sich nun stellte, war, sollte er ihr erzählen, was heute im Badezimmer passiert war, und wenn ja, wann? Eigentlich hatten sie ausgemacht, immer gleich darüber zu reden, aber sollte er sie wecken? Das schien ihm keine gute Idee. Es wäre schon hart für sie unter normalen Umständen, aber sie jetzt aus dem Schlaf zu reißen mit dieser Nachricht, konnte unmöglich gut ausgehen. Außerdem war Kevin davon überzeugt, dass das wahre Problem nicht war, dass er es zu spät erzählt hatte, sondern dass Lena einfach eifersüchtig war und im Grunde keine offene Beziehung wollte. So wie die meisten Frauen. Doch sollte er deshalb einfach lügen? So wie die meisten Männer? Lena hatte seit zwei Wochen nicht mehr mit ihm geschlafen und jetzt ihre Tage. Er wollte sie nicht zum Sex nötigen, aber einmal am Tag vögeln sollte schon drin sein. Wenn's ein, zwei Tage mal nicht passte, ging die Welt auch nicht unter, doch wie sollte er hier auf dem Berg drei Wochen ohne Sex aushalten, während er umgeben war von nichts als hübschen Frauen? Er zog ein letztes Mal an seinem Joint.

If one could just know before!, dachte er bei sich. *At first they are all horny as fuck, but after a couple of months you can tell apart the good ones from the bad!*

Kevin ließ den Roach in den Aschenbecher plumpsen, nahm den letzten Schluck aus seinem Glas und wankte hinüber ins Bett zu Lena.

Chapter Eleven

Police & Thieves

The Clash

Es war noch dunkel und ziemlich kühl, als Kevin am nächsten Morgen aufwachte. Er beschloss, den Ofen anzuschmeißen und Lena mit einem Frühstück am Bett zu überraschen. Nachdem er das Feuer in Gang gebracht hatte, schwang er sich auf seine Honda und fuhr hinauf zu den Gemeinschaftsräumen. Die Sonne war noch nicht zu sehen, aber die Dämmerung hatte eingesetzt. Der Nebel hing wie ein Schleier aus Zuckerwatte im Tal, als wartete er auf den Beginn eines Kindergeburtstags. Im Gartenhaus angekommen, schnippelte Kevin ein paar Früchte, nahm sich Milch, Joghurt und Müsli aus dem Kühlschrank und kochte eine Kanne starken Kaffee. Dann packte er alles in seinen Rucksack und fuhr zurück zum Baumhaus. Lena war mittlerweile aufgewacht, wälzte sich von einer Seite auf die andere durchs Bett und weigerte sich aufzustehen. Als Kevin jedoch auftischte, begannen ihre Augen zu leuchten. Sie hatte immer noch leichte Schmerzen im Unterleib, aber die 16 Stunden Schlaf hatten ihr geholfen. Sie war gestern einfach weggeschlummert, nachdem sie sich die Seele aus dem Leib geweint hatte. Aber anscheinend hatte sie das auch gebraucht. Jetzt fühlte sie sich jedenfalls deutlich besser. Es gefiel ihr auch, dass sich Kevin an ihrem freien Tag Zeit genommen hatte, um das Frühstück vorzubereiten und es ihr ans Bett zu bringen. Der Ofen knäckerte in seiner Ecke und hatte den Raum angenehm erwärmt. Kevin saß neben Lena auf dem Bett und schüttelte ungläubig den Kopf.

»Wow. If someone had told me at the beginning of the year that we would end up having the best harvest ever, I would've totally not believed it. The *Cookie* and the *OG* were 150 pounds each and look at the *Diesel*. It's ripe as it can get and has absolutely no mold at all. We were so lucky it didn't rain last week.«

Lena hob den Zeigefinger, wie es sich für eine Grundschullehrerin gehört bei einer falschen Antwort.

»Well it did once. Remember?«

Kevin verzog das Gesicht.

»Yeah, but that was just a tiny sprinkle in the middle of the day. The sun was out five minutes later to get it all dry again.«

Sie nahmen gleichzeitig einen Schluck Kaffee aus ihren Tassen und für einen Moment war es still. Sie wollten eigentlich beide über etwas anderes sprechen. In der letzten Woche war wie so oft wenig Zeit geblieben für Privates und sie hatten sich auch beide ein wenig davor gedrückt, weil sie wussten, es würde wehtun, so oder so. Es war Kevin, der den Mut fasste, das Thema anzuschneiden, das ihnen auf der Seele brannte.

»Hey babe. I just wanted to say that I understand why you were so pissed when we were talking the other day in the pool. I'm sorry that I didn't come to you earlier to tell you.«

Lena war erleichtert.

»Thanks. I appreciate you apologizing. We all make mistakes. Come here.«

Sie gab ihm einen Kuss auf die Wange. Kevin atmete tief ein.

»And so, to not make the same mistake twice, I need to tell you that Amanda keeps flirting with me.«

»What do you mean, flirting with you?«

»She sends me these suggestive texts and yesterday she tricked me into spanking her.«

Lena reagierte entsctzt.

»What?«

»I mean it obviously wasn't on purpose!«

Ihre Miene versteinerte sich.

»What do you mean, not on purpose? Did you accidentally spank her?«

»She tricked me. She asked me to come to the bathroom to help her with the sink, and then she was in there naked!«

Lena war fassungslos. So hatte sie sich das Gespräch beim besten Willen nicht vorgestellt.
»And so … what did you do?«

»I'm guessing you're probably not going to like the answer. But I spanked her. The whole thing just turned me on like crazy.«

»Are you fucking kidding me? Really? You're disgusting! You are a fucking dog.«

Sie stampfte so heftig auf den Holzboden, dass die ganze Bude wackelte.
»I thought we agreed that Amanda is just not a good choice?«

»Kind of. But she's just so hot and we haven't fucked the last what? Two weeks? Also, nothing else happened. I just spanked her and told her to never ask me to do it again.«

Lena nickte ungläubig.
»Yeah, for sure! You can go tell that to your grandma! You don't really think she'll stop now, do you? And it looks to me like you don't really want her to stop either. Well, the whole thing is totally not okay with me. And if you think you can make me a little breakfast and everything will be fine, then you are damn wrong.«

»But why? I mean, I did tell you as fast as possible this time. And you didn't even say thanks for that! You're just so fuckin' jealous.«

»No, I'm not. I would've been fine if you fucked around with some girls somewhere else. What's not fine is that you've fucked around with someone up here who's in a major position. You shouldn't be playing this kind of game. And I thought I made this clear enough last time, but if not, I'll do so right now. It is completely unacceptable to me that you keep on doing anything sexual with her. So make a decision.«

Kevin verschränkte demonstrativ die Arme.

»Okay. I think you should take some time for yourself and find out who you want to be with. If you want to be with somebody who hangs out at a desk from nine to five, and then comes home and gives you heaven on earth, somebody who's always shaved, spick and span, somebody who just does whatever you want, somebody who'll never look for another woman besides you, somebody who always will ask you first before making a decision—that's not me. It might be better for you to go back home to Germany. This is the fuckin' Wild West out here. People wear guns, deal with drugs and get killed just like that.«

Er schnippte mit den Fingern.

»People out here are freaks. But you know what? They're straight about it. They don't hide their craziness behind a layer of manners or a thin blanket of mainstream normalcy. They are fuckin' crazy motherfuckers and so am I. I am a farmer, digging in the dirt every day. I am a dealer, selling solid amounts of world class weed out of this county. I am a lover, fuckin' all night long. I am a surfer, riding the sickest shit out there with nothing and nobody around but a bunch of great whites. And yes, I do make mistakes. And I'm sorry for them. But so what? Everybody does! I told you from the very beginning that you needed to be able to share me with other women. I was straight about it from the very first second. So, if you are trying to trick yourself, that's your business. But don't put it on me. If you want a crazy ass motherfucker to live with, somebody who will always stay at your side. Somebody you can break in at Fort Knox with and somebody who stands up for you no matter what? Here I am. Guess it's up to you now to make a decision.«

Die ganze Diskussion begann zu brodeln. Kevin war in Rage geraten und Lena traurig, wütend und gekränkt zugleich.

»Ah, I see. So you are the cool ass dude, and I'm the prude German who is lying to herself just because I think it's not smart to fuck around with just anybody?«

Kevin legte seinen Zeigefinger auf Lenas Lippen.

»Be quiet for a moment.«

Doch Lena dachte gar nicht daran, sich von ihm vorschreiben zu lassen, wann sie still zu sein hatte.

»What the fuck? Don't tell me to shut up!«

Kevins Augen weiteten sich. Er stand vom Bett auf, öffnete die Tür und schaute gen Norden. Der Nebel hatte sich verzogen und die Sonne schien. Auch wenn sie nicht mehr dieselbe Kraft besaß wie noch vor ein paar Wochen, konnte er deutlich die Strahlen auf seiner Haut fühlen. Das Geräusch jedoch, das ihn aufgeschreckt hatte, wurde immer lauter und der kleine, schwarze Punkt am Himmel, von dem es ausging, immer größer. Kevin wischte sich mit der Hand durchs Gesicht, ballte die Faust und stampfte mit einem Fuß auf die Plattform, so kräftig er konnte.

»Fuck! They are coming. These little motherfuckers.«

Verunsichert begab sich auch Lena in die Senkrechte, um nachzusehen, was los war. Aber Kevin war bereits außer sich.

»Get your shit together. They're coming. Get your fuckin' shit together! We have three minutes max 'til they have their boots on the ground. Take all your documents, your money and the car keys and put it all in a backpack. I'll do the same, and then we'll jump on the bike and get the fuck out of here. Two minutes and forty-four seconds left. Get the fuck going. I can't believe it. The fuckin' pigs are coming! One day before harvest! I can't fuckin' believe this!«

Jetzt erkannte auch Lena die Umrisse des schwarzen Helikopters, der ganz offensichtlich direkt auf sie zuhielt. Ihr wurde schlagartig klar, was hier vor sich ging. Panik ergriff sie. Jetzt war Vollgas angesagt. Kevin rannte bereits fluchend durch die Gegend. Er riss die Kissen, Decke und Matratze vom Bett, um sich den darunter liegenden Rucksack zu krallen, in dem seine Kohle, die wichtigsten Dokumente und die Neun-Millimeter-M&P verstaut waren. Auch Lena hatte auf sein Geheiß hin seit Anfang an die wichtigsten Sachen in einer kleinen Tasche verstaut. Nur ihr Portemonnaie mit dem Ausweis, der Kreditkarte, dem Führerschein und ein- oder zweihundert Dollar in *cash* war nicht aufzufinden. Der Heli kreiste unterdessen bereits direkt über ihnen und schien nach einem Landeplatz zu suchen. Kevin hatte seine Siebensachen zusammen und während Lena hektisch alle Schränke, Taschen und Klamotten nach ihrem Portemonnaie durchsuchte, vergewisserte er sich, dass seine Pistole geladen und gesichert war. Dann schob er sie sich in den Hosenbund und rief ihr zu:

»Come on, baby! They already put the rope down. It's time to get the fuck out of here!«

Am Arm zog er sie aus dem Haus. Lena wehrte sich. Sie wollte unter keinen Umständen ihr Portemonnaie hier zurücklassen, aber als sie sah, dass der Hubschrauber nur wenige Meter von ihnen entfernt ein langes Tau zu Boden gelassen hatte und sich ein paar Mann zum Abseilen bereitmachten, wurde ihr klar, dass Kevin recht hatte. Es war höchste Eisenbahn, sich aus dem Staub zu machen. Gemeinsam stürmten sie hinüber zu der roten Honda. Die Reifen quietschten und der 125 Kubikzentimeter kleine Zylinder heulte auf. Lena drehte sich immer wieder um und konnte gerade noch sehen, wie die ersten zwei schwarz gekleideten, bewaffneten und maskierten Typen gen Erde starteten.

***

Dass es tatsächlich zu solch einem Zwischenfall kommen könnte, hatte Lena in den letzten Monaten völlig verdrängt. Doch nicht umsonst waren die illegalen Grows noch immer fast ausschließlich in den bewaldeten Bergen im Norden des *Golden State*. Hier wo die Grundstücke weitläufig, verwinkelt und fernab der Zivilisation waren. Wo alle für den Anbau und die Verarbeitung relevanten Gebäude aufwendiger getarnt wurden als eine US Air Force Base in Nordkorea. Klar, am Anfang hatte sie die Gefahr noch gespürt und alles war aufregend gewesen. Schließlich hatte sie, bevor sie nach Humboldt County gekommen war, noch nie mehr als vielleicht zwei Hände voll Weed auf einem Haufen gesehen. Es war super *exciting* gewesen, sich zum ersten Mal durch ein Gewächshaus voller Graspflanzen zu schlängeln oder in einem Trockenraum zu sitzen, in dem fünfzig Kilogramm feinstes *Mary Jane* hingen. Allein die

Menge der vom Boden zusammengekehrten Blütenreste, die auf dem Kompost landeten, überstiegen in Qualität und Volumen alles, was sie je zuvor gesehen hatte. Freilich hatte sie es beeindruckt, dass wildfremde Menschen am Lagerfeuer Einweckgläser rausholten, die bis zum Rand mit Weed gefüllt waren, um sogleich drei pure Joints hintereinander zu rollen. Nach ein paar Wochen jedoch schien dies alles völlig normal. Sie arbeiteten halt mit Gras. So wie andere Farmer mit Tomaten, Baumwolle, Weizen, Soja oder Tabak. Die Dimension der Illegalität wurde ihr nur äußerst selten bewusst. Denn nicht nur tat hier auf der Farm jeder so, als wäre es das Normalste der Welt, 300 Kilo Marihuana anzubauen; in der ganzen Region hatte jeder, wirklich jeder zumindest einen kleinen Grow mit ein paar Pflanzen. Außerdem gab es Kartelle, die mehrere Tonnen pro Saison produzierten, und Tausende, die wie sie, quasi als Familienbetrieb organisiert, Hunderte Pfund anbauten. Die Cops nahmen hin und wieder jemanden fest, aber das war marginal. Außerdem hatte Paul sich darum bemüht, die Papiere für die allerhöchstwahrscheinlich anstehende Legalisierung in den nächsten Jahren zusammenzubekommen. Alles schien so, als wären die Tage der Illegalität gezählt und das Risiko eines *busts* geringer, als vom Blitz getroffen zu werden. Jetzt aber hatte sich ein Unwetter zusammengebraut und es grollte bedrohlich.

Aus dem freien Tag zum Relaxen wurden für Kevin und Lena extrem stressige 24 Stunden des Bangens um Leben und Tod oder zumindest um Freiheit und Wohlstand. Nachdem sie das Baumhaus fluchtartig verlassen hatten, informierten sie umgehend alle anderen. Glücklicherweise war es genauso wie jene letzte verbliebene Plantage, an der sich die Cops im Moment zu schaffen machten, weitab von den Hauptgebäuden, wo die Trim-Crew um Amanda unverzüglich mit dem Clean-up begann. Diesmal war alles in unter fünf Minuten blitzblank. Dann verschwanden die Girls im *hiding hole*, dem bestversteckten Spot weit und breit. Amanda bezog routinemäßig Posten am *main gate*. Reine Sicherheitsmaßnahme. Falls zusätzlich ein Konvoi Cops über die Straße im Anmarsch war, konnte sie es melden und entscheidende Minuten rausdiskutieren. Paul blieb am Haus. Von dort aus hatte man den besten Überblick und außerdem lag es zentral auf dem Grundstück. Lena und Kevin verschanzten sich am Hang überm Baumhaus. Ihre Aufgabe war es zu melden, sobald Gefahr bestand, dass die Cops sich auf den Weg zu anderen Teilen der Farm machten. Sie waren vielleicht 300 Meter vom *hot spot* entfernt und hatten sich im dichten Wald versteckt. Insgesamt vier total vermummte und schwer bewaffnete Typen hatten sich vom Heli abgeseilt. Sie waren offensichtlich ein gut eingespieltes Team. Zwei Mann rissen die metallenen Käfige, die die Pflanzen als Stützgerüste umgaben, weg, die anderen beiden folgten auf dem Fuß und schnitten die befreiten Pflanzen ab, um sie anschließend auf die mitgebrachte Riesenplane zu schmeißen. Der Heli kreiste permanent über der ganzen Operation und schien dafür zuständig, alles zu überwachen. Kevin blutete das Herz bei dem Gedanken daran, wie viel Liebe und Arbeit er in jede einzelne dieser Pflanzen gesteckt hatte. Außerdem stieg in ihm ein unglaublicher Groll gegenüber Paul auf. Der hatte nämlich entschieden, mit der Ernte noch eine Woche zu warten. Kevin hatte ihn mehrfach versucht zu überzeugen, das *Diesel* einfach mit dem Rest zu ernten, aber Paul bestand darauf, das Risiko einzugehen. Er war nun mal der Chef und auch wenn Kevin mit einem Viertel an der Ernte beteiligt war, gehörten Paul immer noch Dreiviertel. Außerdem war es Teil des Deals gewesen, dass Paul bei allen Entscheidungen das letzte Wort hatte. Dieser Umstand hatte Kevin schon einige Male den Arsch gerettet. Heute aber kostete es ihn gut ein Drittel seiner Ernte und erzürnte ihn unglaublich. Er wusste nicht, wem er lieber eine Kugel in den Kopf jagen wollte: Paul dafür, dass er es versaut hatte, oder den vier SWAT-Typen, die gerade vor seinen Augen raubten, was ihm gehörte. Kevin war sich sicher, dass die Cops das Weed selbst verkauften. Warum sonst würden sie immer nur kurz vor der Ernte kommen? Es wäre doch viel einfacher, die kleinen Setzlinge zu zerstören. Das wäre in fünf Minuten getan gewesen. Oder noch besser mitten im Zyklus, wenn die Pflanzen gerade zu blühen begannen. Dann hätten sie anstatt der gut zwei Stunden vielleicht eine halbe gebraucht. Und warum sonst würden sie den Aufwand betreiben, es mitzunehmen, anstatt es einfach mit Chemikalien unschädlich zu machen? Und zu guter Letzt, warum in Gottes Namen würden sie ihr Leben riskieren und einen Fuß auf dieses Land setzen? Klar wusste jeder hier in Humboldt um das ungeschriebene Gesetz: Solange du den Cops nicht in die Quere kommst, lassen sie dich auch in Ruhe. Das hieß, solange du ihnen keine Schwierigkeiten bei der Ernte machst, nehmen sie auch nichts weiter mit als das Gras. Sie verfolgen niemanden, nehmen keinen fest und lassen dich auch danach in Ruhe. Das Ganze hatte also keine rechtlichen Konsequenzen. Nicht zuletzt deswegen zögerte Kevin damit, seine Smith & Wesson anzusetzen. Klar war aber auch, einige verrückte Outlaws da draußen würden nicht mit der Wimper zucken, ihre AKs und M16s laden und losfeuern. Nein, wenn die verfluchten Cops nicht ein ernsthaftes Interesse daran hätten, das Weed selber zu verhökern, dann würden sie Chemikalien aus dem Hubschrauber kippen, genauso wie sie es im kolumbianischen Dschungel tun, wenn sie die Kokafelder vernichten. Für Kevin bestand kein Zweifel, dass diese Schweine sich unter den Nagel rissen, wofür er lange und hart gearbeitet hatte. Lena aber wurde das Gefühl nicht los, dass dies einfach Kevins schlechtes Karma war. Jedenfalls fand sie, dass er es nicht besser verdient hatte. Schließlich hätte er gestern Abend die Füße auch mal stillhalten können. Außerdem hatte er ja schon zwei Drittel der Ernte eingefahren. Er würde also nicht am Hungertuch nagen müssen. Zumindest schienen die Cops sich ans ungeschriebe-ne Gesetz zu halten und machten keine Anstalten, andere Bereiche der Farm zu entern. Nachdem sie die gut 50 verbliebenen Pflanzen abgeschnitten und auf das Tarp gepackt hatten, befestigten sie es am Heli und kletterten einer nach dem anderen zurück in den schwarzen Falken. Am liebsten wäre Kevin hinuntergerannt und hätte mit der mitgebrachten Machete die Plane durchgeschlitzt. Lena aber um-klammerte ihn, so fest sie konnte. Unter keinen Umständen wollte sie, dass er sein Leben und das aller anderen für ein paar Pfund Gras aufs Spiel setzte. Langsam gewann der Heli an Höhe, das Seil straffte sich und das Tarp hob vom Boden ab. Lena spürte, wie schwer es für Kevin war, den Verlust zu akzeptieren, und obwohl sie eigentlich ziemlich sauer auf ihn war, wollte sie ihn in diesem Moment nicht allein lassen. Sie legte ihre Hand auf seinen Kopf und flüsterte ihm zu:

»It's all gonna be good. Imagine if they would have come a week earlier and taken everything. You are a lucky man. You already have two thirds of your harvest and nobody got hurt. You always said: ›There is no year everything works out perfect‹. And I say: ›There is justice in everything. Even though one may not understand right away.‹«

Kevin war fuchsteufelswild! Ja, er hatte immer gesagt, dass es kein Jahr gab, in dem alles perfekt lief, aber diese Saison hatte nur ein einziger Tag gefehlt und alles wäre perfekt gewesen. Der Gedanke aber, dass sich die Cops jetzt die Taschen mit dem Ergebnis seiner Arbeit vollstopfen würden, der quälte ihn am allermeisten. Lena gab ihm einen Kuss auf die Stirn, ergriff seine Hand und setzte sich wieder neben ihn. Plötzlich zeigte Kevin auf den mittlerweile recht kleinen, schwarzen Punkt hoch oben über dem weiten waldigen Tal und begann, laut loszulachen.

»Look, look! You were right!«

Lena sah sofort, was Kevin derart amüsierte. Er war außer sich vor Freude.

»They are so fucking dumb. It's ridiculous. They are even too stupid to steal weed. If they needed to grow it to make the money, it would turn out ten times worse than the seediest, shittiest shwag you ever smoked. I always wonder how they manage to stay alive. How the fuck do they breath, eat, or shit?«

Er lachte und klatschte mit den Händen auf die Knie, dass es durch den Wald schallte. Lena schmunzelte und gab ihm erneut einen Kuss.

»I told you there is some justice in everything. Imagine you would have walked through the woods right underneath it!«

Was auch immer schiefgelaufen sein mochte, als die Cops das Tarp angehängt hatten, der Anblick eines schwarzen Polizeihubschraubers, der gerade eine Tonne frischer Weed-Pflanzen verstreute wie Großmutter den Puderzucker über die Sonntagstorte, war gar zu herrlich und eine humorvolle Entschädigung für das kapitale Desaster kurz zuvor.

Chapter Twelve

Sleeping Good Tonight

Donavon Frankenreiter

Die Welt hatte sich gedreht. So wie immer. Die Tage waren vorbeigerauscht. Ganz wie im Flug. Einer nach dem anderen, und sie waren Stück für Stück immer angenehmer geworden. Mittlerweile war es Ende November. Die Nächte waren kühler geworden und auch der Atlantik hatte ein paar Grad eingebüßt. Hanno hatte jede Nacht ein bisschen besser schlafen können. Gut neun Wochen waren vergangen, seitdem er in Taghazout angekommen war, aber die Mittagssonne hatte noch immer Kraft. Sie teilte die geschäftige Hauptstraße in eine Sonnen- und eine Schattenseite. Heute war Freitag und der Marktplatz war gefüllt mit Teppichhändlern, Schmuckverkäufern und Werkzeuganbietern. Das Mittagsgebet war gerade vorbei und die Menschen strömten aus der Moschee. Hanno saß auf der flachen Mauer gegenüber dem Gotteshaus und beobachtete das Treiben. Ein Teil der Gläubigen war heute in weiße Djellabas gehüllt und Hanno mochte es, ihren Diskussionen zu lauschen. Obwohl er nichts verstand, weil sich sein Arabisch auf einige wenige Worte beschränkte, hatte er das Gefühl, die Menschen so ein wenig besser kennenzulernen.

Schon vor Jahren hatte er festgestellt, dass viele von ihnen sich Zeit nahmen. Dass der Großteil der Menschen innere Ruhe ausstrahlte, ganz im Gegensatz zu den Menschen zu Hause, die, wann immer eine öffentliche Veranstaltung zu Ende ging, sofort verschwanden, um sich wichtigeren Dingen zu widmen, als dem allgemeinen Müßiggang zu frönen. Natürlich gab es auch hier den einen oder anderen, der sofort wieder an die Arbeit musste, aber der Unterschied war, dass Müßiggang hier als Statussymbol galt. In der Gesellschaft, in der Hanno groß geworden war, galten jene als besonders angesehen, die immer beschäftigt waren. Mit einem Mal wurde Hanno bewusst, wie dieser grundlegende Unterschied das Zusammenleben der Menschen in vielfältiger Weise bis hinein in die kleinsten Kleinigkeiten des Alltags beeinflusste. Schon auf seinen früheren Reisen durch Marokko hatte er viel darüber nachgedacht, aber erst in diesem Moment, beim Anblick der beiden alten Berber vor der Moschee, offenbarte sich ihm die Tragweite dieses Gedankens. Müßiggang war eine Tugend, keine Sünde, so schien es ihm. Aber wie jede andere Tugend, die durch die Fehlbarkeit des Einzelnen in der Summe der Gesellschaft zur Sünde verkommt, war es auch hier so, dass der edle Müßiggang zur Faulheit neigte. So wie zu Hause der tugendhafte Fleiß zum Krebsgeschwür der Ruhelosigkeit verkam. Es war der Gegensatz, der das Prinzip beleuchtete und Hanno für wenige Sekunden das Gefühl unbeschreiblicher Einsicht bescherte.

Zwei Berber machten es sich gleich neben ihm bequem und begannen zu diskutieren. Hanno lauschte ihnen für eine Weile.

Und es machte boom tschakalaka und ratter die peng:

»Los komm, wir spielen Improlog!«

Marks Finger schnellt hoch und zeigt auf eine wild gestikulierende Frau auf der anderen Seite des Marktes. Sie hat eine Gurke in der Hand und scheint recht unzufrieden mit dem Gemüsehändler. Während sie auf ihn einredet, beginnt Hanno simultan zu übersetzen. Freilich ohne die geringste Ahnung, was die gute Frau zu schimpfen hat.

»Olaf, deine Gurken sind die krümmsten Krücken, die ich je gesehen hab. Letztes Mal war der Wurm drin. Und heute? Schau sie dir doch mal an! Heute sind sie wabbelig wie Wurstsuppe. Damit kann doch keiner …«

Die aufgebrachte Frau wird von dem nicht weniger aufgebracht wirkenden Verkäufer unterbrochen. Also übernimmt jetzt Mark.

»Ach was'n Quatsch, Gertrude. Jetzt schau dir doch mal diese Weltklassegurken ganz genau an. So schöne Gurken findest du im ganzen Königreich nicht wieder. Grün wie Gras und so schmackhaft, sag ich dir. Die strotzen nur so vor Kaft. Glaub mir. Weißte, wenn dein Mann mal wieder nicht spurt, kannste ihm damit sogar mal ordentlich eine überziehen.«

Der Verkäufer nimmt zwei Orangen.
»Und schau mal diese Orangen! Hmmm, sind die lecker.«

Die Frau jedoch winkt ab und läuft schimpfend davon. Hanno räuspert sich kurz, bevor er den Schlussakt übernimmt.
»Ach, Olaf, deine Orangen, die kannste dir sonst wohin stecken. Die schmecken so bitter, die fressen ja nicht mal die Ziegen. Ich geh jetzt und erzähl allen von deinen wabbeligen Wurstgurken!«

Mark grinst, hebt die Hand und sagt zu Hanno:
»Dann geh doch, pö!«

Hanno schlägt ein und die beiden beginnen zu lachen.

***

Improlog war eines seiner Lieblingsspiele. Hanno hatte es sich vor langer Zeit auf seiner ersten Reise durch Südostasien ausgedacht und es danach immer wieder mit wechselnden Partnern gespielt. Mit niemandem hatte es jedoch mehr Spaß gemacht als mit Mark. Es alleine zu spielen, war zwar doppelt so anspruchsvoll, aber leider auch nur halb so spaßig, und so kam es, dass Hanno nach wenigen Minuten die Lust verlor. Er stand gelangweilt auf und schlenderte Richtung Mittagstisch.

Eine der kleinen *local* Sandwicherias auf der Schattenseite der Hauptstraße war sein Ziel. Der Name des Platzes war ihm zwar unbekannt, aber ihm war nicht entgangen, dass es hier die besten Avocadoshakes weit und breit gab. Mittlerweile wusste er nämlich genau, wo man was bestellte und wo man es lieber bleiben ließ. Im *Sunset* gleich gegenüber zum Beispiel gab es die besten Burger *in town*, und zwei Läden weiter, im *Florida*, sollte man besser keine Suppe bestellen. Im *Le Spot* nebenan gab es hervorragende Spaghetti, die garantiert al dente waren, aber die Pizza war besser bei *Pizza hot,* dem kleinen Take-away-Laden am Markt, und die besten Tajines gab es bei dem Lokal direkt neben der Moschee. Zum Frühstück war er immer im *La Terrasse d'Argana*, bei der hübschen Französin mit dem schiefen Blick. Hier gab es frisch gepressten O-Saft, Honig, Amlou, Marmelade und ein saftiges Omelett mit Aussicht aufs Meer. Wann immer Hanno nach Aourir musste, um frisches Geld aus dem Automaten zu holen, ließ er sich ein saftiges Steak, ein Kotelett oder Keftabällchen bei den Jungs direkt an der Straße grillen. Weil es gute Sandwiches überall in Taghazout gab, war es einzig und allein der Weltklasse-Avocadoshake mit Früchte-Dekolletee, der Hanno heute hierher an die Hauptstraße geführt hatte.

Er setzte sich und während er auf seine Bestellung wartete, zogen die Bilder der morgendlichen Surfsession nochmal an seinem inneren Auge vorbei. Er hatte sich bei Low Tide am *Anchor Point* ausgetobt. Die Wellen waren gut gewesen und er hatte Top Turn an Bottom Turn gereiht, nur unterbrochen von vereinzelten Cutbacks und kurzen Push Sections. Es war bisher mit Abstand die beste Session seines Trips gewesen. Dreimal war er vom First Peak den ganzen Weg bis in die Bucht hineingesurft. Der Kellner brachte den Teller mit dem Kefta-Sandwich, die Pommes und den gläsernen Humpen Avocadoshake. Das unverkennbar klackende Schnalzen des Nussverkäufers pfiff Hanno um die Ohren. Er lehnte sich zurück, während der tüchtige Mann die Hauptstraße entlangklapperte, um seine gesalzenen Kostbarkeiten unters Volk zu bringen. Hannos Körper fühlte sich weich und kraftlos an. Seine Schultern hingen herab und er spürte, wie sein Blut in Brust und Rücken zirkulierte. Es war ein intensives Gefühl der körperlichen Erschöpfung und wie die allermeisten Surfer liebte auch er dieses Gefühl, das sich nach jeder anstrengenden Session im Körper breitmachte.

Es sollte nicht lange dauern, bis eine der Straßenkatzen fauchend seinen Tisch umkreiste. Natürlich erkannte er sofort das Elend der verstörten, räudigen Kreatur. Doch anders als bei den meisten anderen Menschen veranlasste ihn sein Mitleid nicht, sie zu füttern. Für Hanno ging es um die Frage, ob die Erlösung für den Moment ein System des Verhängnisvollen nähren darf. Es würde ihm nicht wehtun, etwas von seinem Sandwich abzugeben und es würde der Katze wohl einen Glücksmoment verschaffen. Dank ihrer Fauch-Schleich-Fauch-Strategie würde sie so in ein paar Wochen sechs kleine Katzen werfen und diese, wenn sie genauso erfolgreich waren, wenige

Wochen später wieder jeweils sechs und so weiter, bis die Population ihr Maximum erreicht hätte und die Nahrungskonkurrenz groß genug war, um die weitere Fortpflanzung einzuschränken. Keine einzige der vielen Katzen würde dann ein besseres Dasein fristen. Natürlich konnte dieses arme Individuum nichts dafür, er aber auch nicht, und so aß er den letzten Bissen seines Sandwichs selbst und die verstörte Katze widmete sich auf der Suche nach etwas Fressbarem der Plastiktüte, die auf dem Gehsteig lag. Hanno drückte dem Kellner vierzig Dirham in die Hand, bedankte sich freundlich und verließ die Sandwicheria. Denn die Kunst rief.

Als er wie üblich auf dem Heimweg durch die engen Gassen Taghazouts schlenderte, machte sich ein eigenartiges Gefühl in ihm breit. Er spürte, wie ihm dieser Flecken Erde ganz heimisch vorkam. Wie er sich mit ihm identifizierte und so manche Erinnerung fest mit dem trockenen Klima und der staubigen Steppenvegetation verwoben war. Es war schließlich das fünfte Mal, dass er hier war und meistens war er länger als die üblichen zwei Urlaubswochen geblieben. Er hatte Bekanntschaften gemacht und Freundschaften geschlossen. Er hatte Liebeskummer verspürt und die besten und größten Wellen seines Lebens geritten. Er hatte viele glückliche Momente erlebt und auch schon manch harte Phase durchstanden. Ja, er fühlte sich hier zu Hause. Plötzlich wurde ihm bewusst, dass Sich-zu-Hause-Fühlen überhaupt ein komischer Zustand war und dass dieser wohl mehr mit Liebe und Freundschaft, mit verbrachter Zeit und geteilten Erfahrungen zu tun hatte als mit Nationalität, Religion oder Herkunft. Hanno sah sich als Weltbürger. Er hatte das Gefühl, bei all den unbestreitbaren Unterschieden zwischen den Völkern der Erde trotzdem das Gemeinsame und Universelle, das sie verband, klar und deutlich erkennen zu können.

An der Haustür angekommen, empfing ihn sein Vermieter Omar, wie immer mit einem breiten Lächeln auf den Lippen.

Chapter Thirteen

Wild Trip

Hallucination Generation

»Zwei Lüftchen und zwei Hopfenblütentee, bitte!«

Am Abend desselben Tages 2941 Kilometer nordöstlich in der hippsten Straße des Ostens lehnte Elli am Tresen. Den Po leicht gegen Arons Hüfte gedrückt, einen Fuß auf der Couch, den schwarzen Chapeau Claque tief ins Gesicht gezogen und mit der Kippe auf Anschlag hatte sie gerade die Bestellung aufgegeben. Aron stand seitlich hinter ihr und gemeinsam warteten sie auf die Getränke. Er genoss es sichtlich, dass ihn die trinkwütigen Massen völlig ungewollt gegen ihr Hinterteil pressten. Elli musste an der Bar natürlich nie bezahlen. Sie nahm sich trotzdem zwei der Kaubonbons, die es hier im *Goldhorn* immer als Pfandmarken gab. Mit einer schwungvollen Bewegung schob sie Aron den Kurzen zu, ohne dabei einen Tropfen zu verschütten. »Cooler DJ! Endlich mal wieder 'n bisschen was Funkyges auf die Ohren!«

Er nickte und griff nach dem kleinen Gläschen randvoll Berliner Luft. »Jip! Echt *nice*!«

Elli schaute ihm tief in die Augen. »Stößchen, so und jetzt lass mal das Tanzbein schwingen. Wir stehen bestimmt schon seit einer Stunde hier und quatschen nur.«

Sie nahm Aron an der Hand und führte ihn auf die Tanzfläche des mittlerweile ziemlich voll geworden Clubs. Das *Goldhorn* war Ellis Lieblingslocation. Ein abgeranzter Schuppen in der Eisenbahnstraße. Der Hauptraum hatte eine kleine Bar, einen saucoolen alten Ofen, eine Bühne für Bands oder DJ-Sets und zugemauerte Fenster. Es stank überall nach Bier und Kippen und auf dem Toilettenfußboden war immer eine Lache aus Gerstensaft, Wasser und Urin. Im kleinen Hinterkämmerchen lief housiger Elektro und im Saal Hiphop und Funk. Wenn der Club wie heute bald aus den Nähten zu platzen drohte, waren vielleicht 200 bis 250 Mann am Start. Es war eine familiäre Atmosphäre.

Elli liebte den Leipziger Osten, wo mehr Arabisch als Deutsch gesprochen wurde und Dönerläden, Automatenhöhlen und Spätis das Straßenbild prägten. Wo es an jedem Tag der Woche irgendwo eine VoKü gab und an den Straßenlaternen Aufkleber mit der Aufschrift

Du
Kannst
Schon
Nazi
Sein
Aber
Dann
Biste
Halt
Kacke

prangten. Es erinnerte sie alles irgendwie an das Plagwitz von damals. Jenes wilde Viertel, das sie vor zehn Jahren in Leipzig willkommen hieß. Dort hatte es nämlich genauso ausgesehen, bevor die Gentrifizierung ihren langen, goldenen Hebel angesetzt hatte. Jetzt war Boutique neben obercooler Burgerbar und veganes Fastfood neben handgenähten Hipsterklamotten. Deshalb war Elli ja in den Osten geflüchtet. Trotzdem liebte sie ihr Plagwitz noch immer. Jedes Mal, wenn sie Liese dort besuchte, spürte sie es deutlich. Zwischen ihr und Plagwitz war etwas von dem Kitt, der ihrer Meinung nach Ehen zusammenhielt. Geliebte Gewohnheit und geteilte Erfahrungen. Natürlich war es nicht mehr so jung und wild, so aufregend und abenteuerlustig wie damals, als sie es kennengelernt hatte. Deshalb hatten sie sich ja auch getrennt. Elli war noch immer die wilde Partymaus und Plagwitz war halt erwachsen geworden. Ruhiger, sauberer, ordentlicher. Doch die beiden hatten so viel gemeinsam erlebt, so viele krasse Momente in dunklen Ecken und Straßen geteilt, dass sie trotzdem irgendwie aneinander hingen. Wenn sie ehrlich war, schmeckten ihr die obercoolen Burger sogar. Und weil monogam zu leben ohnehin nicht ihr Ding war, genoss sie die herrlich vertrauten Rendezvous, die sie noch immer gelegentlich hatten.

Liese und Ralf, Heiner und Björn, Ricky und Marlene, Rino, Sarah, Seni und all die anderen waren da, um die ausgelassene Freitagabendstimmung mit Aron und ihr zu teilen. Elli liebte es zu tanzen und sie war eine verdammt gute Tänzerin. Sie beherrschte alles. Von klassischen Paartänzen wie Walzer und Cha-Cha-Cha über Salsa und Tango bis hin zum freien Tanzen wie beim Hip-Hop und Funk. Sie ließ sich gerne führen, wenn ihr Gegenüber dazu in der Lage war, hatte aber auch nichts dagegen, selbst den Ton anzugeben. Sie mochte es, die Tanzpartner zu wechseln, besonders, wenn wie heute all ihre Freunde da waren und sowieso Freestyle auf dem Programm stand. Dann flog sie von einem zum nächsten, wobei sie mit jedem Augenkontakt herstellte und sich für einen Moment synchronisierte. Auch wenn ihr der körperliche und sexuelle Aspekt des Tanzens wichtig war und obwohl sie es liebte, gleichzeitig zu flirten und attraktive Körper zu spüren, gab es doch nichts, was für sie an das Gefühl heranreichte, die Seele des anderen im Tanz zu berühren, und das war eine absolut asexuelle Erfahrung, entkoppelt von Alter, Attraktivität und Geschlecht des Tanzpartners. Wann immer der Fluss des Tanzes sie zu Aron spülte, nahm sie sich etwas mehr Zeit zum Verweilen. Sie schaute ihm etwas tiefer und länger in die Augen und legte Wert darauf, ihn hier und da sanft zu berühren. Aron selbst war kein besonders guter Tänzer und es machte ihn jedes Mal verlegen, wenn sie sich ihm näherte. Manchmal brachte es ihn richtig aus dem Takt, aber er genoss es natürlich trotzdem sehr und bemühte sich, seine Aufregung so gut wie möglich zu vertuschen.

Nach einer guten Stunde des ausgiebigen Tanzens verspürte Elli das immer dringender werdende Bedürfnis, sich zur Toilette zu begeben. Sie tanzte sich leichtfüßig aus der wilden Masse heraus und schwebte beschwingt Richtung Lokus. Aber weil die Schlange am Damen-WC mal wieder zu lang für ihr angeschwollenes Bedürfnis war, schwang sie hinüber ins Männerklo, das lustigerweise auch gleichzeitig Pfandgutlager war. Während sie über der Toilette hockend, die Hose auf halb acht und mehr stehend als sitzend pisste, dachte sie darüber nach, was es wohl für ein Spaß wäre, Aron heute Abend zu verführen. Wie es der Zufall wollte, stand er gerade am Pissoir, als sie die

Tür der ranzigen Männertoilette hinter sich schloss. Sie schlich sich von hinten an ihn heran und ließ ihren Zeigefinger langsam seinen Nacken und dann den Rücken hinunterwandern, während sie ihm zärtlich ins Ohr flüsterte:

»Bis gleich auf der Tanzfläche.«

Aron erschreckte sich kurz, nur um sogleich den wohligen Schauer zu genießen. Als er sich gefasst und umgedreht hatte, sah er nur noch, wie Elli im Gang verschwand. Mit zittrigen Knien lief er hinüber zum Waschbecken und warf sich einen Schwung kaltes Wasser ins Gesicht. Seit seinem Einzug in die WG vor über einem Jahr war er über beide Ohren in sie verknallt. Er hatte sich jedoch nie wirklich Hoffnungen gemacht, weil Elli einfach viel zu heiß für einen wie ihn war. Er war nicht besonders gut im Flirten und jetzt so aufgeregt, dass er sich am liebsten in Luft aufgelöst hätte. Nach einem zweiten Schwung Wasser nahm er all seinen Mut zusammen und stürzte sich wieder ins Getümmel.

Die folgenden beiden Stunden vergingen mit wildem Getanze. Mal zu Funk im Saal und mal zu housigem Elektro im Kabuff. Elli und Aron waren sich immer nähergekommen, hatten aber noch immer nicht geknutscht, obwohl es sich so anfühlte, als wäre es Zeit dafür. Aron traute sich nicht und Elli genoss es einfach, mit seinem Verlangen zu spielen. Es war so gegen vier, als sie mal wieder an der Bar stand, um Getränke zu besorgen. Sie drehte sich zu Liese und während sie ihr ein Bier in die Hand drückte, fragte sie leise:

»Du? Mit Ralf alles okay? Der hat mich heute 'n paarmal ziemlich komisch angeschaut.«

Liese nahm einen kräftigen Schluck, bevor sie antwortete.

»Na ja, wie soll ich sagen? Ist 'ne längere Geschichte. Müssen wir uns die Tage wohl mal Zeit nehmen und quatschen.«

»Hat mit unserer Yogasession zu tun, wa?«

»Hmm … schon irgendwie. Ist aber alles zu kompliziert für nachts um vier besoffen im Club. Lass uns Sonntagnachmittag mal zum Kaffee treffen und schnabbeln.«

Elli nickte.

»Okay. Klingt gut. Ach, schöne Grüße auch von Hanno aus Marokko.«

»Wie geht's dem denn?«

»Ganz gut. Wir haben am Montag mal wieder geskypt und da hat's sich so angehört, als wenn er langsam da unten angekommen ist.«

Liese schaut nachdenklich drein.

»Was macht er denn da eigentlich die ganze Zeit?«

»Geht viel surfen und hat 'ne ganze Reihe von Kunstprojekten gestartet.«

»Ach ja, hab ich auf Insta gesehen. Ziemlich cooler Scheiß! Hoffe, er fängt sich 'n bisschen da unten. War ja ganz schön fertig mit den Nerven, als er hier weg ist.«

Elli beißt sich auf die Lippen.

»Ja, hoff ich auch! Ist aber aufm guten Weg, glaub ich.«

»Na, toi toi toi! Aber sag mal, was ist denn jetzt eigentlich mit dir und Aron? Das ging ja ganz schön heiß her mit euch beiden heute Nacht.«

Gerade als Elli antworten wollte, kam Martin in den Club geschwänzelt. Frisch rasiert, im feinen Zwirn kam er direkt zu ihr herüber. Ohne ein Wort zu sagen, packte er Elli an der Hand und zog sie auf die mittlerweile halbleere Tanzfläche. Gemeinsam legten sie eine heiße Sohle aufs Parkett. Es war, als hätten die beiden die zweite Runde eingeläutet und im Nu füllte sich der Raum von Neuem. Liese schlenderte hinüber zu Ralf, der mit Heiner am Ofen stand und diskutierte. Sie gab ihm einen Kuss und zu verstehen, dass auch sie nochmal tanzen wollte. Dann kamen Björn und Marlene, Rino, Sarah und Seni und die Bude brannte wieder. Der einzige, der fehlte, war Aron. Er tanzte noch immer verträumt im Kabuff und wartete darauf, dass Elli mit den ersehnten Bieren zurückkkam.

Als er aber nach einer guten halben Stunde fast allein war, machte er sich auf die Suche nach seiner Herzensdame. Das Tanzen hatte ihm selten so viel Spaß bereitet wie an diesem Abend. Nach einem kurzen Stopp an der Bar ging es mit einer frischen Hülse bewaffnet und voller Vorfreude auf die Tanzfläche. Doch gerade als er sich an Liese und Ralf vorbei in die Mitte des Gedränges mogelte, sah er aus dem Augenwinkel, wie Elli zügigen Schrittes Richtung Gang lief. Leicht beunruhigt folgte er ihr, nur um mit ansehen zu müssen, wie Martin sie im Flur energisch gegen die Wand drückte und heftig zu küssen begann. Wie angewurzelt blieb er stehen. Natürlich wusste er, dass Elli was mit Martin hatte, aber als er die beiden knutschend sah, zog es ihm einfach den Boden unter den Füßen weg. Nach einer Minute des Starrens kam er langsam wieder zu sich. Elli und Martin waren längst aus dem Hausflur verschwunden, dafür stand Heiner nun neben ihm.

»Hmm … ist schon 'n verdammt heißes Schnittchen, die Elli, wa?«

Doch Aron war noch immer nicht in der Lage zu sprechen. Heiner legte den Arm um seine Schulter und führte ihn langsam aber sicher wieder zurück zur Tanzfläche.

Chapter Fourteen

A Lover's Question

Clyde McPhatter

Als Elli das Gelb-Grau-Braun des kunstlichtgefluteten Trottoirs hinter sich und die kalte neblige Wolke des Spätherbsts draußen ließ, um über die drei Stufen die Türschwelle der *Vleischerei* zu durchschreiten, saß Liese bereits an dem runden Tisch gleich vorne rechts. Sie hatte ihre Daunenjacke über den Stuhl geworfen, die Beine verschränkt und eine Tasse Kaffee vor sich. Das Konterfei Helmut Schmidts auf dem Cover des nicht mehr ganz aktuellen SPIEGEL verdeckte ihr Gesicht, und in ihrer rechten Hand hielt sie, quasi im Gedenken an den Hamburger Jung, eine fertig gerollte Kippe. Elli warf ihren Mantel über den Stuhl, bevor sie zum Tresen lief und einen Vöner mit Currysoße und ohne Zwiebeln bestellte. Dann schlenderte sie zurück und setzte sich zu Liese, die immer noch in ihren Artikel vertieft war.

»Na, wie geht's uns denn heute?«

Liese legte den SPIEGEL beiseite.

»Gut. Und selbst?«

»Bestens.«

»Kann ich mir mal eine drehen? Hab den Tabak zu Hause liegen lassen.«

Liese griff in ihre Jacke und legte die lederne Tasche auf den Tisch. Elli kramte Papers und Filter heraus und begann, sich eine zu rollen.

»Na, was hast'n gestern noch so getrieben?«

Liese antwortete gelangweilt.

»Ach, ich hab erst schön mit Ralf gefrühstückt, der ist dann ins *No Limit* zum Bouldern und ich hab mich mal wieder an meine Doktorarbeit gesetzt. Drei Kreuze, wenn ich damit durch bin. Abends haben wir schön gekocht, Filmchen geguckt, gekuschelt und dann sind wir beide eingepennt. Warst du gestern Abend nochmal weg?«

Elli leckte genüsslich über die Klebefläche des hauchdünnen, fast transparenten OCB-Papers.
»Nee. War auch durch gestern Abend.«

»Was denn mit dir los? Bist du krank? Never-ending-Party-Elli legt sich Samstagabend ins Bett und schläft? Jetzt schlägt's dreizehn!«

»Was soll das denn heißen? Jetzt mach mal halblang! Erstens hab ich mich nicht ins Bett gelegt und geschlafen, sondern auf den Schreibtisch und gevögelt, und zweitens, was ist denn so schlimm daran, wenn ich mal *mellow* mach?«

Lieses Zeigefinger schnellte nach vorn.
»Ahh … mit Aron oder mit Martin?«

»Na, mit Martin natürlich.«

»Dem armen Aron hast du am Freitag ganz schön eine verpasst, das weißt du schon? Als du mit Martin abgedampft bist, hat's den völlig erledigt. Haste wenigstens 'n bisschen schlechtes Gewissen?«

Elli schaute verlegen auf die fertig gerollte Kippe.
»Wollen wir vielleicht noch schnell eine pappen, bevor das Essen kommt?«

Liese nickte und die beiden warfen sich ihre Jacken über und gingen vor die Tür. Etwas verlegen griff Elli das Thema wieder auf.
»Ach Mensch, das war blöd gelaufen. Tut mir schon irgendwie auch leid jetzt die Nummer. Martin hatte eigentlich gesagt, dass er das Wochenende arbeiten muss und gar nicht in Leipzig ist. Hast du Feuer?«

Liese zündete ihre eigene Kippe an, bevor sie Elli das Feuerzeug in die Hand drückte.

»Ja, hier. Ach, und da haste dir gedacht, starteste mal mit Aron an, bevor den ganzen Abend gar nichts geht?«

Elli nahm einen tiefen Zug.

»Na ja, ist halt an dem Abend irgendwie so gekommen. Ich meine, anstarten ist vielleicht 'n bisschen übertrieben. Wir haben geflirtet und getanzt. Wir haben weder geküsst noch sonst was und dann kam Martin halt doch. Er wollte mich überraschen.«

»Was ihm ja auch gelungen ist.«

»Jap ... und war auch echt süß. Er hat sich zum ersten Mal das ganze Wochenende für uns freigenommen!«

Liese zog die Augenbrauen hoch.

»Und da kannste noch laufen?«

Elli schmunzelte.

»Bin mit der Bahn gefahren ... Wir haben das Wochenende bei ihm in der Südvorstadt verbracht.«

Liese schüttelte den Kopf.

»Ich find das scheiße mit Aron. Das kannste mit dem einfach nicht machen. Der is' bis über beide Ohren in dich verliebt!«

»Ich weiß, und ich find ihn ja auch süß.«

»Du spielst einfach nur mit ihm. Das is doch scheiße!«

Elli zuckte mit den Schultern.

»Hmm ... Na ja, ganz *pc* ist es nicht, da geb ich dir recht, aber es macht mich tierisch an.«

»Elli! Verfluchte Axt! Kannst du dich nicht ein einziges Mal zusammenreißen? Der Junge sitzt jetzt zu Hause und weint, nur damit du deinen Spaß hast!«

»Ach, Liese, das stimmt so auch nicht und das weißt du ganz genau. Er sitzt jetzt zu Hause und weint, weil er von sich und dem Leben enttäuscht ist. Er hätte sich doch auch mit jemand anderem vergnügen können, am Freitag aber hat er sich mich ausgesucht. Pech gehabt!«

»Du hast ihn ausgesucht!«, zischte Liese dazwischen.

»Lass mich bitte ausreden! Er hat mich mindestens genauso ausgesucht wie ich ihn und das, obwohl er wusste, wie ich drauf bin. Er kann von mir aus enttäuscht sein, aber das ist nicht meine Schuld. Außerdem wird jede Träne, die jetzt über seine Wange rollt, in Glückshormonen aufgewogen, wenn wir doch nochmal zum Vögeln kommen. Mann, Liese, so ist das Leben halt. Manchmal weint man und manchmal lacht man!«

»Ich finde, du machst es dir ein bisschen einfach.«

»Und ich finde, er macht es sich unnötig kompliziert.«

Liese drückte ihre Kippe auf der Fensterbank aus.
»Komm, lass wieder reingehen. Das Essen steht schon aufm Tisch.«

Elli schnickte ihren Stummel erfolgreich in den Gulli Ecke Zschochersche und Karl-Heine, bevor die beiden sich wieder in die gute Stube begaben und an den gedeckten Tisch setzten. Liese biss in ihren Seitan-Burger, Elli in den Vöner und beide hielten die Klappe. Die *Vleischerei* war *der* hippe Veganladen in Plagwitz. Er war links, bezahlbar, Späti, köstlich und natürlich vleischfrei. Das Highlight waren die Soßen: Humusz, Remoulade, Kräuter, Chili, Knoblauch, Majo, Erdnüsz, BBQ, Curry, Keeese – und alle genauso köstlich eigenwillig wie ihre Schreibweise! Mit ziemlich vollem Mund, eine der hausgemachten Pommes nachschiebend, war es Elli, die das schmatzende Schweigen durchbrach.
»Und du hattest eine Unterredung mit Ralf?«

»Och, Elli, jetzt lenk doch nicht ab.«

»Wovon denn? Du hast einfach 'n Opferkomplex, liebe Liese. Wenn du willst, können wir uns die Woche nochmal Zeit nehmen und ausführlich über Aron reden. Okay? Wenn ich's mir so recht überlege, scheint das gar nicht so 'ne schlechte Idee, aber heute wolltest du doch mal ein bisschen von dir und deiner Beziehung berichten. Oder willste lieber über die strukturellen Veränderungen der neuronalen Verknüpfung bei Drosophila melancholiagaster unter Paarungsstress debattieren?«

Liese würgte den letzten Bissen Burger herunter.
»Nein, will ich nicht, und jetzt mal nicht so schnippisch, junge Dame! Gut, dann reden wir heute halt über mich, aber nur unter der Bedingung, dass wir uns Dienstagabend bei dir treffen und uns nochmal über Aron unterhalten.«

»Gut, Dienstagabend bei mir, und jetzt erzähl endlich.«

Liese schob den Teller beiseite und legte an seine Stelle die braune, lederne Tabaktasche. Während sie Elli mit einem Blick zu verstehen gab, dass sie sich die Frage verkneifen konnte und stattdessen lieber zugreifen sollte, begann sie zu reden.
»Also, ich hab ihm, gleich nachdem er wieder aus Dresden zurück war, erzählt, was zwischen uns beiden passiert ist.«

»Und?«

»Zuerst hat er geschmunzelt und sowas wie ›Die Elli kann ihre Finger aber auch nicht stillhalten‹ gesagt. Ich glaube, er fand die Vorstellung, dass wir zwei beiden kuscheln und küssen, nicht ganz uninteressant.«

»Würde den meisten Männern wohl so gehen.«

Liese nickte.
»Mag sein. Ich hab ihm gesagt, dass wir seitdem nicht weiter intim geworden sind und dass ich selbst auch gar nicht so recht weiß, ob ich das will. Dann hab ich ihn gefragt, was er davon hält.«

»Und?«

Liese und Elli leckten beinahe gleichzeitig in umgekehrter Richtung über die Klebefläche ihrer Papers. Quasi spiegelsynchron.

»Er hat gesagt, dass er da prinzipiell nichts dagegen hat, aber gerne nochmal in Ruhe drüber nachdenken würde. Letzten Donnerstag dann saßen wir abends bei einem Glas Rotwein zusammen und kamen nochmal auf das Thema zu sprechen.«

»Lass mich raten: Er hat gefragt, ob er mitmachen kann?!«

»Nee, ganz anders. Zuerst hat er gesagt, dass er mich verstehen kann und dass er wie gesagt im Prinzip nichts dagegen hat, solange wir offen drüber reden und ich mich bereit erkläre, sofort aufzuhören, wenn es ihm zu bunt wird.«

Elli stocherte mit dem Strohhalm in ihrer Rhabarberbrause.
»Das klingt erstmal ganz fair.«

»Ja, pass auf, und dann hat er gesagt, dass er lange darüber nachgedacht hat und dass, wenn er ganz ehrlich ist, er auch Fantasien hat, die er gerne *ohne mich* ausleben würde.«

»Klingt auch verständlich.«

Liese steckte den Tabak wieder ein.
»Für dich vielleicht! Ich hab 'n Riesenschock bekommen. Da hatte ich im Leben nicht dran gedacht!«

»Was denn für Fantasien?«

»Das hab ich mich natürlich auch gleich gefragt, aber damit wollte er nicht so richtig rausrücken. Er hat gesagt, dass das ja erstmal keine Rolle spielt, sondern dass wir vordergründig klären müssten, in was für einer Art Beziehung wir leben und leben wollen.«

Elli zog sich den Mantel über.
»Recht hat er! Komm, lass mal eine rauchen gehen.«

Die beiden verließen erneut den Laden und lehnten sich an die bemalte Hauswand.

»Mann, Elli, jetzt bin ich die, die Schiss hat. Was, wenn er mit anderen Frauen schlafen will? Am besten noch, weil er das Gefühl hat, mit mir seine Fantasien nicht ausleben zu können.«

»Auch nur normal.«

»Und wenn er sich dabei verliebt? Unser Sexleben war eh ein bisschen eingeschlafen.«

Elli schmunzelte.
»Könnte passieren.«

»Fuck, aber das will ich nicht! Ich hab lieber 'ne monogame Beziehung mit einem halbbefriedigten Mann als was Offenes mit 'nem vollbefriedigten, den ich dann teilen muss. Außerdem wollen wir doch auch Family und Kids. Wie soll das denn bitte funktionieren?«

»Als Erstes musst du mal rauskriegen, was seine Fantasien sind. Vielleicht hast du ja da auch Bock drauf und dann ist doch alles halb so wild.«

Liese zog so stark an der Zigarette, dass es knisterte.
»Ich hab einfach tierisch Schiss, dass, wenn ich jetzt den ersten Schritt mach …«

»Hast du eh schon …«

»Hab ich nicht!«

Elli fuhr zärtlich mit dem Zeigefinger über Lieses Jacke.
»Doch, wir haben geknutscht und gefummelt und es hat tierisch Spaß gemacht.«

»Aber das war quasi aus Versehen!«

»So so.«

Lieses Stimme zitterte.

»Mann, Elli, aber wenn wir jetzt auf mein Verlangen hin die Beziehung öffnen, dann hab ich einfach Schiss, dass ich die Geister nicht mehr los werd, die ich selbst gerufen hab.«

»Laaangweilig!«

»Ich bin halt nicht so tough wie du und es ist für mich das erste Mal, dass ich ernsthaft damit konfrontiert bin. Ich dachte immer, so 'n Hippiescheiß kommt mir gar nicht erst in die Tüte!«

Elli schaut ernst.

»Mensch, Liese! Jetzt beruhig dich doch erstmal. Zwischen freier Liebe und Monogamie gibt es doch auch noch 'ne ganze Reihe anderer moderner Beziehungsmodelle. Ihr könntet es doch auch mal mit Swingen probieren. Die Szene ist groß hier und so wärest du wenigstens dabei und es wäre auf feste Termine und Partys begrenzt. Vielleicht macht es dir ja am Ende auch Spaß, ihn zu beobachten, wie er 'ne andere vögelt.«

»Das ist ja genau der Punkt. Was mich am meisten beunruhigt hat, ist, dass es so rüberkam, als lege er Wert auf Fantasien ohne mich. Er hat auch nicht mit einer Silbe erwähnt, dass er Interesse hätte, uns beiden beizuwohnen. Ach, Mann, da ist man mit jemandem fünf Jahre zusammen und dann entdeckt man plötzlich, dass man gar nicht so recht weiß, wer das eigentlich ist.«

Elli zog ein letztes Mal an ihrer Kippe.

»Das ist doch jetzt auch albern. Sexuelle Fantasien entwickeln sich im Leben genauso permanent weiter wie alles andere. Vielleicht ist sie ihm ja tatsächlich erst vor Kurzem gekommen. Vielleicht sogar erst, nachdem du ihm von deinem … äh … unserem Erlebnis berichtet hast und er sich mal die Zeit genommen hat, drüber nachzudenken.«

»Hätten wir zwei nur die Finger voneinander gelassen!«

»Aber bist du denn gar nicht froh, dass er dir die Möglichkeit gibt, dich auszuprobieren?«

Liese schüttelte den Kopf.

»Ehrlich gesagt, nein. Irgendwie ist meine Angst gerade stärker als meine Neugier. Es fühlt sich so an, als gäbe es mehr zu verlieren als zu gewinnen. Ach, Mann, ist scheiße kalt hier draußen.«

»Ja, außerdem ist es auch schon kurz nach sieben. Kommst du noch mit zu mir, Tatort gucken?«

»Ja, aber nur, damit du nicht allein mir Aron bist. Eigentlich wollt ich heute mit Ralf gemütlich zu Hause schauen.«

Elli schlenderte zu ihrem Drahtesel.

»Ruf ihn doch an und frag, ob er auch noch rumkommt.«

Liese holte ihr Telefon aus der Jackentasche.

»Hmm … glaub zwar nicht, dass der Bock hat, aber Fragen kost ja nix.«

Chapter Fifteen

Morning Sun

Melody Gardot

Vier Tage später im Königreich Mohammeds des VI. war Hanno gerade aufgestanden. Die aufgehende Sonne lachte ihm ins Gesicht und nachdem er sich die Zähne geputzt hatte, rollte er die Yogamatte aus. Seitdem er den afrikanischen Kontinent betreten hatte, war er nicht mehr feiern gewesen. Wenngleich es ihm nicht gerade leichtgefallen war, hatte er das Rauchen aufgegeben und weder gekifft noch gesoffen. Das hatte sich, die ersten Tage mal ausgenommen, im Allgemeinen überaus positiv auf seinen Gemütszustand ausgewirkt.

Über die letzten Wochen hatte sich ein täglicher Rhythmus in sein Leben geschlichen und er genoss dies sehr. Hanno begann die Tage mit ein paar Yogaübungen, dann ging er surfen, was immer unterschiedlich lange dauerte. Neben Swell und Wind war es vor allem die Gezeit, die die Gehzeit beeinflusste. Bei kleinen Wellen oder High Tide am Morgen musste er mit dem Bus nach Tamri oder Anza. Die Fahrt dauerte ungefähr dreißig Minuten und das Warten auf den Bus nochmal genauso lange, dazu kamen dann zwei Stunden Surfen und wieder dreißig Minuten mit dem Bus zurück. Unter diesen Umständen war er oft den ganzen Vormittag unterwegs. Wenn aber wie heute Low Tide am Morgen war und genügend Swell, dann konnte er *Anchors, Mysteries* oder *Killers* surfen und war oft schon um elf wieder zurück im Apartment. Nach dem Surf gab's Frühstück oder Spätstück, je nachdem. Von eins bis drei widmete er sich dann der Kunst. Er fertigte Skizzen an, arbeitete an Bildern oder Rahmen. Von drei bis vier gab es Mittag und von vier bis fünf widmete er sich nochmals der Kunst. Von fünf bis Sonnenuntergang ging er surfen und danach gab's Abendbrot. Nach dem Abendbrot las er ein wenig, lauschte Hörbüchern oder schaute Dokus. Meist war er nach einer Stunde so müde, dass er einschlief. Sein Tagesrhythmus jedoch war kein fester Stundenplan, den er jeden Tag streng einhielt. Es war vielmehr ein Ablauf, der sich über die letzten Wochen ergeben hatte und praktisch war. Wenngleich er darauf achtete, seinen Fokus auf das Surfen als Mittel und die Kunst als Zweck nicht zu verlieren, so schaute er doch nicht auf die Uhr, wenn Omar ihn auf einen Tee einlud oder er ein interessantes Gespräch mit Adil, dem Hostel-Besitzer, beim Mittag führte. Gerne ließ er sich auf einen Small Talk ein, wenn er vom Surfen zurückkam und durch die engen Gassen Taghazouts zu seinem Apartment schlenderte. Da die Straßenhändler, Restaurantbesitzer und *hostel owner* den ruhigen, eigenbrötlerischen, aber sehr liebenswürdigen Mitteleuropäer mittlerweile alle kannten und mochten, mangelte es ihm auch nicht an Gelegenheiten zum Schnacken. Hanno wurde von der Dorfgemeinschaft anerkannt und hatte sich zu einem festen Bestandteil des Straßenbildes entwickelt. Er genoss es, die Freiheit zu haben, seinen Tag gestalten zu können, wie er wollte. Seine allgemeine Zufriedenheit und der stabile Rhythmus gaben ihm Sicherheit und motivierten ihn, weiter an seinen Kunstprojekten zu arbeiten. Dass er in der Zwischenzeit tatsächlich einige Projekte realisiert hatte, gab ihm wiederum mehr Selbstvertrauen. Vielleicht war das auch der Grund, weshalb er in letzter Zeit keine Panikattacken mehr gehabt hatte. Ganz sicher half ihm das Yoga, auf andere Gedanken zu kommen und sofort was zu tun zu haben.

Hanno war gerade mit seinen morgendlichen Übungen fertig und griff fröhlich pfeifend nach der kleinen silberglänzenden Edelstahlkanne, die oben auf dem Küchenregal ihren Platz hatte. Er riss drei frische Triebe aus dem grünen Minzebündel, das in einer Vase auf dem Kühlschrank stand, und steckte sie in die funkelnde Teekanne. Dann füllte er sie mit Trinkwasser und stellte die Kanne auf den blechernen Gaskocher. Während das Wasser dem Siedepunkt entgegeneiferte, schlenderte Hanno hinaus auf die Terrasse, auf der sein neuestes Projekt die gesamte Fläche ausfüllte. Aber nicht nur hier herrschte kreatives Chaos. Eigentlich lebte er in einem »Apartelier«, denn natürlich waren die Spuren seines künstlerischen Schaffens über die gesamte Wohnfläche verteilt und die Räumlichkeiten glichen mittlerweile mehr Werkstätten als einer Ferienbehausung. Im Schlafraum hatte er sein Zeichen- und Skizzenstudio. Stifte, Blöcke und Zettel bedeckten gleichmäßig den Boden, den Nachttischschrank und sogar das Bett. Nur eine Ecke des gelben Zimmers war kunstfrei. Hier lehnten die Surfbretter am Klamottenregal. Der Wohnraum war

Fotolabor, Öl-, Acryl-, Aquarellstation und Computerland in einem. Neben Pinseln und leeren Farbdosen, einer selbst zusammengenagelten Staffelei, seinem Laptop und der Cam standen in einer Ecke die vollendeten Leinwände. Es waren alles Werke seiner Werke seiner Werke. Sein Konzept bestand darin, eine interessante Perspektive auf alltägliche Dinge zu finden und diese dann schrittweise künstlerisch zu abstrahieren. Alles hatte mit verschiedenen Rahmen begonnen, die er in den letzten Wochen aus Strandgut gebaut und in und um Taghazout aufgehängt hatte. Immer so, dass sie ein bestimmtes Gebäude, einen Baum oder einen Landschaftsausschnitt, der ihm besonders gefiel, einfingen. Vom Gehweg aus konnte man durch die meisten der hölzernen Bildfassungen direkt auf das jeweilige Motiv blicken. Bei zwei Rahmen, die er an komplizierteren Stellen platziert hatte und bei denen nicht sofort offensichtlich war, wie sie funktionierten, hatte er mit einem Kreuz in entsprechender Entfernung den Standpunkt des Betrachters markiert. Er hatte das Projekt *Die umrahmte Reflexion ästhetischer Erfahrungen des Alltags* getauft. Von diesen Installationen hatte er Fotos und Skizzen gemacht, aus den Skizzen und Fotos wiederum teils recht abstrakte Ölgemälde und aus allen Werken zusammen digitale Collagen, die er auf Instagram veröffentlichte.

Auf der Dachterrasse war die Kunstschreinerei des »Aparteliers« eingerichtet. In der Mitte der Freiluftfläche lagen vier lange Balken, von Sonne und Salzwasser gegerbt. Aus ihnen wollte er einen zweieinhalb mal anderthalb Meter großen Rahmen zimmern. Drumherum verteilt lagen Strandgut und Werkzeug, eine Axt, alte Fischernetze, ein Messer, Glas- und Kachelscherben, Stechbeitel, Muscheln, eine Schere, getrocknete Algen und Korallen, Strick, Draht, Kleber, Polyester und eine Glasfasermatte, aber vor allem Plastikmüll: Tüten, Deckel, Kanister, Flaschen, Folien, Verpackungen, Spielzeug, Schnipsel, Krümel und farbige Plastikbruchstücke aller Art.

Hanno lehnte am Geländer. Sein Blick glitt über das eigene Chaos hinaus auf die Dächer der umliegenden Häuser und hinunter zum *Hashpoint*. Die Tide war *low*, doch ein gutes Dutzend Kooks paddelte in den Closeouts der mickrigen Wellen umher. Dass ein Spot namens *Hashpoint* nur auf High Tide funktionierte, war ja wohl so klar wie Kloßbrühe. Die übermotivierten Touristen aber schienen davon unbeirrt. Auch bei *Anchors* und *Panoramas* sah es nicht besser aus. Hanno kratzte sich verschlafen am Sack, bevor ihn der Geruch der frischen Minze dazu bewegte, zurück in die Küche zu gehen und die Kanne vom rostblauen Kocher zu nehmen. Auf den Neun-Sekunden-Wind-Swell aus drei verschiedenen Richtungen konnte er getrost verzichten.

Mit einem frischen Glas Tee bewaffnet, hockte er sich vor das Chaos. Er konnte es kaum noch erwarten, es endlich fertigzustellen. Denn diese hölzerne Fassung war für ein ganz besonders berührendes Werk gedacht. Hanno hatte nämlich gestern einen toten Delfin auf dem Strandabschnitt zwischen *Mysteries* und *Anchor Point* gefunden. Der Kadaver hatte keine Flossen mehr. Vermutlich war er einem der großen ausländischen Trawler ins Netz gegangen, die vor der Küste Marokkos mit ihren riesigen Schleppnetzen patrouillierten und den einheimischen Fischern mit ihren kleinen blauen Holzkähnen das Geschäft vermiesten. Beifang auf der Jagd nach Thunfisch. Für nichts und wieder nichts elendig verreckt. Dann hatten die Schweine ihm bestimmt die kostbaren Flossen abgeschnitten und den wertlosen Kadaver zurück ins Meer geworfen. Wie es der Zufall wollte, wurde er hier angespült, und jetzt lag er da in der prallen Sonne, die Haut bis zum Bersten gespannt, als ob er jeden Moment explodieren würde. Die Brutalität, mit der der Mensch in die Natur eingriff, die Rücksichtslosigkeit anderen, offensichtlich intelligenten Spezies gegenüber, der Irrsinn der industriellen Fischerei, die Umweltverschmutzung, all das sollte umrahmt und so unterstrichen werden. Hanno wollte, dass die Menschen sich eine Sekunde Zeit nahmen, um den Wahnsinn zu erkennen.

Genüsslich schlürfte er sein Glas Tee und hielt verschiedenes Strandgut an die Treibholzbalken, um auszusuchen, welche Teile aus seiner umfangreichen Sammlung er wo am Rahmen befestigen wollte. Und während die silberne Kanne sich Schlürf um Schürf leerte, füllte sich langsam aber sicher die hölzerne Fassung des Todes.

Chapter Sixteen

I Will Survive

Gloria Gaynor

Am folgenden Tag, ganz im Norden des *Golden State*, ließ sich die Sonne nicht blicken. Die triefend nasse Landschaft war in dichten Nebel gehüllt, so dicht, man hätte meinen können, nicht mal Goethe war Dichter.

Der Morgen quälte sich ins Bewusstsein der Anwesenden, langsam aber sicher. Alle saßen um den hölzernen Küchentisch. Alle, außer Kevin. Der feuerte den kleinen schwarzen Blechofen an, während Paul ein Streichholz an den zweiten Joint des Tages hielt. Die Girls aßen Frühstück und das allmorgendliche Meeting begann. Paul nahm ein paar tiefe Züge, bevor er den Gorilla Finger in die Runde reichte.

»Tim called me. They need help. They've had over 900 entrees this year, and everything goes through the lab for testing on potency, pesticides, and microbial contamination. The whole nine yards man. The Cup is going to be nuts. Do you want to come with me?«

Der Joint hatte Kevin im selben Moment erreicht wie Pauls Angebot. Da konnte er natürlich nicht Nein sagen, und zwar weder zum einen noch zum anderen. *The Emerald Cup* war das Highlight des Jahres. Aus einer Veranstaltung mit ein paar Freunden und einer Handvoll Gras hatte Tim Blake den größten und bedeutendsten Cannabis-Contest der Welt gemacht. Seriös, professionell und authentisch. Wer hier gewann, hatte einen Namen und zwar über die Grenzen des *Golden State* hinaus.

»Hell yeah! I'll come with you. Can't let Tim down. Even though I have no fucking clue why he's going through all that trouble. Our pot is going to win hands down.«

Paul lachte laut.

»Dead right! Dead right! But they need to figure out who's going to come in second and third place!«

Er schaute hinüber zu Amanda, die bereits alles für die Trim-Girls vorbereitete.

»You'll be alright today without out us? Right?«

»Did you hear that, girls? Sounds like we'll be in heaven today!«

»Fuck yeah!«
»Yippie!«
»Yahoo!«
»Get them out of here!«

Lena meldete sich schüchtern zu Wort.

»Since I'm off today, I'll head up to Eureka. Get a massage and relax a bit.«

Paul nickte.

»Sure, why not?«

Amanda schaltete sich ein.

»Would you mind doing a Costco-run while you are up there? We are almost out of stock.«

Lena zögerte und Paul griff ein.

»Well, that's your job, Amanda.«

Amanda zuckte die Achseln.

»Easy! No worries. I was just thinking that if she goes to Eureka anyway, it might not be a problem for her. We really need some stuff.«

Lena schaute sie verlegen an.

»Well, I mean … sure …«

»No, no, no«, unterbrach sie Paul.

»Amanda, you are the mom! You take care of the shopping. Lena doesn't really look like she wants to do it. And it's none of her business.«

Er drehte den Kopf zu Lena.

»You should enjoy your day off. People get crazy out here if they don't take some time for themselves every now and then. Amanda's shopping day is tomorrow anyway. The girls will be fine until then, right?«

Dann schaute er fragend in die Runde.

»Sure!«

»Easy!«

»No problem!«

»I'll just eat hummus.«

Der Joint war wieder bei Paul angekommen.

»Okay! Are you ready?«

Er blickte zu Kevin, der mittlerweile neben Lena Platz genommen hatte.

»We need to head out right away. Tim is waiting!«

Kevin kratzte sich am Bart.

»Alright. I need to get a few things from my tree house. I'll be ready in five. How about you, honey?«

Lena stand auf.

»Yeah, need some things too. So let's head down there together real quick.«

Paul schnappte sich das Einweckglas und den Grinder, der vor ihm auf dem Tisch stand.

»Okay! I'll roll one for the road. Hurry up!«

***

Jennifer steckte ihre harzverschmierte Schere in das Glas mit 80-pro-zentigem Alkohol, das mitten auf dem Tisch stand.
»Fuck, I forgot totally about it! How was your date yesterday?«

Tiffany schaute sie enttäuscht an.
»Ugh! He was good lookin', but that was it!«

Melissa mischte sich begeistert ein.
»Ah, come on! Don't talk no bullshit. Did you get laid?«

Tiffany zog die Augenbrauen an.
»Well, kind of.«

Alle begannen zu singen.
»Tiffany got laid! Mhm. Yes she did, yes she did!«
»Nice!«
»Yes! He is so cute!«
»Fuck yeah.«

Tiffany schmiss entnervt den gerade fertig getrimmten Bud in die kleine Plastikschüssel vor ihr.
»Yes, but it was horrible!«

»What?«
»Why?«
»What was wrong?«
»Ah, he couldn't kiss. Right?«

Für einen Moment standen alle Scheren still.
»Everything was wrong! We had dinner and he was just talking about his bros the whole fucking time about how cool their garden is and what not! Literally all dinner long! He didn't ask me a single question about myself!«

»So annoying!«
»How rude!«

»Asshole!«
»And then?«

Tiffany schaute in die Runde.
»Then we started making out in his car on the way back home.
We stopped at the beach. I mean he was ripped and kind of cute.«

»Fuck yeah! He is so cute!«
»Love his beard.«
»And did you see his tattoos last time?«
»Fucking awesome!«

Sie grinste verlegen.
»I was so horny!«

»Haha, all wet or what?«
»Here we go!«
»Camp snail trail!«
»Yes. Yeah!«

Tiffany streckte die Zunge heraus, soweit sie konnte.
»He kissed like a fucking pit bull! His tongue was all over the
place! And then he ate out my pussy. It was so bad. Goddamn it!
Some dudes just don't get it!«

Unter die betretenen Mienen mischte sich Gelächter.
»So disgusting!«
»Yup, most of them have no fucking clue!«
»That's why I prefer girls!«
»Yes, they are so much better!«

»I had to tell him to calm down three times.«

Ihr kleiner Finger, der Ring- und der Stinkefinger waren abgespreizt
und gestikulierten wild durch die Luft.
»But he kept going. So I thought I better take over!«

»Did you suck his dick?«

»I love sucking dick.«
»Me too!«
»I hate it.«

Tiffany schüttelte den Kopf.
»Not really. Didn't get to it! Guess what?«

»He didn't like it?«
»Haha! Good joke! They all like it!«
»He came right away?«
»How long before he came?«

»About five seconds. I am not even fucking kidding. I started licking his balls. Wasn't even sucking yet, and boom!«

Sie schlug mit der Faust auf den Tisch.
»What a loser!«
»Yeah!«
»You should date girls.«
»Sooo much better!«

»It was so awkward! He came all over my face and was so proud! He was so fucking full of himself!«

»What a douchebag!«
»I kind of like cum all over my face though…«
»Awe, but not like that!«
»And then?«

»I got out of his fucking car, went over to mine and drove home. And that was it.«

***

»I am starting to hate her. Fucking bitch! *Oh no, it's my day off!* Why can't she go to fucking Costco while she is up in Eureka anyway?! And Paul always defends her.«

Die Girls saßen am Tisch. Die Scheren klapperten und in den Turkey-Bags neben ihren Stühlen sammelten sich die perfekt geshapeten Buds. Im Radio lief *Democracy Now* und aus dem Morgen war Mittag geworden. Amanda stand in der Küche am Herd und hatte aus den kümmerlichen Resten im Kühlschrank einen Salat gezaubert. Dazu gab es Veggie-Burger. Sie hatte sich in Rage gekocht. Lena war ihr schon lange ein Dorn im Auge.

»I don't know why Kevin is so crazy about her. Arrogant little bitch! Never smokes weed and always gets a special treatment!«

Sara schaute auf.

»True. I did stop by Costco to get a couple of things last week, too. I don't know what her problem is.«

Amanda hackte mit dem Messer durch die Paprika.

»Guess she just trying to be a fuckin' bitch!«

»Ah, come on!«, meldete sich Amy zu Wort.

»Don't be so hard on her. It's her first day off in three weeks. Maybe she just wanted to chill out a bit and Paul is right. It is your job to go shopping.«

Amanda zog eine Schnute.

»You are just in love with her.«

Amy grinste verschmitzt.

»She is cute for sure!«

Der Paprika lag jetzt in kleinen Würfeln vor Amanda.

»We could help each other out. You know. We are friends. Anyway, dinner is ready. C'mon girls, have a break.«

Sie verteilte die Würfel über die Salatschüsseln auf dem Tisch und alle versammelten sich in der Küche und langten zu.

***

Ein kurzer Tag ging zu Ende und die Sonne verschwand von der Bildfläche, ohne dass ein einziger Strahl durch den Nebel gedrungen war. Die Crew saß noch immer in der Küche und alle schnippelten fleißig am klebriggrünen Gold herum. Amanda begann, die Arbeit des Tages abzuwiegen und zu vakuumieren.

»I'll write her the list anyway and we'll see if she brings the stuff or not. Fucking bitch.«

»Sure, why not?«
»Easy!«
»I would love some yogurt!«
»Hmmm … and some kettle chips!«
»And hummus!«

Die Tür ging auf und Kevin betrat den Raum. Seine Augen waren klein und rot, seine Schritte langsam. Er schleppte sich zum Regal und schenkte sich einen dreifachen Whiskey ein.

»My fucking god! That was hard! We smoked so much pot! I tried 20 different kinds of weed.«

Jennifer fragte gespannt:
»And what was the best?«

Kevin antwortete zögerlich.
»They don't tell you the name or where it comes from—everything's top secret! Just numbers on the packages.«

Tiffany grinste.
»Ah. So the judges can't cheat!«

Kevin versuchte, zu nicken.

»Exactly! But I had some stuff and it tasted like cherry pie with a glass of ice cold limeade! Amazing though! Topped it all! I mean our shit is good, but that stuff … holy shit! So tasty! And the high was so smooth! Just fuckin' loving it. What are you guys up to?«

Amanda setzte sich neben Kevin auf die Couch und goss sich ebenfalls einen ordentlichen Schluck Whiskey ein.

»I packaged everything, we cleaned up and that was it for today! How about you?«

»I'm going down to the tree house to chill hard. I am so tired.«

Kevin stürzte das Glas Whiskey in einem Zug hinunter, stand auf und ging genauso schwankend zur Tür hinaus, wie er hereingekommen war. Amanda zückte ihr Telefon und sendete die Liste mit den benötigten Lebensmitteln an Lena, bevor sie das restliche Gras vakuumierte. Die Girls waren fertig für heute und verabschiedeten sich ungewöhnlich zeitig ins Bett. Amanda räumte die Küche auf und bereitete alles für den morgigen Tag vor, als Kevin auf einmal wieder in der Tür stand.

»Fuck! I forgot to go down to the rooms. I need to check on the moms, spray some nematodes, put out some yellow cards. Goddamn it!«

Er kramte eine Packung Nematoden aus dem Kühlschrank. Die winzigen Fadenwürmer waren Bestandteil des organischen Pestmanagements und mussten in regelmäßigen Abständen in die Blumentöpfe eingewässert werden. Zusammen mit den klebrigen gelben Karten bildeten sie einen zuverlässigen Schutz gegen Trauermücken. Amanda schaute ihn mitleidig an.

»Should I come and help you? I'm done here, and it'll be quicker if we do it together.«

»Yeah why not. I am so tired and could use the help.«

Die Kühlschranktür flog zu.

»I'll take the bike. You want a ride?«

»Sure.«

Amanda setzte sich hinter Kevin auf die rote Honda. Weil die Fußrasten für den Mitfahrer fehlten, schlang sie ihre Beine um seine Hüfte und setzte die Füße auf den Tank auf. Dann legte sie ihre zarten Hände auf seine Brust, und sie donnerten über den nassen Schotter davon. Die braunen Locken wehten im kühlen Wind und sie achtete darauf, Kevin gelegentlich mit ihren prallen Brüsten vorsichtig am Rücken zu berühren.

Die fünf Natriumdampflampen an der Decke verwandelten den kleinen Schuppen in ein tropisches Paradies. Es war schwülwarm und unglaublich grell hinter den vier Wänden ohne Fenster. Kevin und Amanda pellten sich aus den dicken Regenjacken und -hosen, während ihnen der Schweiß von der Stirn lief. Amanda kniete sich auf den Boden und begann, die verbrauchten gelben Karten von den Blumentöpfen aufzusammeln. Sie bewegte sich wie eine Raubkatze durch den Dschungel. Kevin sah sofort, dass sie unter dem leichten Kleidchen keine Unterwäsche trug. Er folgte ihr durch das Dickicht der Pflanzen, während er, so aufmerksam er jetzt noch konnte, nach Auffälligkeiten Ausschau hielt. Er inspizierte die Blätter auf Spinnmilben, Mehltau und Rostpilzbefall. Plötzlich hielt ihm Amanda eine der gelben Karten hin.

»Look at that!«

Kevin schlug mit der Faust gegen die Wand.

»Fuck! These little bastards! It even gets worse. We need to spray heavy today. And we have spider mites too!«

Er knipste eines der infizierten Blätter ab. Mit einer Hand stützte er sich an der Wand ab. Dann beugte er sich hinab, bis seine Lippen fast ihren Nacken berührten. Vorsichtig strich er mit dem Blatt in der Hand über ihre Schultern und hielt es genau vor ihre Augen.

»Can you see the little white spots? That's the damage«, flüsterte er ihr ins Ohr. Dann wendete er ruckzuck das Blatt.

»And look here: They sit underneath the leaves. Do you see all those little black dots?«

Amanda nickte, ohne das Blatt zu betrachten und bog ihren Rücken

weit durch. Kevin lief das Wasser im Mund zusammen.
»That's the mites. Little suckers.«

Er zückte sein Telefon und tippte darauf herum.
»I'll order some predators for tomorrow. Today, we'll focus on the fungus gnats. Spray the nematodes and then water them in with clear fresh water«, erwiderte er energisch.

Erregt legte sie den Kopf in den Nacken und schlug die Augen zu ihm auf.
»Yes, Sir!«

Er hob die Augenbrauen an.
»Good girl. That's how I like it!«

»I know, Sir! I know!«

Er kniete sich hinter sie und fuhr mit seinen Fingerspitzen ihren Oberschenkel hinauf, um den leichten Stoff des Kleidchens aus dem Weg zu räumen. Als er auf das entblößte Hinterteil klatschte, fielen die fünf Blumentöpfe direkt neben ihnen um.
»Clean up the mess and get the old cards together before you come to the table. I'll prepare everything.«

Amanda biss sich auf die Lippen.
»Hmmm ...«

Es klatschte erneut.
»What? I can't hear you!«

Sie zuckte zusammen.
»Yes, Sir! Yes!«

»Good girl! I'll wait for you!«

Es klatschte noch einmal, bevor Kevin zum Tisch hinüberlief. Er zerschnitt die gelben Karten in kleine Vierecke und rührte die Nematodenlösung an. Amanda warf ihm durch das Dickicht immer wieder gierige Blicke zu. Aber er ignorierte sie. Als sie fertig war, kam sie auf allen Vieren auf ihn zugekrochen. Dann stützte sie sich auf seinen Oberschenkeln ab und rieb ihre klebrigen Finger über sein verschwitztes T-Shirt. Kevin tat entsetzt.

»What are you doing? You are a nasty little bitch!«

»My fingers were so messy, and I thought you should get rid of that shirt anyway!«

Sie stand auf und zog ihm in derselben Bewegung das Shirt über den Kopf. Kevin machte auf wütend. Er stand ebenfalls auf, griff nach ihren Armen und wickelte das Shirt einmal um ihre Handgelenke.

»You do what I tell you! You hear me?!«

»No, Sir! I do what I want. I am a bad girl!«

Mit einem Ruck befreite sie ihre Hände, packte ihn am Hosenbund und zog ihn zu sich heran. Kevin grinste.

»Yeah? I kind of like that.«

»You better.«

Sie schwang sich auf den weißen Tisch hinter ihm und umklammerte seine Hüften mit ihren Beinen. Dann biss sie ihm in die Brust und packte ihn am Schopf.

»Get the fuck down and eat my pussy!«

»That's a real bad girl, huh? I'll teach you some manners, little bitch!«

Er drückte ihren Oberkörper auf den Tisch und ging in die Knie. Dann schnappte er ihre Unterschenkel und presste sie auf ihre Brüste.

»Fuck, yeah! I love your pussy! Tastes so good.«

»Good boy. Keep on doing! Right there! Hmmm!«

Amanda kraulte durch seine Haare, während sie versuchte, ihren Oberkörper leicht anzuheben.

»Yes, that feels sooo good!«

Sie kratzte ihm mit ihren türkisfarben lackierten Fingernägeln über den Rücken.
»Don't stop. You hear me? Be a good boy and make me cum!«

Kevin hielt inne und klatschte einmal leicht auf ihre Klitoris. Sie zuckte zusammen und zog ihn mit einer Hand an den Haaren herbei, während die andere ausholte, um ihm eine kräftige Ohrfeige zu verpassen.
»Don't you fucking stop.«

Ihr Zeigefinger schnellte hoch.
»Be a good boy! Just once.«

Dann schob sie seinen kantigen Kopf mit dem Dreitagebart wieder zwischen ihre Beine. Kevin ließ seiner Zunge freien Lauf und Amanda begann, am ganzen Körper zu zucken. Sie verlor die Kontrolle und wurde lauter und lauter. Ein heftiger Orgasmus überkam sie. Gerade als sie über seinen ganzen Oberkörper squirtete, öffnete sich die Tür und Lena trat ein. Sie traute ihren Augen nicht. Kevin drehte sich zu ihr. Immer noch kniend und nicht nur vom Schweiß nass, fehlten auch ihm die Worte. Amanda begann laut zu lachen. Sie legte ihren Fuß zärtlich gegen seinen Kopf. Er drehte sich wieder zu ihr und sie schaute ihm verächtlich in die Augen. Dann versetzte sie ihm einen Stupser, gerade kräftig genug, dass er nach hinten kippte und gegen die Wand schlug. Wieder begann sie herzlich zu lachen. Sie stand auf, zog ihr Kleidchen zurecht, und während sie an Lena vorbei zur Tür lief, sagte sie halblaut:
»I like this cute little toy of yours! Well trained! Thanks for sharing, honey.«

Chapter Seventeen

Home

Edward Sharpe & The Magnetic Zeros

Einen Tag später, im grünen Herzen Deutschlands, saß Rob am selbstgezimmerten Zirbelkieferschreibtisch. Das Haus um ihn herum war klein. Knapp 60 Quadratmeter auf zwei Etagen. Die zwei Räume im Erdgeschoss hatten niedrige Decken und die Wände waren krumm und schief. Rob hatte das 300 Jahre alte Häuschen von seinem Großvater geerbt, mit Biene zusammen renoviert und den Dachboden ausgebaut. Es war gemütlich warm und er telefonierte noch, als Biene das Wohnzimmer betrat. Sie schaute auf die Uhr, bevor sie ihm einen Kuss auf die Stirn gab.

»Wir müssen gleich los zum Ultraschall«, flüsterte sie ihm ins Ohr.

»Sind Heike und Dieter. Nur noch eine Minute!«, antwortete er, während seine Hand das Mikro abdeckte.

Biene ging in die Küche, öffnete zuerst den Kühlschrank und dann das Glas mit eingelegten Maiskölbchen. Sie tunkte die sauren Partykolben in die Schale mit Hummus, bevor sie sie mit einem Mal verschlang.

»Ich will auch einen!«

Rob stand in der Tür, den Mund weit aufgerissen und die Augen verdreht.

»Du bist doch gar nicht schwanger!«, entgegnete Biene.

»Doch, wird 'n Elefant und der Rüssel guckt schon raus!«

»Hahaha!«

Rob grinste.

»Außerdem schmecken die einfach lecker. Da muss man ja nicht schwanger sein für.«

»Okay!«

Liebevoll schob Biene ihm einen der kleinen gelben Kölbchen mit Hummusüberzug in den Mund.
»Was haben Heike und Dieter gesagt?«

»Dass sie einen Anruf vom Bergführerbüro bekommen haben mit der Info, dass wir in den nächsten Tagen nochmal 'ne Schönwetterlage bekommen.«

»Und was meinst du?«

Rob runzelte die Stirn.
»Hab das Wetter gecheckt und sieht gut aus, aber irgendwie hab ich immer 'n mulmiges Gefühl dabei, mit Anfängern so spät im Jahr an den Berg zu gehen. Auf der anderen Seite würd ich es den beiden natürlich gönnen, wenn sie es dieses Jahr doch noch schaffen. Da haben sie sich doch so drauf gefreut und aller guten Dinge sind ja bekanntlich drei. Hab auch nochmal mit dem Büro telefoniert, und die haben gefragt, ob ich vorher noch an der Zugspitze anstoppen will. Für 'ne Junggesellentour am Jubiläumsgrat. Das heißt natürlich dann, dass ich spätestens morgen früh losmuss. Ach, und danach könnte ich noch zwei Eiskletterkurse dranhängen. Wenn ich will. Aber ich hab gesagt, ich red vorher erstmal mit dir darüber. Wäre ich halt dann nochmal drei Wochen unterwegs und ich war ja erst 'nen Monat weg. Hab irgendwie echt 'n schlechtes Gewissen, dich so lange hier alleine zu lassen.«

»Ach, halb so wild! Bin doch erst im vierten Monat. Das schaffe ich schon. Und wir brauchen das Geld. Jetzt müssen wir aber auch mal los, sonst wird's zu spät!«

Biene stellte das leere Glas beiseite und das Hummus wieder zurück in den Kühlschrank. Rob breitete die Arme aus.
»Na gut! Dann sag ich zu. Komm her, ich will dich drücken! Du bist echt die Beste!«

Die beiden umarmten sich.

»So, jetzt müssen wir aber wirklich los. Bin so froh, dass die mir 'nen Termin am Samstag einrichten konnten. Sonst hätte ich wieder 'nen Tag an der Uni verloren. Ich will auf keinen Fall zu spät kommen!«

Auf dem Weg durch die Kälte zum Auto fragte Rob beiläufig: »Mädchen oder Junge? Was denkst du?«

»Ist mir total Bohne. Unser Kind! Und hoffentlich ein glückliches. Das ist alles, was zählt. Wehe, du fragst beim Ultraschall!«

»Bist du gar nicht neugierig?«

Biene schüttelte den Kopf.
»Nö! Außerdem umgehen wir so die rosa oder hellblauen Strampler von deinen Eltern. Wenn keiner weiß, was es wird, können wir wenigstens die ersten Tage und Wochen den ganzen Genderkitsch vermeiden.«

»Jip! Da hast du recht. Eigentlich müsste ich dich heiraten. So pfiffig, wie du bist. Sonst rennst du mir noch irgendwann davon!«

»Niemals!«

Sie gab ihm einen Kuss, während der rostige Schlüssel in das ausgenudelte Zündschloss zuckelte. Dann manövrierte sie den mintgrünen T3 rückwärts durch das Tor auf die Dorfstraße. Rob stöpselte sein iPhone an und gemütlicher Gitarrensound klang aus den Boxen, zu dem Alex und Jade von dem Zuhause sangen, das die beiden schon längst in ihrer Liebe gefunden hatten. Biene summte fröhlich mit und Rob schickte dem Bergführerbüro einen Text zur Bestätigung der Aufträge. Dann schaute er Biene fragend an.
»Sag mal, gehst du nach dem Ultraschall eigentlich noch zur Flüchtlingshilfe?«

»Ja, da will ich auf jeden Fall nochmal zwei Stunden mit anfassen. Die sind dermaßen überlastet gerade, ist echt unglaublich.«

»Okay, dann komm ich mit. Beim Papierkram kann ich dir zwar nicht helfen, aber zwei linke Pfoten werden die schon noch irgendwo gebrauchen können.«

Biene schaute ihn an.
»Keine Sorge! Da gibt's genug zu tun. Die sind froh um jede Hand, die mit anfasst!«

Chapter Eighteen

Imagine

John Lennon

Am nächsten Morgen zurück im maghrebinischen Königreich. Heute würde es endlich soweit sein. Der große Tag! Hanno hatte alles arrangiert. Gestern hatte er sogar extra in Agadir noch eine Sonnenblume und einen wunderschönen Teppich für kleines Geld besorgt. Der Rahmen lag fertig vor ihm. Auf das sonnen- und salzwassergegerbte Treibholz hatte er, von der unteren linken Ecke ausgehend, den widerlichsten Müll, den er finden konnte, laminiert: rostige Blechteile, Glassplitter, angewaschene Fliesenbruchstücke, eine Rasierklinge, Damenbinden, Plastiktüten, Plastikflaschen und Plastikverpackungen, Plastikfetzen, Plastikscherben und Plastikstöpsel, verwoben zu einer Plasteplastik. Er hatte sich beim Shaper in Tamraght Polyesterharz und Glasfasermatten besorgt und damit den Müll wie kleine Skulpturen auf dem Rahmen arrangiert. Von der oberen rechten Ecke ausgehend hatte er mithilfe derselben Methode die schönsten natürlichen Gebilde, die er gefunden hatte, befestigt: bunte Blüten, Zapfen und Samen, Blätter, Korallen, Muscheln und Pflanzenteile. Die linke obere und die rechte untere Ecke waren blankes Holz. In die eine hatte er ein Fragezeichen geschnitzt, in die andere ein Ausrufezeichen.

Hanno hatte den Rahmen auf seinem Balkon aufgestellt. Vom Wohnzimmer betrachtete er ihn jetzt aus maximaler Entfernung und schlürfte genüsslich seinen Tee. Eigentlich sollte die linke untere Ecke im Kontrast zur rechten oberen ekelhaft und abscheulich aussehen. Aber irgendwie war es ihm gelungen, aus all dem bunten widerlichen Müll etwas ästhetisch Ansprechendes zu erschaffen. Aus der Distanz sahen die beiden Ecken zwar unterschiedlich, aber doch beide interessant und schön aus. Erst wenn man dicht herantrat, überkam einen Ekel und Bewunderung – aus zwei verschiedenen Richtungen.

Dieser Rahmen war schlicht und doch vielleicht das Schönste, was er je geschaffen hatte.

Und es machte boom tschakalaka und ratter die peng:

»Du, Hanno, komm mal schnell! Schnell, schnell! Jetzt beeil dich schon, sonst ist es zu spät!«

»Lass mich in Ruhe! Ich mal gerade. Lass mich!«

Die Sommerferien neigen sich dem Ende zu und die beiden Brüder verbringen die letzte Woche bei ihrem Großvater in dem Haus am See mit ausschweifendem Grundstück.
»Jetzt komm schon! Ich hab heut den Hut auf. Schon vergessen?«

Mark greift nach Hannos Arm und schleift ihn aus dem Zimmer hinaus auf die Wiese.
»Was ist denn jetzt schon wieder?«

»Beil dich und sei still! Sonst vertreibst du ihn noch.«

Die beiden Brüder stolpern über die Wiese hinterm Haus. In einer Ecke zwischen Komposthaufen und Geräteschuppen steht ein Stuhl. Auf dem Stuhl lehnt ein alter hölzerner Rahmen, den Hanno am Morgen auf dem Dachboden seines Großvaters gefunden hat. Das bisschen Blattgold, das noch an den verschnörkelten Verzierungen des guten Stückes Halt hat, schält sich nach oben wie die Borke einer Birke.
»Wirklich, Mark, deshalb haste mich jetzt hier rausgeschleift? Ja, das ist ein schönes Stück! Kann ich jetzt wieder malen gehen?!«

»Mann, Hanno! Knie dich hin und sei endlich still.«

Mark steht hinter Hanno. Der hält in der rechten Hand noch immer den Stift und in der linken das Blatt Papier. Marks Hände liegen auf Hannos Schultern und zwingen ihn auf die Knie.
»Na, was siehst du?«

»Einen alten Rahmen und einen Haufen Brennnesseln.«

»Du musst genauer hinschauen. Schau durch den Rahmen. Du hast Glück, er ist noch da!«

Hanno reibt sich die Augen.
»Brennnesseln, so weit das Auge reicht!«

»Ja, und was noch? Schau mal in die rechte obere Ecke.«

»Nee, ist nicht wahr! Du musst ein Foto machen, bevor es zu spät ist. Das ist ja viel zu cool!«

»Nein, nein, auf keinen Fall! Du kannst es malen, wenn du willst, aber kein Foto! Der Moment gehört uns ganz allein.«

Hanno setzt den Stift aufs Papier und beginnt zu skizzieren. Mark lässt sich im Schneidersitz neben ihm nieder.
»Ist das nicht wunderbar?«

Hanno antwortet nicht. Er zeichnet. Nach einer guten halben Stunde und genau in dem Moment, als er den Stift vom Papier nimmt und Mark anschaut, fliegt der frisch geschlüpfte Schmetterling davon. Nur die leere, aufgebrochene Puppenhülle baumelt noch immer zwischen den Brennnesseln.

***

Hanno lehnte in der Ecke seines Zimmers. Er nahm einen weiteren Schluck Tee. Durstig war er nicht, aber er mochte den Minzgeschmack und das warme Gefühl im Hals beruhigte ihn. Bei dem Gedanken an den bevorstehenden Nachmittag schlotterten ihm die Knie vor Aufregung.

Die Mittagssonne hatte den über Nacht schlaff gewordenen Kadaver in aller Ruhe erneut aufgebläht und während sich die Tide langsam zu heben begann, hatte sich eine Gruppe Schaulustiger an dem großen staubigen Parkplatz neben *Anchor Point* eingefunden. Gespannt beobachtete sie, wie Hanno die mitgebrachten Eisenstangen in den Boden rammte. Der ließ sich von dem Haufen Neugieriger jedoch wenig beirren. Er hatte bereits in den Tagen zuvor genau ausgecheckt, wie und wo er den Rahmen platzieren würde.

Wann immer sich die Wogen einer Idee auf der Reise durch seinen Verstand sortierten, wann immer aus den einzelnen sich überlagernden inspirativen Schwingungen sich der massive Swell einer Vision formte, vergaß er alles um sich herum und begann zu paddeln. Er paddelte um sein Leben. Erst wenn sich die geordneten Lines kreativer Energie am Riff der Realität entluden und er aus der Dunkelheit der Versenkung tief hinten in der Barrel heraus ins Licht schoss, erst wenn aus Idee Wirklichkeit geworden war, erst dann konnte er zurück ins normale Leben.

Doch soweit war es noch nicht. Noch paddelte er.

Nachdem er die Eisenstangen erdbebensicher verankert hatte, befestigte er die hölzerne Fassung an ihnen. Anders als bei seinen vorherigen Projekten hatte er sich für dieses überlegt, den Rahmen in unmittelbarer Nähe zum Objekt aufzustellen. Das hatte den Vorteil, dass aus einem Standpunkt für den Betrachter ein Aufenthaltsbereich wurde. Je näher der Rahmen am Objekt, desto größer der Bereich, aus dem heraus das Werk funktionierte. Hanno wollte, dass die Spitze des Plateaus, auf dem einst die Fischfabrik gestanden hatte, also jener Bereich, auf dem sich heute der Parkplatz befand, zu einem ebensolchen funktionierenden Aufenthaltsbereich wurde.

Damit das Werk vor der kommenden Springflut sicher war, musste er jetzt nur noch den toten Meeressäuger die gut fünf Meter bis zu dem aufgestellten Rahmen transportieren. Zu diesem Zwecke hatte er einen ziemlich schicken roten Teppich mitgebracht. Behutsam zog er das gute Stück orientalischer Webkunst unter den stinkenden Kadaver. Es war nicht ganz leicht, aber auch nicht so kompliziert, wie er es erwartet hatte. Doch jetzt brauchte er Hilfe. Er konnte unmöglich den zentnerschweren Delfin alleine ins Bild schleifen oder, besser gesagt, ihm zur Umrahmung verhelfen. Nachdem er sich seine ziemlich unappetitlichen Hände mit kaltem Atlantikwasser abgespült hatte, lief er hinüber zu den Schaulustigen. »Well, anybody here willing to take part in some sort of art project?«, rief er mit deutlich zu vernehmendem deutschem Akzent über den Parkplatz. Doch die vorher so interessiert herüberschauenden Passanten schienen verunsichert. Sie drehten sich so unauffällig wie möglich zur gegenüberliegenden Seite und taten so, als hätten sie die ganze Zeit nichts anderes getan, als die Surfer zu beobachten. Nachdem die anonyme Aufforderung verhallt war, beschloss Hanno, die um ihre Autos und Busse versammelten Gruppen einzeln anzusprechen. Die Taktik ging auf, denn schon bei der zweiten war er erfolgreich. Drei Franzosen, mit ebenfalls starkem Akzent, antworteten: »Well, ve can give you a 'and.«

Gemeinsam schlenderten sie zum Kadaver hinüber und während Hanno ihnen erklärte, wo und wie er den Delfin haben wollte, drehte sich der Rest des Publikums heimlich wieder zu ihnen um. Jetzt standen Hanno und seine Helfer endgültig im Mittelpunkt. Vier Mann, vier Ecken und mit vereinten Kräften schleiften sie den stinkenden Tierleichnam den leicht ansteigenden Hang hinauf. Kurz bevor sie das Ziel erreichten, passierte, was passieren musste: Der mittlerweile durch die Sonne und die Verwesungsgase aufgeblähte Körper platzte auf und ein Schwall aus Maden, Würmern und stinkender Lache rann über den feinen roten Teppich. Es roch so erbärmlich, dass Hanno würgen musste. Zum Glück hatte keiner der Helfer etwas von dem üblen Schmodder abbekommen. Doch die drei Franzosen hielten sich die Nase zu und einer von ihnen ergriff das Wort. »Merde! Sis is exactly right place. Look ce light! C'est très bien!«

Und die beiden anderen stimmten kopfnickend zu.
»Oui, oui, C'est incroyable!«
»Parfaitement! C'est excellent!«

Eigentlich hätte Hanno den Kadaver lieber noch einen Meter weiter Richtung Parkplatz gesehen, aber ihm war klar, dass keiner der drei und auch niemand sonst den übelriechenden Teppich mehr anrühren würde. Er lief hinüber zum Plateau und warf einen Blick auf das

Arrangement. Er würde die Stangen nochmal ein wenig versetzen müssen, aber der Delfin war an seinem neuen Platz sicher vor der Flut und die Franzosen hatten recht. In diesem Licht war es der perfekte Platz. Hanno rannte zurück und setzte seine Arbeit fort. Die Stangen nochmal raus und ein wenig rüber. Die mitgebrachte Sonnenblume ins Bild. Steinhaufen aufschichten, ausbalancieren und zwischendurch immer wieder zum Plateau rennen und die Perspektive checken. Blüten und Maden verteilen. Hanno war in seinem Element und bemerkte überhaupt nicht, wie alle Welt auf ihn herabschaute. Dutzende Schaulustige hatten sich auf dem Parkplatz eingefunden und beobachteten das Treiben. Unter ihnen waren auch Jonny und Cecilia. Der bärtige New Yorker mit viel zu kurzer Kordhose über den baumlangen Beinen und die Südstaatenschönheit mit mexikanischem Blut in den blauen Adern unter der golden schimmernden Haut lehnten an der Motorhaube ihres Mietwagens. Jonnys schlaksiger Arm ruhte bequem auf ihren zarten Schultern.

»Well, butter my butt and call me a biscuit. Did you see that, Jonny?«

»What do you mean, honey? Well sure, his piece is wonderful!«

»Goddamn it! You could throw yourself on the ground and miss. Did you see him working?«

»Sure I did!«

Cecilia legte ihre eleganten Finger auf seine Brust. Der edle Diamantring glitzerte in der Sonne.
»And? Did you feel it?«

»Feel what?«

»Sometimes you're as useful as a screendoor on a submarine. You didn't? If it had been a snake it would have bitten you. Goddamn it! And look—that's not wonderful, that's incredibly amazingly insane. You should go and talk to him!«

»Sure, honey! I wanted to talk to him anyway!«

Gemütlich, halb beiläufig schlenderte Jonny hinüber zu Hanno, der sich auf den Stufen niedergelassen hatte, die vom Plateau hinab zum Strand führten, um mit den ersten Skizzen zu beginnen.

»Hey man, you afraid to leave your stoop?«

»What?«

»Ah, I'm just kidding. Wow, that's incredible! Some serious art, man. Mad touching.«

Hanno antwortete ruhig.
»Thank you!«

»Do you mind if I chill out here for a while and watch you?«

»You can hang out here, but please don't bother me! Sorry I don't try to be rude. Just paddling right now.«

Jonny schaute verwirrt.
»What? Paddling?«

»Dude. I am busy. Please don't bother me right now!«

»All cool man. Do your thing! I just like to be around watching you. And by the way, that's a masterpiece right there. Respect.«

Ohne von seinem Skizzenblock aufzuschauen, erwiderte Hanno:
»Thanks, man.«

Eine Menschentraube bildete sich hinter ihm und Hanno bemerkte natürlich, wie sie tuschelten. Manch einer kommentierte sein Werk auch lautstark. Hin und wieder versuchte der eine oder andere, genau wie Jonny, ihn anzusprechen. Aber Hanno reagierte nicht mehr. Die Kommentare waren überwiegend positiv bis begeistert und Hanno war selbstverständlich stolz wie Oskar. Trotzdem wollte er sich unter keinen Umständen ablenken lassen. Er musste die Szene noch vor Sonnenuntergang aufs Blatt bekommen. Nichts war jetzt wichtiger. Nur zu gerne hätte er in der Aufmerksamkeit gebadet. Doch jetzt galt es, sich zu fokussieren und das zu tun, was er sowieso am liebsten tat. Sein Blick ging zwischen Block und Werk hin und her. Die Beine baumelten über der Mauer. Zwei Stunden später, als die Sonne in den Atlantik gefallen und die Menschentraube sich aufgelöst hatte, klappte Hanno den Block zu. Er schaute hinaus aufs Meer.

Und es machte boom tschakalaka und ratter die peng:

»Du, Mark? Warum willst du eigentlich unbedingt Künstler werden? Damit kann man doch kein Geld verdienen. Hast du keine Angst, dass du später mal als arme Sau endest?«

»Doch, hab ich.«

Es ist still. Die Sonne spiegelt ihr violett-pinkfarbenes Untergangslicht im dunkelgrün-hellblauen See. Angenehm lauwarm umweht der Spätsommerabend die Brüder. In Nicki und kurzer Hose sitzen sie auf der vom Großvater gezimmerten rustikalen Eichenbank am See.
»Manchmal hab ich so die Hosen voll, dass ich denke, ich brauch Pampers. Aber weißt du was? Ich hab immer irgendwie das Gefühl, ich hab gar keine Wahl. Ich kann mir das gar nicht aussuchen. Ich bin einfach so, wie ich bin, und ich muss machen, was ich machen muss. Manch einer will vielleicht neue Apps entwickeln oder regenerative Energiequellen erschließen oder bei Olympia antreten. Viele wollen eine Familie gründen und einfach nur irgendwie Geld verdienen, und ich will halt Skulpturen schaffen und Rahmen gestalten. Schon immer! Weißt du noch vor ein paar Jahren, als wir in den Ferien immer hier bei Opa waren?«

»Ja, der Schmetterling und der Holzrahmen. Ich hab das Bild immer noch zu Hause hängen.«

»Es war immer so und es wird immer so bleiben. Ob ich will oder nicht.«

»Mensch, Mark, sei doch mal vernünftig. Klar kannste dir aussuchen, womit du dein Geld verdienst. Du kannst doch in deiner Freizeit Kunst machen.«

»Schön wär's! Alter, ich kann einfach nicht stundenlang irgendwas Sinnloses machen, nur um ein paar Kröten zu verdienen. Geht nicht! Ich hab's doch probiert. Wenn mich eine Idee überkommt, dann muss ich loslegen. Dann kann ich nicht erst acht Stunden zum Job gehen. Das macht mich wahnsinnig. Ich kann weder in den acht Stunden auf Arbeit funktionieren noch die Idee solange liegen lassen. Das ist völliger Bockmist. Wenn es kommt, dann muss es raus. Und jetzt erzähl mir doch nix, dir geht es doch genauso! Ich seh's doch jedes Mal, wenn du dich hinsetzt zum Zeichnen oder Malen.«

***

Hanno sah sich um. Er war fast allein. Nur ein Auto stand noch auf dem Parkplatz. Behäbig raffte er sich auf und schlenderte hinüber zu dem silbernen Dacia Logan. Jonny saß hinterm Steuer, Cecilia auf dem Beifahrersitz. Zwischen ihren zarten Lippen klemmte ein Joint. Die beiden hatten noch immer ihre Sonnenbrillen auf. Cecilias zarte Stimme rollte durch die Stille.

»Look, he is happy like a dead pig in the sunshine!«

Jonny schaute ihn breit grinsend an.
»What's up?«

»Are you guys going back to town any time soon?«

Cecilia nahm einen tiefen Zug.
»Sure, we are fixin' to!«

Sie zog ihre Brille auf die Nasenspitze und funkelte ihn an.
»Look at you—cute as a button! Do you need a ride?«

Der Rauch verließ ihre Lungen durch die Nase. Hanno nickte.
»Jump in the back, man!«, antwortete Jonny.

Chapter Nineteen

Bad News

Melody Gardot

Hanno stand auf dem Balkon und schaute übers Wasser. Es war absolut windstill und der Atlantik war *flat* wie ein Bügelbrett!

Perfekt ... Wollte eh malen gehen ... Farben ... Acryl und Öl ... Meine Pinsel ... Leinwand ... Die vorbereitete ... Nee ... Die, die ich gestern Abend noch grundiert hab ... Staffelei nicht vergessen ... Puh, das wird 'ne Menge Trödel ... Scheiß drauf ... Gönn ich mir zur Feier des Tages mal 'n richtiges Taxi ... Kann ich einfach alles in den Kofferraum schmeißen ... Coolgeil ... In dem Morgengrauen sieht die Szene bestimmt fett aus!

Kurz nach Sonnenaufgang lud Hanno seinen Krempel aus dem Kofferraum des weißen Mercedes. Der Parkplatz am *Anchor* war komplett leer. Keine Menschenseele weit und breit. Wie herrlich friedlich die Szenerie wirkte. Das Werk hatte die Nacht unversehrt überstanden. Mit jeder Sekunde, die er es betrachtete, gefiel es ihm besser. Glücklich, ja fast schon euphorisch, presste er die Farbkleckse aus den edlen Mussini-Tuben auf die Palette. Der erste Pinselstrich auf einer frischen Leinwand war immer etwas ganz Besonderes und diesen hier, ja, diesen hier würde er zelebrieren. Ein mattschwarzer Land Rover mit getönten Scheiben rollte langsam auf den Parkplatz. Hanno warf einen Blick über die Schulter.

Was'n paar Spacken, Alter ... Sieht doch jeder Vollkook, dass heute flat ist ... Wieder so 'n paar Touris, die auf dicke Hose machen wollen ... Nichts Besseres zu tun, als mit ihrer dicken Karre durch die Gegend zu donnern ...

Er schüttelte den Kopf und konzentrierte sich wieder auf den großen Moment. Der breite Pinsel tauchte in das cremige Öl. Hanno atmete tief ein. Gerade als der Pinsel aufsetzte, packte ihn jemand von hinten am Schlafittchen. Hanno wusste nicht, wie ihm geschah, als er mit dem Kopf voran in die Leinwand krachte. Am Boden liegend drehte er sich um.

»Habt ihrse noch alle? Was ist denn mit euch los?«

Said stand vor ihm, und seine beiden Begleiter nahmen Hanno in die Mangel.

»Who do you think you are? I'm gonna kill you, asshole! What is that?«

Drohend zeigte er auf den Delfin. Hanno wehrte sich, hatte aber keine Chance gegen die beiden Einmeterneunzig-Hünen. Er verteidigte sich verbal.

»What are you talking about? It's art?«

Said verzog die Miene.

»Art? It's profanity! I'm gonna kill you for that!«

Er sprang die Mauer vom Parkplatz herunter, während die Riesen Hanno die Treppe zum Strand hinunterschubsten. Said stand breitbeinig neben dem Delfin.

»You know what that is?«

»Yes, a dolphin!«

Said winkte seine Hünen herbei und die zwangen Hanno vor dem Kadaver auf die Knie.

»This is a prayer rug. It's sacred! And what did you do? You disgraced it! You spilt that disgusting shit all over it!«

Hanno schaute verlegen zu dem schlaksigen, schlechtgelaunten Bartträger hinauf.

»Sorry, I didn't know about that! Really? I would have taken another carpet otherwise. Sorry, man!«

»Sorry, sorry! I can't hear that shit anymore! Sorry for dropping in! Sorry for exploiting your country and now sorry for spitting on the Quran! That's too much, man!«

Said nickte und die Riesen drückten Hannos Kopf in den Kadaver. Sie zogen ihn einmal bündig durch die stinkende Lache aus Maden, Würmern und zersetztem Delfinspeck. Hanno hielt die Luft an, musste aber trotzdem fast kotzen. Said zündete sich eine Marlboro an.

»You'll never surf *Anchors* again! You hear me? Never ever! You clean up here right now, and then you pack your shit and leave!«

Er beugte sich herab.

»If I see you again, I'll kill you! No joke! I'll make sure they fuck you in the ass before ripping you open like your little friend here.«

Wieder drückten ihn die Hünen mit dem Kopf in den Kadaver. Hanno übergab sich. Said achtete auf ihn ab, bevor er Hanno ein paar Tritte in die Seite versetzte. Dann ließen die Riesen los. Noch einmal spuckte Hanno Würfel. Gekrümmt und benommen lag er auf dem Kiesstrand, während die drei den Rahmen in Kleinholz verwandelten. Danach wuschen sie sich die Hände im Atlantikwasser, riefen *Allahu akbar* und stiegen wieder in den mattschwarzen Land Rover.

Chapter Twenty

Paranoia

Hallucination Generation

Am Abend des nächsten Tages schob Liese ihr Fahrrad durch den staubigen Hausflur in den klammen Hinterhof. Das Licht war schummrig und während das massive Gliederschloss den Rahmen ihres frisch getunten Stadtflitzers mit dem Stützbalken des hölzernen Balkons vom ersten Obergeschoss verband, freute sie sich über den neuen braunen Ledersattel. Ralf hatte erst vor Kurzem ihr gutes Stück überarbeitet. Die brandneuen, durchstichsicheren Schwalbe-Reifen sahen zwar nach der Fahrt durch die nasskalte Dunkelheit schon aus, als wären sie zehn Jahre alt, aber der Sattel strahlte über dem schlichten, klar gelackten Chrom-Molybdän-Rahmen mit seinen elegant verzierten Muffen. Zwischen all den alten Diamant-Damenrädern und den heruntergerungsten Mifa-Gurken wirkte ihr sportliches Cityrad wie der Mercedes zwischen einem Haufen Trabis und der edle Ledersattel wie der funkelnde Stern auf der Motorhaube.

Als sie die Tür zum Hof hinter sich geschlossen hatte, hielt sie einen Moment inne. Der Anblick war einfach zu köstlich. Allein die matte 25-Watt-Birne, die in der linken oberen Ecke hinter einem völlig verstaubten und halb zerbrochenen Glasschirm ihr Bestes gab, um den Hausflur zu beleuchten, war zum Scheitern verurteilt. Es war völlig unmöglich, eines der Namensschilder auf den in zwei Reihen hängenden bunten Blechbriefkästen zu lesen. In der Ecke gegenüber hatte jemand alte Bohlen und Paletten gestapelt. Höchstwahrscheinlich war mal wieder einer aus der WG auf Holzjagd gewesen. Die umliegenden Schuttcontainer waren immer eine gute Quelle für altes trockenes Bauholz und das wiederum war Trumpf in einem Haus voller Öfen, mitten im Winter. Irgendwie fand sie, dass es ja auch verdammt cool aussah, wie das zarte Goldgelb der hoffnungslos unterlegenen Lampe sich durch den staubigen und zugerümpelten Hausflur kämpfte. Der Halbschatten, die bittere Kälte und das Knarren der hölzernen Stufen auf ihrem Weg ins Erdgeschoss ließen ein nostalgisches Gefühl in Liese aufsteigen. Jedes Mal, wenn sie das Haus betrat, fühlte es sich so an, als ob sie sich auf eine Reise durch das letzte Jahrhundert begab. Manchmal wünschte sie sich, dass die Backsteine reden könnten. Dass sie ihr die Geschichten erzählen würden von den aufständischen Kommunisten, die hier im Sommer '32 die SA- und SS-Männer nach langen Barrikadenkämpfen vertrieben hatten. Geschichten von den Frauen, die in diesen Nächten ihre stolzen Männer verführt hatten, nur um im folgenden Sommer schwanger und weinend in der Ecke zu sitzen und mit anzusehen, wie ihre Helden abgeführt und zum sogenannten Wohle der Nazion ermordet wurden. Es war, als könnte man durch die zugigen Fenster mit ihren hölzernen Rahmen, von denen der weiße Lack in dicken Schichten abblätterte, hinausschauen auf die Ernst-Thälmann-Straße, wo gerade die Söhne und Töchter der Ungeborenen von damals an jedem Montag auf die Straße gingen. Es war, als könnte sie all die Stasi-Spitzel sehen, die von den Dächern gegenüber auf die Menge herabblickten und genau vermerkten, wer welche Transparente trug. Diese asozialen Gutbürger, die doch nicht verhindern konnten, dass genau hier, in dieser Straße, der Grundstein für die erste gewaltfreie internationale Revolution in der Geschichte der Menschheit gelegt wurde. In einer Zeit, als die Physik auf beiden Seiten der Welt das Atom zu beherrschen gelernt hatte und das simple Drücken eines Knopfes das Ende der Welt bedeutet hätte, siegte paradoxerweise zum ersten Mal der Geist des kulturellen Fortschritts, der auch aus dieser Straße emporgestiegen war, über den allmächtigen Dämon der Machthungrigen. In dieser Zeit, als sich die großen Siegermächte des längst vergangenen Weltkrieges mit zwei prinzipiell verschiedenen Gesellschaftssystemen an der bestbewachten Grenze des Planeten nur 300 Kilometer westlich von hier unversöhnlich gegenüberstanden, war Liese selbst noch im Kindergarten gewesen. Jetzt schien es so, als hätten die Muslime, die das Gesicht der Eisenbahnstraße heute prägten, den Staub der Geschichte in diesen Hausflur gekehrt, damit Liese ihn bewundern konnte und das Viertel frei war, um im frisch angebrochenen Jahrtausend erneut Geschichte zu schreiben.

Auch wenn sie das historische Flair der alten unsanierten Backsteinbauten mochte, konnte sich Liese beim besten Willen nicht vorstellen, hier zu leben. Es fing schon damit an, dass sie immer die Hosen voll hatte, wenn sie durch die Straßen lief. Für sie spielte es keine Rolle, ob die jungen aufgepumpten Männer in Bomberjacke und Jogginghose ein arisches Echtheitszertifikat auf die Brust tätowiert hatten oder gen Mekka beteten. Sie machten ihr einfach Angst. Dass die Eisenbahnstraße DER Treffpunkt für Gangs, Hustler und Drogenschieber war, konnte ja niemand mehr bezweifeln. Dass es hier auch die coolsten Bars und hippsten Kunstprojekte gab, war zwar genauso klar, aber für Liese eben nicht Grund genug, hierher zu ziehen. Sie mochte den Luxus einer Zentralheizung und den sauberen ordentlichen Hausflur mit Fahrradkeller in Plagwitz. Die Mieten waren dort zwar etwas höher und die Nachbarn ziemliche Stinos, aber einmal in der Woche zum Kaffee bei Elli war eben auch genug Abenteuer für Liese.

Die Türen der drei Wohnungen im Dachgeschoss standen wie immer offen. Elli und ihre Mitbewohner hatten die ganze Etage so umgestaltet, dass sie quasi als eine Wohnetage mit verschiedenen Kompartimenten funktionierte. Eine der drei Wohnungen beherbergte Küche, Bad und Gemeinschaftsraum. Die anderen beiden nur Wohnräume und Ateliers.

The love you take is equal to the love you make

stand in schwarzen Lettern über den Türen im Hausflur. Ein Schuhregal gab es nicht und die kalten, rauen, mit ordentlich Patina versehenen Bohlen auf dem Fußboden sprachen für sich. Liese war es jedes Mal komisch dabei, die Wohnung mit Straßenschuhen zu betreten, aber auf eine Erkältung hatte sie auch keinen Bock. In der Küche saß Aron und begrüßte sie freundlich.

»Hey Liese, schön dich zu sehen. Willste 'nen Käff?«

»Nee, danke. Trink doch keinen Kaffee. Hast du Elli gesehen?«

Aron kratzte sich im Nacken.

»Bin nicht sicher, aber ich glaub, die ist in ihrem Zimmer. Hat sich nach der Arbeit hier noch nicht blicken lassen. Glaub, die ist auch nicht besonders gut gelaunt.«

»Okay …? Na, dann werd ich mal nach ihr schauen. Bis später vielleicht.«

Aron stand auf.

»Mach mich jetzt auch los. Muss zur Probe. Wir haben unser erstes Konzi am Wochenende. Da muss die Baseline stimmen.«

Während die beiden gemeinsam aus der Küche hinaus in den Flur gingen, stillte Liese ihre Neugier.

»*Nice*! Wo denn?«

»Im *Zoro*.«

»Cool, na, vielleicht sehen wir uns da ja.«

Aron nickte.

»Gerne.«

»Ich schau jetzt erstmal nach Elli.«

»Und ich hau in die Saiten. Erstmal!«

Liese lief hinüber in die Wohnung, in der Ellis Zimmer war. Sie klopfte vorsichtig an der Tür, bevor sie eintrat. Elli saß am Schreibtisch vor ihrem Rechner und war beschäftigt. Es war dunkel und warm in dem verwinkelten Raum. Ein paar Teelichter standen auf den hölzernen Balken der Dachkonstruktion und Elli saß im Spotlight ihrer Schreibtischlampe. Liese öffnete den Reißverschluss ihrer sportlichen Daunenjacke und hängte das Purple-Pradagonia-Stück in sicherem Abstand zu den kleinen Flammen im Aluminiummantel über einen der Balken.

»Alles gut bei dir?«

»Nichts is' gut! Alles geht drunter und drüber. So 'ne Scheiße, sag ich dir. Wollt gerade 'nen Flug buchen und als ich fast fertig war, ist der Browser abgestürzt. Wie ich diesen Scheiß hasse. Sitz jetzt schon seit 'ner guten Stunde vor diesem blöden Ding. Als ob ich auf Arbeit nicht schon genug vorm Rechner hänge!«

»Jetzt lass dich erstmal drücken.«

Elli klatschte in die Hände.

»Das kann doch nicht wahr sein! Jetzt ist das Scheißding schon wieder abgestürzt.«

Sie knallte den Bildschirm des Laptops auf die Tastatur und stand energisch auf. Dabei fiel der Stuhl, auf dem sie eben noch gesessen hatte, um. Liese, die mit weit geöffneten Armen hinter ihr stand, musste laut lachen. Obwohl Elli eigentlich stinksauer war, konnte auch sie nicht anders, als über sich selbst zu schmunzeln. Dann gab es eine lange warme Umarmung. Liese schaute sie besorgt an.

»Was ist denn los mit dir? Wir wollten doch heute eigentlich gemütlich quatschen und Teechen trinken.«

»Ist 'ne lange Geschichte. Hab gestern Abend mal wieder mit Hanno telefoniert und mach mir ernsthaft Sorgen um ihn. Dem geht's grad gar nicht gut.

»Okay … Was'n los?«

Elli seufzte.

»Ach … ich koch uns jetzt erstmal 'n Tee. Mach's dir bequem. Bin gleich wieder da.«

Elli verschwand Richtung Küche. Liese nahm sich eines der bunten Kissen, die auf der Couch lagen, und setzte sich im Schneidersitz vor den warmen Ofen. Sie hörte den Sog der einströmenden Luft in die Brennkammer und durch die Glasscheibe in der Klappe konnte sie die Flammen tanzen sehen. Nachdem ihre Hände aufgetaut waren und Elli noch auf sich warten ließ, wanderte ihr Blick durch den muggeligen Raum. Liese mochte die alte Schulkarte aus dem Biounterricht, die neben dem Ofen an der Wand hing. Zwischen zwei schwarzen Rundhölzern spannte sich eine ordentlich vergilbte Karte, die einen Regenwurm im Querschnitt zeigte. Von der Wand gegenüber schaute sie ein überdimensionaler Fuchskopf an. Er war halb versteckt hinter der grünen Topfpflanze und als geometrisches Objekt nur mit geraden goldenen Linien designt. Zwischen diesen sorgsam ausgewählten Dekoelementen spannte sich das chaotische Netz des Alltags: T-Shirts, Hosen, Lippenstift, Kamm, Socken, Jacken, altes Geschirr mit Kuchenresten, Weingläser, Aschenbecher. Aus lauter Langerweile und weil sie wusste, dass es Elli nicht stören würde, begann Liese aufzuräumen. Sie startete mit der Ofenecke. Dann arbeitete sie sich hinüber zur Couch, weiter zum Schreibtisch und zum Schluss verräumte sie den ganzen Trödel, der auf dem Boden verstreut lag. Sie sortierte saubere und dreckige Wäsche auf zwei Haufen, stellte das alte Geschirr auf ein Tablett zusammen mit den benutzten Gläsern und Tassen und ordnete den Kleinkram. Irgendwie machte es ihr immer am meisten Spaß zu putzen, wenn es richtig dreckig war. Und so unordentlich wie hier würde es in ihrer eigenen Bude nie werden. Gerade als sie den Staubsauger eingestöpselt hatte, um die Bohlen auf dem Boden abzusaugen, kam Elli zurück ins Zimmer.

»Was machst du denn hier? Bist du wahnsinnig geworden? Du musst doch nicht mein Zimmer putzen.«

»Ich weiß, aber mir war langweilig. Und wenn du mich fragst, war es mal dringend nötig, dass hier jemand Hand anlegt.«

»Recht haste. Hatte ich mir schon die letzten Tage vorgenommen. Ach Mann, du bist einfach viel zu gut!«

Liese schaute sie verwundert an.
»Wo hast du denn die ganze Zeit gesteckt?«

»Ich war noch schnell duschen. Das hatte ich nach der Arbeit noch nicht geschafft.«

»Aha … Und was ist mit dem Teechen?«

Elli antwortete stolz:
»Der steht fix und fertig in der Küche. Aber hier ist's ja jetzt gemütlicher. Ich geh grad noch ma schnell rüber und hol ihn.«

»Warte! Da kannste gleich noch das Tablett mitnehmen!«

»Jawohl, Frau Oberschuldirektorin.«

Während sich Elli auf den Weg machte, das alte Geschirr in der Küche gegen heißen Tee zu tauschen, saugte Liese noch einmal schnell durch ihr Zimmer. Dann setzten sie sich gemeinsam auf die Couch und schlürften Hagebuttentee mit Honig. Liese erkundigte sich nach Hanno und Elli berichtete mehr als bedrückt von den Geschehnissen um das Delfinkunstwerk.

»Erst die Panikattacken und diese ständigen Albträume und jetzt auch noch Morddrohungen. Mann, ich mach mir echt Sorgen um Hanno. Hab gestern Abend bis um drei im Bett gelegen und konnte vor lauter Grübelei nicht einschlafen. Ich denke, es ist das Beste, wenn ich mich ins Flugzeug setze und ihn besuche, und zwar so schnell wie möglich.«

»Okay, aber hattest du nicht sowieso vor, über Weihnachten hinzufliegen? Das sind doch nur noch gut zwei Wochen.«

»Richtig. Aber ich musste letzte Nacht immer dran denken, wie mir Hanno erzählt hat, dass es ihn immer noch manchmal quält, dass er an jenem Wochenende nicht mit Mark zum Klettern gefahren ist. Ich will nicht, dass es mir mal genauso geht.«

Liese legte den Arm um sie.
»Versteh ich.«

»Ich glaub, er braucht jemanden, und zwar je eher desto besser, und vielleicht ist es in zwei Wochen ja auch schon zu spät!«

»Jetzt mal doch nicht gleich den Teufel an die Wand. Ich glaub nicht, dass Hanno der Typ ist, der sich was antun würde.«

Ellis Finger fuhren nervös über die Naht ihrer Jeans.
»Ich hoffe, du hast recht. Aber wie sagst du immer so schön? Sicher ist sicher.«

Sie lachte etwas erleichtert.
»Und 'ne Woche Urlaub mehr hat noch keinem geschadet.«

»Stimmt. Hast du schon auf Arbeit gefragt, ob das klargeht?«

»Ja, hab ich heute gleich gemacht. Ist kein Problem. Hatte eh noch was gut beim Chef.«

Liese nahm einen Schluck aus der blauen Tasse.
»Und wann willste dann los?«

»Na, am liebsten gestern. Die Flüge sind gerade günstig, aber vor Sonntag gibt's nichts mehr.«

»Sonntag? Diesen Sonntag? Das ist ja schon in vier Tagen!«

Elli schaute hinüber zum Laptop.
»Jip. Hab gerade versucht, den Flug zu buchen, aber wie gesagt, der Browser ist zweimal abgestürzt.«

»Vielleicht solltest du es mal mit deiner Schreibmaschine probieren?«

»Haha, wie witzig. Das krieg ich schon noch hin. Setz mich nochmal dran, wenn du weg bist.«

Liese verschränke die Beine.
»Hmm … Ja, ich denke, das ist keine schlechte Idee. Klingt ganz so, als würde Hanno ein wenig Beistand nicht schaden und zwei, drei Wochen Urlaub kannst du auch mal vertragen. Wann kommste eigentlich zurück? Und was wird Martin dazu sagen, wenn du Weihnachten nicht da bist?«

»Ich hab Zeit bis Anfang Januar. Muss zwischen den Jahren nicht arbeiten. Also über Weihnachten bleib ich bestimmt und Martin hat eh keine Zeit. Der muss noch 'nen Artikel fertig kriegen. Dass ich jetzt 'ne Woche früher abhau, wird ihn bestimmt nicht freuen, aber irgendwas ist ja immer.«

Liese zwinkerte.
»Apropos, irgendwas ist ja immer. Hab vorgestern auch noch mal 'n Gespräch mit Ralf gehabt. Zwecks unserer Beziehungssituation.«

»Und?«

»Wir haben uns geeinigt.«

Elli klatschte in die Hände.
»Ach, tatsächlich? Worauf denn?«

»Monogam. Ich will einfach nicht, dass er mit 'ner anderen rummacht und die Sache zwischen uns beiden war zwar schön, aber meine Beziehung ist mir wichtiger.«

»Och nö! Da hast du unsere Romanze einfach so geopfert. Du bist mir ja eine.«

Liese verschränkte die Arme und lehnte sich zurück.
»Wie gesagt, irgendwas ist ja immer. Ralf hat auch gesagt, dass es ihm so lieber ist. Er liebt mich. Da ist er sich sicher, aber wie sich das entwickelt, wenn er mit 'ner anderen schläft, kann er auch nicht vorhersagen und unsere Beziehung wollen wir beide nicht aufs Spiel setzen.«

»Immer schön auf Nummer sicher. So kenn ich dich.«

»Jetzt hör schon auf zu stänkern. Mir tut's ja auch 'n bisschen leid. Aber frau muss im Leben eben Prioritäten setzen. Und eigentlich hatten wir uns ja auch verabredet, um über Aron zu reden und nicht über mich und Ralf oder dich und Hanno.«

Elli lachte.
»Ach so! Da wird mal eben schnell das Thema gewechselt, wenn dir mein Kommentar nicht passt. Aber wie du wünschst, mein Schätzchen, dann reden wir halt über Aron. Wie gesagt, zwischen mir und Aron läuft nichts und ist auch noch nie was gelaufen. Wenn du mich fragst, hat er sich, glaub ich, auch gerade frisch verliebt. In die kleine süße Maus aus der ersten Etage. Freu mich riesig für die beiden! Sie scheint auch 'ne Liebe zu sein.«

»Wirklich?«

»Ja, wirklich! Brauchst dir also keine Sorgen mehr zu machen. Ich glaub, Aron geht's gerade echt gut. Schläft selten zu Hause, macht viel Mucke und lacht den ganzen Tag.«

Liese schlürfte beruhigt am Tee.
»Och, das freut mich aber. Das gönn ich ihm nach dem ganzen Drama.«

»Hab dir doch gesagt, dass jede seiner Tränen mit Glückshormonen aufgewogen wird. Ach, Liese, das ist doch immer so. Klar, wenn man wie du sein Boot lieber im sicheren Hafen vergammeln lässt, kann sowas nicht passieren.«

»Jetzt hör schon auf, ständig zu sticheln. Ich bin halt keine zwanzig mehr und wer Familie haben will, dem nützt das sichere Boot im Hafen mehr als der versunkene Kahn auf hoher See. Ich hätte ja auch nichts dagegen gehabt, mit dir auf einer einsamen Insel zu stranden und Kokosnüsse zu schlürfen, aber dafür ist es jetzt zu spät.«

Elli machte einen Kussmund.
»Es ist nie zu spät, Schatzi.«

Sie konnte es einfach nicht lassen! Natürlich akzeptierte sie Ralfs und Lieses Entscheidung. Sie hatte auch nichts anderes erwartet und wahrscheinlich war es so auch besser für die beiden. Sie wollte jedenfalls nicht dafür verantwortlich gemacht werden, wenn ihre beste Freundin ihren langjährigen Freund verlor, weil sie sie dazu angestiftet hatte, ein bisschen zu experimentieren. Ralf und Liese waren halt Stinos, aber deswegen ja nicht weniger liebenswert. Eine kleine Spitze hier und da konnte sie sich jedoch nicht verkneifen. Während Elli ein paar schwarze staubige Briketts in den Ofen warf, füllte Liese die Teetassen auf.
»Los, ich helf dir jetzt noch, den Flug zu buchen. Nicht dass deine Flotte eines seiner besten Boote in den unruhigen Gewässern vor der marokkanischen Küste in einem ach so wilden Sturm verliert und dann mach ich mich nach Hause in den sicheren Hafen. Ich bin ziemlich kaputt von all dem Auf und Ab der letzten Tage und

muss morgen auch wieder an meiner Doktorarbeit schreiben. Und du, meine Süße, siehst mir auch so aus, als würde dir ein bisschen Schlaf ganz guttun.«

Elli schmunzelte.

»Na gut, Frau Admiral. Wie Sie wünschen.«

Chapter Twenty-One

God

John Lennon

Die Sonne steht im Zenit und der Asphalt ist brennend heiß. Kleine, goldene Anker sind überall verteilt. Sie hängen wie Früchte in den Bäumen und wie Blumenkästen an den Leitplanken. Überall kleine, goldene Anker. Bin wie magisch von ihnen angezogen. Was mach ich hier eigentlich? Ach egal! Sammle einen nach dem anderen auf und schmeiß sie in den Riesenleinensack über meiner Schulter. Die sonst so beschauliche Landstraße ist voller hupender und stinkender Autos. Die Insassen einer mattschwarzen Limousine beginnen mich auszulachen. Quetsch mich durch den Verkehr. Immer auf der Jagd nach dem nächsten Anker. Der Jutesack drückt schwer auf die Schulter. Die Fußsohlen schmerzen bei jedem Schritt. Der Asphalt ist glühend heiß. Muss hier falsch sein. Überall fiese Fratzen. Schrilles, lautes Gelächter. Will nur weg. Weg von hier. Da hinten am Horizont eine hellblaue Brücke. Los jetzt, schnell. Schneller! Warum verliere ich die Anker? Diese verfluchten Visagen! Die verfolgen mich! Scheiß Karren! Jetzt sind es schon drei. Die umzingeln mich. Die wollen mich überfahren! Was für hässliche Fratzen! Hört auf zu lachen! Schneller! Zur Brücke zwischen den Bergen! Gleich hab ich's geschafft! Die blaue Brücke! Endlich! Es wird seltsam ruhig. Ein kleines, wunderschönes, rotes Viereck schwebt tief unten. Gut zu erkennen vor den türkisfarbenen Wogen. Da sind wieder die Limos. Wieder diese Fratzen. Das Gelächter. Die Motoren heulen. Reifen qualmen.

Klack! Eine Tür kracht ins Schloss! Wer da? Was ist los?

Ich stürze: die Brücke hinab. Schneller, immer schneller. Anker! Überall goldene Anker. Gleich, gleich kommt der Aufprall, gleich!

Hanno schreckte schweißgebadet auf. Wieder so ein Albtraum. An angsterfüllte Nächte hatte er sich ja schon irgendwie gewöhnt, aber jetzt waren auch die Tage wieder zur Qual geworden. Seit er vor zwei Tagen eine ordentliche Tracht Prügel bezogen hatte, hatte er das Apartment nicht mehr verlassen.

Dieser gottverdammte Teppich. Wenn er doch nur gewusst hätte, dass das gute Stück arabischer Handarbeit ein sakrales Webwerk war. Nichtsahnend hatte er ihn am Tag vor der Installation von einem durchziehenden Straßenhändler gekauft. Hanno fand den dunkelroten Teppich mit den goldenen Verzierungen einfach nur schön. Er erschien ihm die angemessene Unterlage für das ambivalent umrahmte Meisterwerk. Also beließ Hanno das edle Knüpfstück an Ort und Stelle. Eine folgenschwere Entscheidung.

Auf Instagram, wo er die Fotos, Skizzen und Ölgemälde seiner bisherigen Werke veröffentlicht hatte, war ein Shit-Samum in Orkanstärke losgebrochen, und auf Facebook hatten ihm die meisten seiner arabischen Kontakte die Freundschaft gekündigt.

Warum in aller Welt hatte er sich auch vorher nicht die Zeit genommen, sich zu informieren? Ihm war doch klar gewesen, wie sensibel die Menschen bezüglich religiöser Fragen reagierten. Jetzt hatte er den Salat. Hanno jedenfalls fühlte sich als Künstler und als Mensch hier in Taghazout, ja vielleicht überhaupt in der arabischen Welt, ruiniert. Er hatte alles auf diese eine Karte gesetzt und nun das Gefühl, dass seine ohnehin wackelige Existenz mit einem Mal in sich zusammengebrochen war. Wenn er daran dachte, dass er jetzt schon dreißig war und extra für diesen Trip seine ganzen Ersparnisse zusammengekratzt hatte, wurde ihm ganz schwummrig. Er fühlte sich wie einer der vielen Straßenköter, die man tagsüber dösend in den schattigen Ecken der schmalen Gassen fand. Ihnen gleich fürchtete er, jederzeit mit Steinen beworfen zu werden. Steine, so groß, dass sie ihm das Leben nehmen konnten. Er war jetzt vogelfrei. Vielleicht war es besser davonzufliegen? Alles schien darauf hinzudeuten, dass es einfach an der Zeit war zu gehen. Vielleicht hatte Bruno doch recht gehabt. Vielleicht war dieser Kunstquatsch einfach lebensgefährlich. Sollte er den morgigen Tag ohne durchgeschnittene Kehle überstehen, würde er übermorgen wahrscheinlich – gescheitert und pleite, wie er war – an einer Depression zerbrechen.

Da war sie wieder, die Panik. Er musste unbedingt etwas tun, bevor sie die Kontrolle über ihn gewann und seinen Tag zerfraß. Surfen kam nicht infrage. Er konnte ja nicht mal das Haus verlassen.

Also griff er nach dem Skizzenblock neben seinem Bett und ließ dem Stift freien Lauf.

Vielleicht hatte Bruno doch recht gehabt. Vielleicht hätte er lieber etwas Vernünftiges machen sollen. Die meisten seiner Freunde führten schließlich auch recht normale Leben und waren glücklich damit. Ralf und Liese zum Beispiel. Zwar betonten sie immer, wie sehr sie ihn für seinen Mut bewunderten und wie neidisch sie auf sein Leben waren. In Wirklichkeit aber waren sie sehr zufrieden in ihrer wohligwarmen Leipziger Komfortzone. Sie machten keine Anstalten auszubrechen und würden niemals die Leinen, die sie zu einem sicheren Netz verwoben hatten, kappen, um das wilde Leben eines Künstlers zu führen. Bei Rob und Biene war das schon anders. Rob brauchte zumindest ein bisschen Ungewissheit in seinem Leben, was deutlich an seinen sportlichen Wagnissen zu sehen war. Im Unterschied zu Hanno aber zog Rob die Energie, mit jener Unsicherheit umzugehen, aus der Gewissheit, dass, egal was kommen würde, er Biene an seiner Seite hätte. Rob sammelte also die Kraft, das Unstete im Leben zu meistern, aus der Beständigkeit seiner Beziehung. Hanno hingegen hatte nichts Sicheres oder Stetes. An diesem Punkt in seinem Leben hatte er absolut nichts dergleichen vorzuweisen. Nada! Niente! Das Beste war noch sein Berufsabschluss als Erzieher ohne Arbeitserfahrung. Gleich gefolgt von seinem Hochschulabschluss in Kunst, welcher ihn, wie Bruno immer so schön sagte, im besten Fall dazu qualifizierte, Taxi zu fahren. Was auch kein sicheres Gewerbe mehr war, seit Uber die Markführung übernommen hatte. Er hatte seit einem knappen Jahr eine offene Beziehung zu einer wilden Partymaus aus Leipzig, die er schon seit gut zwei Monaten nicht mehr gesehen hatte. Im Zeitalter des Onlinedating via Tinder waren acht Wochen ja quasi eine volle Dekade und während sowohl Ralf und Liese als auch Rob und Biene gutes Geld verdienten oder es wenigstens bald verdienen würden, hatte er wie gesagt gerade seine letzten Ersparnisse auf den Kopf gehauen und seine Lebensversicherung beliehen.

Wieder fuhr er mit der Bettdecke über seine triefend nasse Stirn. Dann rieb er sich die immer noch müden Augen. Zumindest die Zeichnung, die der Stift im Skizzenblock hinterlassen hatte, gefiel ihm. In der Mitte war ein arabischer Gebetsteppich ausgebreitet.

Davor kauerte ein Straßenköter, der nach einem Platz als letzte Ruhestätte suchte. Überall um ihn herum standen Berber und Araber, die versuchten, ihn davon abzuhalten, sich auf dem kostbaren und heiligen Teppich niederzulassen. Manche warfen mit Steinen nach ihm, andere zogen an Schwanz, Ohren und Zunge. Über der Szenerie thronte eine schwarze alte Frau mit weißem Bart, die den schmuddeligen Hund mit einer ausladenden Geste einlud, auf dem heiligen Knüpfstück Platz zu nehmen. Sie legte sogar eigens für ihn ein Kissen bereit, auf dem in gestickten Buchstaben zu lesen war:

Von eines der drei Gleichen
&
Für alle, die es brauchen

Wieder verspürte Hanno einen Anflug von Panik. Er schmiss den Skizzenblock zur Seite und ging raus auf den Balkon. Die Sonnenstrahlen blendeten ihn.

Er musste mit jemandem reden, sonst würde er durchdrehen. Gestern Abend hatte er mit Elli geskypt. Es hatte gutgetan, ihre Stimme zu hören, und es war unheimlich erleichternd gewesen, mit ihr über seine dramatische Situation zu sprechen. Sie war die einzige, mit der er seither geredet hatte, und sie hatten sich auch für heute Abend zum Quatschen verabredet. Doch so lange wollte er nicht mehr warten. Vielleicht würde Rob Zeit haben. Hanno setzte sich an seinen Computer. Plötzlich klopfte es an der Tür. Er erstarrte.

Scheiße, verfluchte ... Was, wenn die jetzt einfach das Schloss knacken und mich hier in meiner Bude umlegen ... Keine Zeugen ... Der perfekte Ort ... Mann, ich hätte doch längst meine Sachen packen und mich aus diesem gottverdammten Land verpissen sollen ... Ich Idiot! ...

Es klopfte erneut. Hanno blickte sich um.

Was vor die Tür schieben ... und dann rüber auf den Nachbarbalkon klettern ... Weiter übers Dach ... laut schreien ... Ich brauch Zeugen ... Dann hab ich noch 'ne Chance ... Irgendwas runter auf die Straße schmeißen ... den Blumenkübel vielleicht ... Das kriegt schon wer mit ...

Wieder dieses Klopfen. Hanno schlich auf Zehenspitzen hinüber zur Kommode neben der Tür. Vorsichtig schob er sie unter die Klinke.

»Hanno? I made tea. You want some?«

Es war Omar!

Puhh ... Nochmal Glück gehabt ... Warte mal: Was, wenn das nur 'ne Falle ist? ... Was, wenn Omar auch sauer auf mich ist? ... Der Hausflur ist schmal ... kein Entkommen ... Besser erstmal checken ...

»Ah, Omar. Sure, I'll come down in a minute. Just finishing my painting, you know.«

»Yallah yallah! In schâ'a llâh.«

Durch einen Schlitz in der Tür konnte Hanno sehen, wie Omar allein und kopfschüttelnd die Treppe wieder hinunterlief. Hanno griff nach dem Schnitzmesser auf der Fensterbank und schob es sich in den Hosenbund. Er ließ die Tür zum Balkon offen und stellte den Blumentopf griffbereit aufs Geländer. Mit Adrenalin bis unters Dach geladen, schob er die Kommode wieder beiseite und öffnete die Eingangstür. Vorsichtig schlich er den schmalen dunklen Hausflur hinab bis ins Erdgeschoss.

Die Luft war rein. Omar saß in seiner Ecke, wie immer, wenn keine Kundschaft im Laden war. Vor ihm das silberne Tablett, die Kanne, die Gläser und natürlich die Zuckerquader. Hanno atmete erleichtert auf, als er sich neben ihm niederließ. Omar lächelte ihm wie gewohnt zur Begrüßung zu.

»Did you have a nice day?«

»No, I didn't!«

»Hmm ... well do you want some tea? Heard you got in trouble?«

Hanno nickte.

»Oh, you already know? And do you want to kill me too?«

Omar schlug ihm väterlich auf die Schulter.

»No, no. Don't worry my friend. You are safe here. I even kind of like your art.«

»Really? But what about the rug?«

»Well, I don't think Allah would mind if a dolphin, killed for nothing but greed, sat down on a rug to pray for a better world. I don't think that's disrespectful at all. It's disrespectful to kill like that! Oh, yes! And it's disrespectful to trash the world that Allah created for all of us, a world we are supposed to live on peacefully with each other. You are not supposed to treat a prayer rug disrespectfully, that's true. But I really don't feel like you did. If it gets dirty, you are supposed to wash it three times and dry it properly. So, if you do so, everything will be just fine.«

Omar lächelte jenes herzerwärmende Lächeln, das ihn so sympathisch machte. Dabei schenkte er Tee ein. Die silberne Kanne neigte sich und ein goldener Wasserfall sprudelte von hoch oben hinab in die Gläschen.

Dann wurde es still. Hanno war sein Leben lang Atheist gewesen und seine Kunst hatte nie einen religiösen Anspruch gehabt. Er hatte niemanden provozieren wollen. Sie war nicht als Statement gedacht gewesen. Es war einfach so passiert. Hanno konnte es kaum fassen.

»Well, thank you, Omar. But there are people who think differently. They are sure it was disrespectful. And no doubt they want to kill me for what I did.«

»I know, they've been here, and I sent them home. This is my house, and no one gets killed in here! In schâ'a llâh. Have some tea.«

Hanno nahm eines der dampfenden Gläschen und schlürfte nachdenklich daraus.

»Thank you, Omar. But I don't want to get you in trouble. It might be better for everybody if I leave the country. I feel like this is my problem. I did something wrong.«

Omars Miene wurde ungewohnt ernst.

»And I feel there is nothing wrong with what you did. You know, some people here just don't like foreigners. And yes, some foreigners are disrespectful unlike you. People abuse religion to get rid of the hate and anger inside themselves.

They are jealous for multiple reasons, and I understand that too. Look, you have a European passport, you can travel. You have access to education. You have a fair chance to find a job and live the life you want. Most young people here don't. It's not fair, but to be vengeful is not the right response! I don't need to tell you about hate and racism. You are German! You know where it can lead to.«

»But now what? What can I do?«

Omar schaute nachdenklich durch das Wirrwarr aus Tüchern, Taschen und T-Shirts hinaus auf die Straße.
»I'll talk to the local authorities. We'll find a way to make it right.«

»Really? You think so?«

»I do. Don't leave the house for now. You can come down here for tea and food. I'll make sure you get fed properly.«

Hanno lächelte dankbar.
»That's an amazing offer. Don't know how to thank you!«

»You don't owe me anything. It is every Muslim's duty to help people in trouble. Everything will be fine. In schâ'a llâh!«

»In schâ'a llâh! Omar, I just had an idea. Do you mind if I go up to my apartment now? I need to work.«

Omar schmunzelte verständnisvoll.
»Go and do what you need to.«

»I'll come back later, I promise! I just can't stop it if it … «

»Go, Hanno, go! You don't need to explain. It's alright.«

»Thanks, Omar. You are great.«

Hanno nahm den letzten Schluck aus seinem Glas, bevor er die Stufen hinauf zu seinem Apartment rannte. Er krallte sich die Kiste mit den Farben und stellte die Staffelei auf den Balkon. Der Pinsel tauchte ins pigmentierte Öl auf der Palette und strich über die lädierte Leinwand. Diesmal war keine Zeit, den ersten Pinselstrich zu zelebrieren. Es war ja auch der zweite, aber Hanno genoss ihn umso mehr.

Chapter Twenty-Two

Higher & Higher

Jackie Wilson

Genau 33 Stunden später und 2.656 Kilometer nordöstlich von *Morocco's surf capital*, im höchsten Haus der Republik Österreich, war Rob damit beschäftigt, für sich und seine Gäste das Abendessen zuzubereiten.

Die Erzherzog-Johann-Hütte des österreichischen Alpenvereins war geschlossen. Nur das Notlager war durch eine kleine Tür von der Terrasse aus begehbar und bot Bergsteigern auch im Winter Unterkunft. Vier einfache Kojen in einem schlichten Kellerraum ohne Dusch- und Heizmöglichkeit dienten Rob, Dieter und Heike als Adlerruhe vor dem geplanten Ausflug zum Gipfel am nächsten Morgen. Der Gaskocher loderte auf höchster Flamme und das Wasser im Topf blubberte dem Siedepunkt entgegen. Die Tütensuppen waren bereits aufgerissen und Rob saß auf seiner Isomatte in der Ecke des kühlen grauweißen Vorraums, während Dieter und Heike im Schlafraum auf den Betten hockten und sich von dem anstrengenden Aufstieg erholten.

»Alles gut bei dir, Didi? Irgendetwas stimmt doch nicht mit dir«, fragte Heike ein kleines bisschen beunruhigt. Ihr war aufgefallen, dass Dieter während des Aufstiegs sich ungewöhnlich oft durchs Gesicht gewischt und immer wieder seltsame Bewegungen mit seinem Kopf gemacht hatte.

»Hmm … ja, ich weiß auch nicht so genau, was mit mir los ist, aber irgendwie hab ich mich heute nicht recht wohl gefühlt.«

Er ließ den Oberkörper müde nach hinten auf die Matratze plumpsen.

»Ziemlich schlapp und zwischendurch war mir sogar ein-, zweimal ein bisschen schwindelig.«

Heike lächelte zögernd und antwortete scherzend:
»So kenn ich dich ja gar nicht. Wer wird denn hier schwächeln? Na ja, jetzt haben wir's ja geschafft für heute. In fünf Minuten gibt's Abendbrot und danach legen wir uns gleich hin und schlafen schön. Sollst mal sehen. Morgen früh wird's dir schon wieder gut gehen.«

Dieters leerer Blick war auf die Decke des engen Raums gerichtet.
»Klar, so einfach lass ich mich nicht unterkriegen. Wäre ja viel zu schade, wenn das jetzt nicht doch noch klappen würde. Endlich stimmt das Wetter und wir haben beide nochmal kurzfristig frei bekommen. Das ist auf jeden Fall unsere letzte Gelegenheit in diesem Jahr.«

Heike kuschelte sich neben ihn und flüsterte:
»Richtig, und ab und an muss man halt auch mal die Zähne ein bisschen zusammenbeißen, wenn man seine Ziele erreichen will. Optimismus ist die beste Medizin. Und zur Not trag ich dich morgen auch die zwei Stunden bis zum Gipfel.«

Dieter lachte leise.
»Jetzt ist aber gut. Du träumst wohl ein bisschen! Du weißt ganz genau, dass ich mich so leicht nicht unterkriegen lasse. Ich glaub, das war einfach der Stress der letzten Woche. Ich musste mich echt drehen wie 'n Propeller, damit ich die vier Tage für unsern letzten Gipfel dieses Jahr noch freischaufeln konnte.«

Heike lächelte verständnisvoll.
»Ja, musste ich auch, aber so ist das nun mal: ohne Fleiß kein Preis. So, und jetzt ist Schluss mit dem Gejammere! Lass mal nach Robert und unserem Abendbrot schauen.«

Gemeinsam schlenderten sie die paar Meter hinüber in den Vorraum. Vor gut fünf Jahren hatten sich die beiden kennengelernt. Heike hatte ein Coachingseminar für Führungskräfte gegeben und Dieter war einer der Teilnehmer gewesen. Sie waren einander auf den ersten Blick sympathisch. Aber Heike nahm ihren Job ernst und private Gefühle hatten keinen Platz in ihrem Business. Dieter hatte überlegt, die elegante Blondine im adretten Hosenanzug anzusprechen, wollte aber keinesfalls riskieren, einen Korb im Beisein seiner Kollegen zu kassieren. In den Tagen und Wochen danach hatte er so viel Stress in der Firma gehabt, dass an Romanzen gar nicht mehr zu denken war. Erst als er Heikes Bild ein halbes Jahr später auf einem Datingportal für erfolgreiche Business-Singles entdeckte, fasste er sich ein Herz und schickte ihr kurzerhand eine Kontaktanfrage. Nach einigem Hin- und Hergechatte trafen sie sich im wahren Leben und jetzt waren sie seit über vier Jahren ein Paar.

Heike war siebenundvierzig, hatte zwei mehr oder weniger erwachsene Kinder und eine Vorliebe für kleine weiße Hunde, gesundes Essen und guten Rotwein. Sie war streng religiös erzogen worden. Als Kind und Jugendliche hatte sie mittelmäßig ambitioniert Ballett getanzt, bis in der Pubertät ihre Brüste zu mächtig und ihre Beine zu stolz geworden waren. Danach hatte sie den Glauben ihrer Eltern genauso an den Nagel gehängt wie die Spitzenschuhe mit den Seidenbändern und hatte ihre Vorliebe für große, glattrasierte Männer mit braunen Haaren entdeckt. Erst mit Anfang dreißig, als ihre beiden Kinder aus dem Gröbsten raus waren und ihr Körper seine Form verloren hatte, begann sie, sich erneut sportlich zu betätigen. Aerobic und Bauch-Beine-Po im Fitnessstudio waren der Einstieg. Nach der Trennung von ihrem ersten Lebensgefährten kamen dann Pilates und Joggen im Park dazu. Schon als Kind war sie viel mit ihren Eltern wandern gewesen und zusammen mit Dieter hatte sie das Bergsteigen begonnen. Dieter war knapp zehn Jahre älter, glattrasiert, einen Meter neunzig groß, hatte dunkelbraunes Haar und einen West Highland Terrier. Als Jugendlicher war er der beste Stürmer auf den Bolzplätzen zwischen Nieder-Eschenbach und Sachsenhausen-Süd gewesen, aber der Traum vom Fußballprofi bei der Eintracht fiel den zahllosen Kippen, den Kästen Pils und vor allem der Leidenschaft für übermotorisierte Zweiräder zum Opfer. Nachdem sich eineinhalb Jahrzehnte später seine Frau von ihm getrennt hatte und der übertrieben große Bierbauch zum Problem geworden war, kam zum Motorrad in der Garage auch ein Rennrad. Er begann wieder zu kicken und gemeinsam mit einem Freund entdeckte er in einer der neu eröffneten Hallen das Klettern für sich. Mit Heike zusammen hatte er dann die ersten Bergwanderungen unternommen und so manchen Gipfel erklommen. Sie hatten zahlreiche Kletterkurse in der Halle absolviert. Den Einführungskurs ins alpine Bergsteigen hatten sie zufällig bei Rob gehabt. Weil sie seine ruhige Art und seine Geduld genauso beeindruckt hatten wie seine Kompetenz und sein vorausschauendes Handeln, hatten sie ihn später auch für einige ihrer Gipfel als Bergführer gebucht. Dieses Jahr hatten sich Dieter und Heike ein ganz besonderes Projekt vorgenommen. Sie wollten die *Seven European Summits* erklimmen, also die jeweils höchsten Gipfel der sieben Alpenländer. Die Zugspitze in Deutschland, den Mont Blanc in Frankreich, die Dufourspitze in der Schweiz, den Großglockner in Österreich, den Grand Paradiso in Italien, die Vordere Grauspitze in Liechtenstein und den Triglav in Slowenien. Weil sie beide beruflich voll eingespannt waren, konnten sie natürlich unmöglich alle Gipfel in einer europäischen Rundreise besteigen, wie es viele andere taten. Sie hatten stattdessen entschieden, sich über den Sommer verteilt immer wieder verlängerte Wochenenden zu arrangieren und dann gemeinsam zu den Gipfeln zu jetten. Von Frankfurt aus waren sie zum jeweils gipfelnächsten Flughafen geflogen und dann mit dem Mietwagen zum Fuß des Berges gefahren, wo sie sich mit Rob oder einem anderen Führer getroffen hatten, um den Berg zu bezwingen. Nach den anstrengenden Touren hatten sie sich ein schönes Hotelzimmer und gutes Essen gegönnt, bevor es wieder zurück ins Büro ging. Die verlängerten Wochenenden waren zu ihrer gemeinsamen Flucht aus dem Großstadtdschungel geworden, und am meisten liebten sie das romantische Happy End mit Rotwein und Kerzenlicht im Hotel am Abend nach den Strapazen. Sechs der sieben Gipfel hatten sie bereits bestiegen, nur ein Häkchen fehlte noch auf ihrer Liste, so kurz vor Ende des Jahres. Am 30. September war Hüttenschluss am Großglockner gewesen und damit endete auch die Bergsteigersaison. Dieter und Heike hatten die Tour an Österreichs sagenumwobenen Gipfel eigentlich für August geplant, aber dann war das Wetter dazwischengekommen. Beim zweiten Anlauf Mitte September mussten sie absagen, weil sich Dieter eine amtliche Erkältung zugezogen hatte und mit 40 Grad Fieber im Bett lag. Da hatten sie ihr Projekt eigentlich schon abgehakt. Als dann vor einer guten Woche der Anruf vom Bergführerbüro kam mit der Info, dass es aller Voraussicht nach nochmal eine Gutwetterperiode am Glockner geben würde und eine Begehung möglich schien, hatten Dieter und Heike Luftsprünge gemacht und sofort ihre Termine neu sortiert. Nach getaner Arbeit hatten sie sich gestern Abend ins

Flugzeug gesetzt und waren von Frankfurt nach Innsbruck geflogen. Dort hatten sie eine kurze Nacht in dem besten Hotel der Stadt verbracht. Um vier Uhr hatte der Wecker geklingelt, um fünf saßen sie im Mietwagen und halb neun hatten sie sich mit Rob in Kals am Fuße des Großglockners getroffen. Nach einem kurzen gemeinsamen Frühstück hatten sie die Ausrüstung gecheckt und dann waren sie vom Parkplatz am Lucknerhaus gestartet. Der Normalweg führte sie vorbei an der Lucknerhütte weiter zur Stüdlhütte und über den Gletscher bis auf die Erzherzog-Johann-Hütte. Jetzt hockten sie neben Rob im Vorraum und aßen zufrieden ihr Abendbrot. Heikes müder Kopf lehnte an Dieters erschöpfter Schulter. Sich an ihn schmiegend und mehr zu sich selbst sagte sie:

»Hmm, wie köstlich doch so ein einfaches Fertiggericht sein kann. Das schmeckt besser als jedes Fünf-Gänge-Menü im Hilton.«

Dieter entgegnete schmatzend:

»Ja, wenn man nur genügend Hunger hat, schmeckt der älteste Kanten Brot wie frisch gebacken.«

Heike gab ihm sachte einen Stoß mit dem Ellenbogen gegen den Brustkorb.

»Stimmt gar nicht, der Robert ist einfach ein ausgezeichneter Koch.«

Rob nickte fröhlich und hob den Löffel.

»Stimmt, so gut wie ich macht keiner die Tütensuppen warm!«

Die drei lachten mit vollen Mündern, bis Dieter wieder ernst wurde.

»Das ist mit Abstand der abenteuerlichste Gipfel unseres Projekts. Keine Menschenseele hier am Berg und schlafen im Notlager, das fühlt sich fast an wie auf einer richtigen Expedition.«

Heikes Augen funkelten.

»Ja, das ist wirklich der krönende Abschluss unseres alpinen Jahres und wer hätte gedacht, dass wir tatsächlich nochmal die Möglichkeit bekommen. Der Aufstieg heute war schon atemberaubend. Das herrliche Wetter und die wunderbare Aussicht haben auf jeden Fall mal wieder alle Strapazen aufgewogen. Und diese Ruhe hier!«

Rob grinste.

»Das ist was anderes hier als der Mont Blanc im Juli, ha? Ja, ja, das Bergsteigen hat sich ganz schön verändert und zwar gerade in den letzten zwanzig Jahren. Die Zeit der Pioniere und Abenteurer liegt lange hinter uns. Aber dass sich aus dem seltsamen Hobby einsamer bärtiger Männer mal ein Trend für jedermann entwickeln würde, hätte vor 50 Jahren wohl niemand gedacht. Jetzt ist Alpinismus ganz und gar ein Breitensport und wir sind alle Teil davon. Ihr, ich und die 300 Mann, die an dem sonnigen Julitag mit uns zum Gipfel des Mont Blanc aufgebrochen sind eben auch. Tja, da bleiben Staus an den Engstellen der Routen und überfüllte Hütten nicht aus. Was meint ihr denn, was im Sommer oben an der Glocknerscharte manchmal los ist? Da kannst du *easy* mal 'ne halbe Stunde Wartezeit haben. Wenn es mehr Leute gibt, die Fußball spielen wollen, dann baut man einfach mehr Stadien. Wenn es mehr Leute gibt, die schwimmen wollen, baut man einfach mehr Schwimmbäder, aber wenn es mehr Leute gibt, die Gipfel besteigen wollen, dann kann man ja schlecht mehr Gipfel bauen. Dazu kommt, dass wie bei allen Outdoor-Sportarten ja auch das Wetter noch eine Riesenrolle spielt. Habt ihr ja dieses Jahr auch gemerkt. In die Schwimmhalle kann man theoretisch vierundzwanzig-sieben, aber Gipfeltage gibt es eben nur soundso viele im Jahr. Und klar gibt es jetzt auch unzählige Kletterhallen, aber das führt ja nur dazu, dass sich noch mehr Menschen für den Alpinismus interessieren und dann im Urlaub in die echten Berge fahren wollen.«

Dieter und Heike schauten einander schuldbewusst an.

»Genau wie wir.«

Rob schob sich erneut einen Löffel Nudeln in den Mund, bevor er mit vollen Backen weiterredete.

»Versteht mich nicht falsch. Ich sage nicht, dass das grundsätzlich schlecht ist. Ich bin ja selbst Teil des Ganzen. Ich verdiene sogar meine Brötchen damit. Aber die Romantik am Berg, die Magie der Natur und die Erfahrung der Ausgesetztheit gehen mehr und mehr verloren, während der sportliche Leistungsgedanke immer weiter in den Mittelpunkt rückt und das finde ich schon schade. Die Ausrüstung ist immer leichter geworden und die Routen immer besser abgesichert und manchmal hab ich das Gefühl, die Leute verwechseln den Berg mit der Kletterhalle und realisieren nicht, dass es hier eben nicht nur um sportliche Höchstleistungen geht, sondern dass Mutter Natur hier auch noch 'n Wörtchen mitzureden hat.«

Dieter schaute etwas betreten und Heike antwortete verlegen:
»Deshalb ist es ja so wichtig, dass es qualifizierte Führer wie dich gibt.«

Rob schmunzelte zufrieden.
»Und verantwortungsvolle Bergfreunde wie euch. Ich freu mich auf jeden Fall, dass euch das Abenteuer heute Spaß gemacht hat, und wenn alles gut geht, sehen wir morgen auf dem Weg zum Gipfel sogar ein paar Steinadler.«

Heike nahm den letzten Löffel Nudeln aus der silbernen Tüte.
»Ja, da freu ich mich auch schon drauf, aber jetzt ist es erstmal Zeit für uns, ins Bett zu gehen.«

Rob nickte verständnisvoll.
»Ich räum hier noch auf und dann komm ich nach. War sonst alles gut bei dir heute, Dieter? Hatte den Eindruck, dass du ab und an ein wenig mit dir kämpfen musstest.«

Über Dieters Antlitz huschte ein Schatten verlegener Röte. Doch bevor er etwas sagen konnte, antwortete Heike für ihn:
»Ach, das war einfach der ganze Stress die letzten Tage in Frankfurt. Das hab ich auch in den Knochen gespürt. Ist halt nicht ein Tag wie der andere und die Jüngsten sind wir auch nicht mehr. Jetzt gibt's erstmal 'ne Mütze voll Schlaf und dann schaut die Welt schon wieder ganz anders aus. Stimmt's, Schatzi?«

Dieter nickte.
»Hast recht. Ich werd bestimmt schlafen wie ein Murmeltier.«

Rob schaute sie ernst an.
»Aber wenn irgendwas nicht stimmt mit euch, sagt bitte rechtzeitig Bescheid!«

Dieter und Heike nickten synchron.

»Na gut, dann schlaft mal schön, ihr zwei. Ich bereite alles für morgen früh vor. Dann leg ich mich auch hin. Wecker geht um halb sieben und Abmarsch ist um halb acht!«

Heike und Dieter nickten den Terminplan ab und verabschiedeten sich in ihre Schlafsäcke nach nebenan. Rob packte den Müll ein und verstaute den Gaskocher. Danach zog er sich nochmals seine Daunenjacke über, öffnete die Luke und kletterte hinaus auf die Terrasse. Der Ausblick war atemberaubend. Die Sterne funkelten in der mondlosen Nacht und die Milchstraße überspannte den Bogen zwischen den Gipfeln am Horizont. Rob lehnte sich an das hölzerne Geländer der schneeverwehten Terrasse und genoss das Panorama. Die letzten Tage waren anstrengend gewesen. Eine Gruppe von drei Freunden hatte ihn für den Jubiläumsgrat an der Zugspitze gebucht. Die jungen Männer zwischen Anfang dreißig und Ende vierzig waren bis unter die Zähne mit Kameras bewaffnet gewesen und jede etwas kniffeligere Passage musste aus allen erdenklichen Perspektiven gefilmt werden. Rob fühlte sich zwischendurch mehr wie auf dem Set für einen Blockbuster als auf einer Bergtour. Er hatte Verständnis dafür, dass Menschen ihre schönsten Momente auf Fotos oder Videos festhalten wollten, auch wenn er selbst gar kein Bedürfnis danach hatte. Aber dass jeder der Jungs zwei GoPros am Helm befestigt hatte und zusätzlich noch eine weitere am Selfie-Stick, schien ihm ein bisschen dick aufgetragen für einen zweitägigen Ausflug auf einer doch recht einfachen Tour. Außerdem machten sich die drei mehr Gedanken um Perspektiven und Szenen, darum, wie lange die Akkus noch halten würden und wo die nächste Stromquelle war als um Wind und Wetter oder Schwierigkeitsgrad und Ausrüstung. Ihm fiel auch auf, dass die Männer die atemberaubende Landschaft um sie herum nur noch als Kulisse ihres Spielfilms begriffen. Nicht die unvergesslichen Momente am Berg mit den Freunden waren das Ziel ihres Ausflugs, sondern das atemberaubende Video für ihre Facebook- und Instagramaccounts. Es war nicht die erste Gruppe von GoPro-Fanatikern, mit der er am Berg war, und bisher hatten sie sich alle an seine Anweisungen gehalten. Er hatte immer darauf geachtet, dass die Jungs, wenn es darauf ankam, sich auf das Wesentliche konzentrierten. Solange das klappte, hatte er nichts gegen das Gefilme. Wenn er sich aber vorstellte, dass die drei auf die Idee kommen würden, die nächste Tour womöglich ohne Führer zu planen, wurde ihm himmelangst und bange. Mehr als sie warnen und hoffen, dass aus ihren Action- keine Horrormovies wurden, blieb ihm jedoch nicht übrig.

Nach der nervenaufreibenden Tour mit dem Amateurfilmtrio hatte er gestern einen alten Bekannten in Innsbruck besucht und den Nachmittag mit Anekdoten von früher verbracht, bevor er sich genau wie Dieter und Heike heute Morgen auf den Weg nach Kals gemacht hatte.

Für mindestens zwei Monate würde er jetzt wieder unterwegs sein. Als er sich von Biene verabschiedet und die Haustür hinter sich zugezogen hatte, waren eigentlich nur drei Wochen geplant gewesen. Doch dann hatte er einen Anruf nach dem anderen vom Bergführerbüro bekommen. Nach der Tour hier am Glockner würde er Eiskletterkurse für Anfänger geben und als Skiguide arbeiten. Mit ziemlicher Sicherheit würde er Weihnachten nicht zu Hause verbringen und Biene nicht vor Ende Februar wiedersehen können.

Er wollte sich im nächsten Jahr viel freinehmen, um Biene in der entscheidenden Phase der Schwangerschaft zu unterstützen und um Zeit für seine Tochter zu haben. Natürlich hatte er es nicht lassen können, die Schwester beim Ultraschall heimlich nach dem Geschlecht zu fragen. Er würde es ja niemandem verraten. Vieles würde sich verändern mit einem Kind in seinem Leben und er freute sich wahnsinnig darauf. So mancher seiner Freunde hatte ihn zwar gefragt, ob er es für verantwortungsvoll hielte, einen so riskanten Job auch mit Familie zu machen, aber er hatte immer voller Selbstbewusstsein geantwortet, dass sein Job, wenn man ihn ernst nahm, nicht gefährlicher sei als jeder andere. Es würde keine Free-Solo-Projekte mehr geben und auch die Zeit der ganz wilden Alleingänge in den extrem schwierigen alpinen Wänden war vorbei. Das war ihm klar, aber das Führen auf den gefragten Normalwegen, das Skitourengehen und das Sportklettern waren – richtig vorbereitet und verantwortungsvoll durchgeführt – seiner Meinung nach eine vergleichsweise sichere Angelegenheit.

Rob drehte sich um und sah den schneebedeckten Grat entlang Richtung Gipfel. Unter keinen Umständen würde er seinen Arbeitsplatz hier draußen gegen einen Sessel im Büro eintauschen. Gemütlich schlenderte er vorbei an der rustikalen holzverschindelten Hütte hin zu der halbhohen Tür am Ende der Terrasse. Auf halbem Weg sah er, wie eine riesige Sternschnuppe mit ellenlangem Schweif die stille Kälte der Nacht durchschnitt. Es war mit Abstand die größte, die er seit Ewigkeiten gesehen hatte, und mit offenem Mund verfolgte er das beeindruckende Schauspiel, bis das Feuer am Himmel erloschen war. Seit Tausenden von Jahren ließen kleine Staubkrümel wie diese die Fantasie des Menschen aufglühen und wie so viele vor ihm schloss auch Rob vorsichtig die Augen. Heimlich wünschte er sich, sobald wie möglich zurück zu …

Chapter Twenty-Three

Goin' Down Slow

Bobby »Blue« Bland

Heike lehnte an dem eisernen Kreuz, das mit güldenen Tafeln beschlagen die Spitze der Alpenrepublik markierte. Es ragte noch knapp zwei Meter aus der Schneedecke hinaus in den blauen Himmel über ihnen. Zu ihren Füßen baumelte der unschuldige Heiland. Vor ihr aber stand der wahrhaftige Held ihres Jahres. Dieter hatte stolzen Schrittes die letzten Meter gemeistert und fiel in ihre offenen Arme. Sie hatten geschafft, was sie sich in jener Nacht vor 344 Tagen in den Kopf gesetzt hatten. Die sieben jeweils höchsten Gipfel der sieben Alpenländer waren bestiegen. Sie waren nicht die Ersten auf den sieben Gipfeln gewesen und es waren auch nicht die schwersten Gipfel der Welt. Es waren noch nicht mal die schwersten Gipfel Europas gewesen, und sie hatten bis auf eine Ausnahme immer einen Bergführer dabeigehabt, aber darum ging es Heike gar nicht. Ihr ging es darum, die selbstgesteckten Ziele im Leben zu erreichen und so die nächsthöhere Stufe zu erklimmen. In fast jedem ihrer Vorträge in den Führungsetagen deutscher DAX-Unternehmen ging es an irgendeinem Punkt um die beinahe heilige Schlüsselkompetenz: in der Lage zu sein, sich Ziele zu setzen, die möglichst anspruchsvoll waren, ohne dabei völlig unrealistisch zu sein. Ziele, die einen nötigten, auf Zehenspitzen den schmalen Grat zwischen genialer Vision und unmöglicher Utopie entlang zu balancieren. Nur erreichbar, wenn man bereit war, jener unsichtbaren ungewissen Schlängellinie zu folgen, die vom momentan Gekonnten über den durch das Anstreben eines ambitionierten Zieles generierten Lernzuwachs hin zum potenziell besseren Ich der Zukunft führte. Gelang das Vorhaben, würde man das nächsthöhere Plateau seiner selbst erreichen. Doch einen Platz zum Ausruhen würde man dort nicht finden. Es war nur einer von unendlich vielen Schritten auf dem Weg zum Gipfel des Schaffens. Der Zugang zu dieser sich selbst nährenden Spirale der persönlichen

Höherentwicklung war jedoch den meisten Menschen verwehrt, weil sie die beiden zum Betreten des Weisheitskreisels nötigen, essenziellen Persönlichkeitsmerkmale vermissen ließen. Zum einen musste man in der Lage sein, die richtigen Ziele zu wählen, und zum anderen musste man bereit sein, die eigene Komfortzone zu verlassen, um den nötigen Schritt vorwärts machen zu können. Das eine wie das andere konnte man lernen, doch in die Wiege gelegt bekam es keiner. »Seien Sie nicht zu bequem und wagen Sie sich aus Ihrer Komfortzone heraus. Machen Sie kleine Schritte, aber machen Sie sich auf den Weg. Beginnen Sie noch heute damit, Ihre Ängste zu überwinden und nach Ihren Träumen zu greifen.«

Das waren ihre Abschlusssätze zu diesem Thema in den Büroetagen immer gewesen. Jetzt blitzte der letzte Sonnenstrahl durch eine sich langsam schließende Wolkendecke und Heike fühlte sich stark erleuchtet von einer Weisheit, die sie nun schon seit vielen Jahren predigte und doch bisher selten so intensiv erlebt hatte. Stolz darauf, gemeinsam mit Dieter die bisher höchste Stufe erklommen zu haben, genoss sie für einen Moment das diesiger werdende Panorama.

Als sie vor zwei Stunden die Hütte verlassen hatten, war sie sich des Gipfels alles andere als sicher gewesen. Dieter hatte keinen guten Eindruck auf sie gemacht. Zwar hatte er auf Nachfrage gesagt, dass alles bestens sei, doch schon während des Zähneputzens hatte sie beobachtet, wie er sich zweimal am Geländer abstützen musste. Sie wusste, dass er Rob nicht informieren würde, weil dies höchstwahrscheinlich den Abbruch bedeutet hätte. Irgendwie konnte sie ihn auch verstehen, denn auch sie wollte es wenigstens probiert haben. Sie nahm sich vor, Dieter genau im Blick zu behalten, und wenn es zu heikel werden sollte, nicht zu zögern und Rob sofort zu benachrichtigen.

Die ersten Meter über das weite Schneefeld hinauf zum Grat hatte Dieter eine gute Figur gemacht. Erst auf dem Gipfel des Kleinen Glockners hatte er sich neben eine der Metallstangen gehockt, die als Zwischensicherungen dienten, und mit den eiskalten Fingern das müde Gesicht gerieben. Als Rob erneut fragte, ob alles in Ordnung sei und Dieter nur störrisch nickte, war sie beinahe soweit gewesen, Rob die Wahrheit zu sagen, aber mit dem Ziel zum Greifen nah kamen ihr die Worte einfach nicht über die Lippen. Es waren noch lachhafte 80 Meter Luftlinie. Nur noch die obere Glocknerscharte und ein 30-Meter-Aufstieg trennten sie vom eigentlichen Gipfel.

Nachdem Rob als Erster in die Scharte hinabgestiegen war und auf dem schmalen schneebedeckten Felsband balancierte, das die beiden Gipfel miteinander verband und zu beiden Seiten Hunderte Meter nahezu senkrecht abfiel, hatte sie Dieter nochmals tief in die Augen geschaut. Sie sah die Entschlossenheit, den Ehrgeiz und den unbedingten Willen, es versuchen zu wollen, aber sie sah auch, dass keineswegs alles tiptop war. Er hatte ihr beruhigend zugenickt und sie hatte sich entschieden weiterzugehen.

Umso größer war der Stein, der ihr jetzt vom Herzen gefallen war. Sie hatten es geschafft. Sie hatten das scheinbar Unmögliche möglich gemacht und auch den letzten Gipfel gerade noch rechtzeitig abgehakt. Sie gab Dieter einen Kuss auf die kalte, raue Wange. Tiefe Zuneigung und innige Liebe durchströmten sie so intensiv, wie sie es nie zuvor erlebt hatte. Gerne hätte sie diesen Moment noch ewig ausgekostet, doch ihr war nicht entgangen, dass der sonst so ruhige und immer gefasst wirkende Rob schon während des finalen Anstiegs zum Gipfel ungewöhnlich gedrängelt hatte. Mit ernster Miene hatte er auf die Wolken im Tal geschaut, während Heike und Dieter noch die üblichen Gipfelfotos gemacht hatten. Danach drängte er zum sofortigen Abstieg. Nach einem erneuten Blick in Dieters nervöse Augen war Heike klar, dass nun der Moment gekommen war.

»Hey Rob! Ich glaub, Dieter geht es heute nicht so gut. Vielleicht ist es besser, hier noch kurz auszuruhen?«

»Manometer! Ich hab doch gesagt, ihr sollt rechtzeitig Bescheid geben, wenn was nicht stimmt. Jetzt haben wir den Schlamassel!«

Rob schaute zu Dieter, der noch immer neben dem Kreuz saß und gar keinen guten Eindruck machte.

»Es wird ihm schon gleich besser gehen!«, erwiderte Heike.

»Gib ihm zehn Minuten zum Verschnaufen.«

»Auf keinen Fall! Wir müssen über die Scharte, bevor das Wetter kippt. Seht ihr die Wolken? Das kann jetzt ganz schnell gehen und wir sind mitten im Sturm und dann halleluja!«

Rob schüttelte den Kopf.

Ich hab's geahnt … Dass die aber auch nicht mal das Maul aufmachen können … Verflixt, jetzt ist die Kacke am Dampfen … Zieht sich zu da hinten … Und ich hab dreimal gefragt, ob alles in Ordnung ist … Dieter sieht gar nicht gut aus … Hätt ich gewusst, dass das Wetter umschlägt, wär ich mit denen am Kleinen Glockner umgekehrt … Hab mir schon gedacht, dass mit dem was nicht stimmt … Jetzt aber schnell …

»Okay! Wir müssen es wenigstens zurück auf den Kleinen Glockner schaffen. Dann können wir vielleicht kurz verschnaufen. Heike, du gehst als Erste am Seil. Wir nehmen Dieter in die Mitte und ich sichere euch von hinten. Macht keine Hektik, aber wir müssen so zügig wie möglich runter. Verstanden?«

Heike nickte. Rob fuhr fort.
»Vor der Scharte ist nochmal ein Stand. Da fixiert ihr euch. Dann komm ich nach. Alles klar?«

Dieter verharrte regungslos. Rob klopfte ihm auf die Schultern.
»Wer B-steigt muss auch A sagen. Los geht's! Wir haben keine Zeit zu verlieren!«

Heike nickte, gab Dieter einen Kuss, checkte das Seil und begann mit dem Abstieg. Dieter raffte sich auf und folgte ihr unsicheren Schrittes. Rob legte das Seil um die vom Gipfel nächstgelegene Stange und begann zu sichern. Der Himmel zog sich zu und während Heike wenig Probleme beim Abstieg hatte, schwankte Dieter zusehends. Als sie die Scharte erreicht hatten, waren die Wolken so dicht, dass sie Rob nicht mehr sehen konnten. Sie klickten den Kara, der durch eine Schlinge mit ihrem Gurt verbunden war, in die Öse der Metallstange und zogen dreimal kräftig am Seil. Keine zwei Minuten später stand Rob neben ihnen.
»Okay, selbes Spiel. Heike zuerst, dann Dieter. Ich komm nach, wenn ihr euch drüben ins Stahlseil eingebunden habt.«

Da lag er nun vor ihr, jener schmale Grat, von dem sie in so vielen Seminaren erzählt hatte. Auf Zehenspitzen aber wollte sie heute lieber nicht balancieren. Der Wind hatte merklich aufgefrischt und blies ihr böig ins Gesicht, als sie freihändig die zwanzig Zentimeter breite und zu beiden Seiten steil abfallende Schneide überschritt. Erleichtert klickte sie ihren Karabiner in das Stahlseil auf der gegenüberliegenden Seite. Sie drehte sich um und obwohl sie nur wenige Meter von den Männern trennte, konnte sie keine Menschenseele sehen oder hören. Der Wind fauchte laut und der Nebel war dicht wie Zuckerwatte geworden. Nur wenige Meter entfernt und doch auf einem anderen Berg in einer anderen Welt schien sie zu sein. Plötzlich zeichneten sich Dieters schwankende Konturen auf dem Grat ab. Heike begann zu beten. Zum ersten Mal seit Jahrzehnten. Sie betete um Vergebung und dafür, dass das schwankende, zitternde Elend vor ihren Augen die nächsten Stunden überleben würde. Auf dass es sich wieder in den glattrasierten, so wunderbar duftenden, muskulösen Rotweinsommelier verwandeln würde.

Eine Böe erfasste Dieter. Er war nur noch gut zwei Meter entfernt und schien zum Greifen nahe. Heike versuchte, ihn an der Jacke zu packen. Zu spät. Es krachte und Dieter stürzte hinab in die vereiste, fast senkrechte Pallavicinirinne. Im selben Moment knallte Heike mit immer noch ausgestrecktem Arm gegen die Wand. Dieters Sturz hatte das Seil, mit dem sie verbunden waren, rucken und Heike gegen den Felsen krachen lassen. Dieter schrie vor Schmerz. Heike schaute sich verunsichert um, doch von Rob war keine Spur.

Nach einer ewigen Minute der Schreie und Gebete tauchte der Engel aus dem Nebel auf dem Scheideweg hinter ihr auf. Es dauerte keine drei Sekunden, bis Rob realisiert hatte, was passiert war. Er hatte es sowieso bereits geahnt und auf einmal machte es klick in seinem Kopf. Etwas schaltete um. Er hatte das schon öfter erlebt. Immer dann, wenn es drauf ankam. Wenn es um Leben und Tod ging, schaltete irgendetwas in seinem Kopf auf Automatik. Auf *life saving mode*. Sein Bewusstsein war erweitert und er konnte gleichzeitig alles um sich herum wahrnehmen und sich doch auf das Wesentliche konzentrieren. Er dachte klar, schnell und geordnet. Zuerst checkte er Heike. Sie war geschockt, aber okay. Dann seilte er sich zu Dieter ab. Der hatte sich offensichtlich das Bein gebrochen. Rob redete beruhigend auf ihn ein, während er eine Umlenkrolle an seinem Gurt befestigte. Im Anschluss stieg er die eisige Rinne wieder hinauf auf den Grat. Er installierte einen Schweizer Flaschenzug am Fixpunkt und befreite Heike aus der Sicherungskette. Erleichtert zog sie sich am Stahlseil entlang etwas nach oben, um den Weg für die Bergung ihres Geliebten freizumachen. Ihr rechter Arm schmerzte, war aber zum Glück noch voll funktionsfähig, als sie ihren Karabiner in das Stahlseil klickte, um sich separat zu sichern. Außer ein paar Kratzern und einem ordentlichen Schreck hatte sie beim Schlag gegen den Fels scheinbar nichts abbekommen. Zug um Zug, Schrei um Schrei, bugsierte Rob den Verletzten hinauf. Dieter hatte höllische Schmerzen. Zu allem Überfluss begann es jetzt auch noch zu schneien.

Sie mussten hier weg. So schnell wie möglich. Zügig baute Rob den Flaschenzug ab. Dann schiente er Dieters Bein behelfsmäßig mit einem Pickel und lud ihn sich mit Heikes Hilfe auf den Rücken. Die Beine durch die Schulterschlaufen seines Rucksacks, klemmte der fast 60-Jährige im Tragegestell wie ein Baby auf dem Rücken seiner Mutter. Die Arme um Robs Brust geschlungen, krallte sich Dieter fest, so gut er konnte. Rob schaute den Grat zum Kleinen Glockner hinauf.

»Ich steige voran. Sobald ich einen Stand erreicht habe, fixiere ich mich und Dieter und ziehe dreimal kurz am Seil. Dann kommst du nach, Heike. Verstanden?«

Sie nickte. Mit kapp hundert Kilo auf dem Rücken begann Rob, den Kleinen Glockner hinaufzusteigen. Er dampfte wie ein Atomreaktor und wusste, dass es unter diesen Bedingungen nicht lang bis zur Kernschmelze dauern würde, aber er stieg weiter, Schritt für Schritt und Griff um Griff.

Gut anderthalb Stunden später hatten sie den Kleinen Glockner überschritten. Der totalen Erschöpfung nahe, ließ Rob sich und seinen Ballast im frischen Schnee nieder. Sie saßen am Einstieg in die Eisleitl, jener steilen Rinne, die in das weite flache Schneefeld auslief, an dessen Fuße die ersehnten vier Wände der Erzherzog-Johann-Hütte warteten. Rob hatte mithilfe einer langen Eisschraube eine Abalakov-Schlinge gefädelt und gleichzeitig Heike gezeigt, wie man eine solche Schraube benutzte. Dann hatte er ihr eine an den Gurt gehängt, damit sie sich selbst und Dieter im steilen Eis würde sichern können. Mittlerweile hatte sich der Schneesturm festgesetzt und man konnte kaum mehr die Hand vor Augen sehen. Heike seilte sich als Erste ab. Am Ende des Seils angekommen, schlug sie mit ihrem Pickel und den Steigeisen eine kleine Plattform ins Eis. Dann drehte sie die Schraube ein, sicherte sich und wartete darauf, dass Rob Dieter zu ihr hinablassen würde. Das verletzte Bein in die Luft gestreckt, kam er schließlich, auf dem Rücken liegend, zu ihr heruntergerutscht. Der Wind hatte sich gelegt, aber es schneite nach wie vor große dicke Flocken vom Himmel. Die Stille wurde immer wieder von Dieters schmerzerfüllten Schreien durchbrochen.

Den schwierigsten Teil des Abstiegs hatten sie jetzt hinter sich und es war nicht mehr allzu weit bis zur Adlersruhe. Nestwärme, garantierter Schutz und höchstwahrscheinlich Telefonempfang warteten nur einen Katzensprung entfernt. Dort würden sie ausharren können, bis sich das Wetter gelegt und der Hubschrauber zu ihrer Rettung erhoben hatte. Heike betete zu einem Gott, von dem sie die letzten 30 Jahre sicher war, dass es ihn nicht gab, und dessen Hilfe sie jetzt so dringend in Anspruch nehmen wollte wie nie zuvor in ihrem Leben. Sie betete zu dem Barmherzigen, auf dass er ihr für die Fehler, die sie und Dieter gemacht hatten, vergeben und Rob angemessen belohnen würde für die übermenschliche Kraftanstrengung und die tapfere Leistung, die er ihretwegen hatte vollbringen müssen.

Chapter Twenty-Four

Big Wave

Donavon Frankenreiter

Sie war noch nicht zu sehen, aber der Sonntag war angebrochen. Das Wasser war etwas kälter als in den letzten Tagen und die felsigen Klippen sahen heute viel gefährlicher aus als sonst. Die Wellen vor seiner Nase waren eine amtliche Hausnummer. Zwanzig-Sekunden-Periode und zwölf Fuß Ground Swell bei völliger Windstille produzierten gigantische Wasserberge, die sich in absoluter Perfektion am Riff entlang in die Bucht brachen.

Hanno kramte die kleine grüne Aluminiumkapsel hervor, die er zuvor im Apartment in das Schlüsselfach seiner Leash gesteckt hatte. Genau wie Rob trug er sie seit jener mondlosen Nacht vor gut drei Jahren immer bei sich. Sie hatten sich damals bei Hanno getroffen, um die Asche aufzuteilen, nachdem sie ihre Mission auf dem Friedhof erfolgreich abgeschlossen hatten. Es war Marks Wunsch gewesen, nach seinem Ableben verbrannt zu werden, auf dass die Asche über alle fünf Kontinente und sieben Weltmeere verteilt würde. Er hatte es immer halb im Spaß gesagt, mit einem Augenzwinkern, wie jemand, der nicht damit rechnet, in den nächsten fünfzig Jahren zu sterben. Rob und Hanno jedoch wussten um die Ernsthaftigkeit dieses Anliegens.

Ein Viertel der Asche hatte Hanno in der Urne zurückgelassen und mit der mitgebrachten Rinderknochenasche vermischt. Vielleicht war auch deshalb der Eingriff bei der Urnenkontrolle am nächsten Tag nicht aufgefallen. Außerdem war auf diese Weise sichergestellt, dass für jenen Teil der Angehörigen, der wirklich ein Interesse am Grab als Ort der Trauer und des Gedenkens an Mark hatte, ein Stück Mark an diesem Platz war.

Den Rest teilten sie in drei gleiche Teile. Einen Teil verstreuten sie gemeinsam mit allen Freunden während einer Zeremonie ein paar Wochen nach Marks Tod in einen kleinen Bach, auf dass er die Asche über den Fluss in die Nordsee und dann hinaus in alle sieben Weltmeere verteilen würde. Einen Teil behielt Rob und den dritten Teil behielt Hanno. Die beiden versprachen einander und Mark, ihre Teile auf alle Kontinente der Erde zu verteilen. An besonderen Plätzen und in besonderen Momenten, auf dass Mark an ihnen teilhaben sollte.

Es konnte gut sein, dass das hier heute Hannos letzter Surf in Marokko werden würde. Er wusste, dass Said ihm nicht vergeben hatte. Ja, vielleicht niemals vergeben würde. Deshalb saß er noch immer auf gepackten Koffern. Bevor sie ihn umbringen konnten, würde er lieber das Land verlassen. Doch eine Sache hatte er noch zu erledigen, ehe er gehen konnte.

Er stand auf dem Felsen. Um ihn herum krachte es. Meterhohe Fontänen schossen empor und die Gischt fegte durch sein Gesicht, als er die kleine grüne Kapsel aufschraubte. Er hielt kurz inne und mit der nächsten Welle, die gegen den Felsen donnerte, verstreute er in einer schwungvollen Bewegung das grauweiße Pulver. Unheimlich erleichtert schraubte er die Kapsel wieder zu und verstaute sie.

Niemals hätte er es sich verziehen, Marokko zu verlassen, ohne Marks Wunsch zu erfüllen. Den Blick aufs Meer gerichtet, stand er da, unter seinem Arm klemmte die smaragdgrüne Semi-Gun und er hatte gehörigen Respekt vor dem, was er da sah. Es war nicht das erste Mal, dass Hanno es mit dicken Wellen zu tun hatte, doch jedes einzelne Mal war es etwas ganz Besonderes für ihn. Klar, gemessen an den größten je gerittenen Wellen, an diesen 30-Meter-Nazaré-Übermonstern, in die sich eine Handvoll elitärer Tow-in-Surfer mit Jetskis, Rettungswesten und Helikopterkamerateams stürzten, war das, was er hier veranstaltete, natürlich Kindergarten. Aber es war Kindergarten, ganz große Gruppe. Denn von den Tausenden Surfern, die aus aller Welt kamen, um hier in und um Taghazout zu surfen, und den Hunderten Locals, die hier immer jeden Tag ins Wasser gingen, gab es vielleicht zwei, im besten Fall auch drei Dutzend Wagemutige, die heute ins Wasser springen würden.

Gesehen hatte er von den paar Dutzend auf seinem Weg hier zum *Killer Point* noch niemanden – und das, obwohl normalerweise bei Tagesanbruch immer schon mindestens zehn Typen am *Anchor* saßen. Bei dicken Dingern als Erster rauszupaddeln, hatte in Hanno schon immer dieses stolze Gefühl der Erhabenheit ausgelöst. Weil die Tide recht *high* war, als er hier eintraf, und deshalb der geheime Weg durch die Grotte versperrt blieb, musste er sich zwischen einem endlos langen Paddle-out aus der Bucht heraus und gegen die heftige Strömung oder einem riskanten Sprung von dem etwas hervorstehenden Felsen, der in etwa auf Höhe des Second Peak war, entscheiden. Beim Sprung vom Felsen machte das richtige Timing den Unterschied zwischen *easy going* und Hals- und Beinbruch. Wenn er im richtigen Moment sprang, zog ihn die zurücklaufende Welle weg vom Felsen und hinaus Richtung Peak, zwei, drei Duck Dives durch die kleinen Wellen in der Set-Pause und er wäre aus der Gefahrenzone. Wenn er den falschen Moment erwischte, könnte ihn eine der einlaufenden Wellen geradewegs auf die Felsen drücken, zerschneiden, strangulieren und ertränken. Es kribbelte ihm im Sack bei dem Gedanken daran, sich von hier aus in die Fluten zu stürzen, aber der Weg aus der Bucht schien heute unendlich lang. Er würde springen. Nachdem die fünfte und letzte Set-Welle vor ihm explodiert war, wagte er es. Er sprang und paddelte. Er paddelte um sein Leben! Diesmal wörtlich und wirklich. Aber sein Timing war so perfekt gewesen wie die Barrels am Point. Es kam ihm fast ein bisschen unheimlich vor, dass es so einfach gewesen war.

Jetzt lag er schon seit einer knappen halben Stunde hier auf seinem Brett, paddelte gegen die Strömung und beobachtete die Situation. Es waren Momente der Ruhe und Einkehr. Momente, in denen er sich klein und unbedeutend fühlte. In denen er die Kraft der Natur genauso zu spüren vermochte wie die Ohnmacht des einzelnen Seienden. Momente, in denen er die Vergänglichkeit schmecken, die Tragweite einer Entscheidung riechen und die Konsequenzen eines möglichen Versagens hören konnte. Seit Millionen von Jahren gab es dieses Schauspiel an allen Küsten der sieben Weltmeere. Die Energie des Windes war es, die sich in den Ozeanen gesammelt hatte und als Wellen über Tausende Kilometer gereist war, um sich hier im Brandungsbereich der Kontinente zu entladen. Die ewige Umwandlung von Energie konnte er unter seiner zweiten Gummihaut spüren, weil die Menge der hier umgesetzten exorbitant groß war. Bei Wellen dieses Ausmaßes war es wichtig, den Kopf frei zu haben und sich absolut auf den Moment zu fokussieren. Zwar glich das Reiten von großen Wellen dem von kleinen in vielen Punkten. Auch hier musste man den Ozean beobachten, die Welle frühzeitig erkennen, sich für eine entscheiden, mit Paddeln beginnen, den Take-off schaffen, die Welle reiten, sicher vom Board absteigen und sich danach so schnell wie möglich aus der Impact-Zone verpissen. In drei wesentlichen Punkten jedoch unterschied es sich. Erstens: Die Konsequenzen eines Sturzes waren mitunter fatal. Zweitens: Die Geschwindigkeit, mit der alles passierte, stieg exponentiell im Verhältnis zur Wellengröße und deshalb war es – drittens – extrem wichtig, schnelle und klare Entscheidungen zu treffen und diese unbedingt durchzuziehen. Denn während man sich bei kleinen Wellen quasi jederzeit umentscheiden konnte oder den Vorgang einfach abbrechen und auf die nächste Welle warten konnte, musste man in großen Wellen zu seinen Entscheidungen stehen, denn einmal getroffen, gab es kein Zurück mehr. Zögern war dann gleichbedeutend mit Scheitern und Scheitern hieß im besten Fall, eine ordentliche Tracht Prügel von Kumpel Neptun zu beziehen. Im schlimmsten Fall endete man als Fischfutter. Man hatte einen winzigen Moment der freien Entscheidung zwischen Auf-die-nächste-Welle-Warten und Diese-Welle-Nehmen. Entschied man sich jedoch für diese Welle, dann hing das eigene Schicksal am seidenen Faden Poseidons. Entweder würde der nächste Wasserberg einem die himmlischsten Sekunden des Lebens bescheren oder er würde einen in die Hölle schicken.

Nachdem Hanno die ersten beiden Sets von jeweils fünf Wellen durchgelassen hatte, um zu beobachten, wo und wie sie genau brechen würden, hatte er sich in Position gepaddelt. Beim dritten Set hatte es ihm bereits in den Fingern gekribbelt, aber es hatte irgendwie nicht gepasst. Jetzt sah er am Horizont, wie sich das vierte Set mit dickgeschwollenen Kämmen auf ihn zubewegte. Er paddelte sicherheitshalber noch ein paar Meter hinaus zu jenem Punkt, an dem er die größte der Wellen erwartete. Dann setzte er sich auf sein Brett und schmeckte das Salzwasser-Adrenalin-Spucke-Gemisch in seinem Mund, das ihm mitteilte, der Moment der Entscheidung rückte näher. Der frische Geruch der reißenden Gischt wehte ihm um die Nase und ließ ihn vom Himmel auf Erden träumen, während das höllische Donnern der Brecher gegen das felsige Kliff ihm wie das Lied vom Tod in den Ohrmuscheln dröhnte. Der liebliche Duft der Freiheit und der salzige Vorgeschmack der Vergänglichkeit entstiegen jener bizarr klingenden Symphonie der Sirenen.

Und es machte boom tschakalaka und ratter die peng:

»Da kommt das nächste Set! Einer von uns muss das jetzt anpaddeln. Du hast heut den Hut auf. Also sag schon, wer. Du oder ich? Schnell!«

Mark und Hanno sitzen draußen. Weit, weit draußen. Denn die Wellen an der spanischen Atlantikküste sind heute groß. Sehr, sehr groß. Hannos Augen sind weit aufgerissen, als er seinem Bruder antwortet:
»Du!«

Mark nickt, legt sich hin und beginnt zu paddeln. Hanno sieht noch, wie Mark einen Blick über die Schulter wirft. Dann kracht es. Der Wasserberg begräbt ihn unter sich. Drückt ihn runter. Tiefer, immer tiefer. Alles dreht sich. Es ist still, dunkel und kalt. Mark versucht, aufzutauchen. Die nächste Welle. Wieder kracht es. Wieder geht's nach unten. Waschmaschine. Schleudergang. Die Luft wird knapp, aber Mark bleibt ruhig. Er wartet. Endlich taucht er auf. Schnappt nach Luft. Es kracht erneut. Diesmal genau vor ihm. Mark paddelt, so kräftig er kann. Nach fünfzehn langen Minuten hat er es geschafft. Er ist raus aus der Impact-Zone und sitzt wieder neben seinem Bruder. Völlig erschöpft schaut er ihn an.
»Alter, hab ich auf die Fresse bekommen, aber einer muss ja den Anfang machen. Vom Rumsitzen und Däumchendrehen ist noch nie jemand gebarrelt worden. Uralte Surfer-Weisheit. So, jetzt bist du dran. Guck mal, da hinten! Das ist 'ne Hausnummer! Viel Spaß!«

Mark lacht erschöpft. Während Hanno sich bereit macht, ruft er ihm zu:
»*Stay focussed!* Ich weiß, du kannst das Ding rocken!«

***

Die erste gut fünf Meter hohe Welle rollte unter ihm durch. Als er wie von einem Fahrstuhl aus dem Tal der ersten auf den Berg der zweiten Welle gehoben wurde, sah er die dritte auf sich zukommen, und während er sich halbautomatisch umdrehte und mit Paddeln begann, sagte er leise:

»Die is' für dich …«

***

Vier Stunden später saß er auf der Terrasse des Sunset.

Schönes Wetter, Sonne lacht, Badehose, Sowjetmacht, fuhr es ihm durch den Kopf. Die ostzonale Sozialisation hatte wohl doch ihre Spuren hinterlassen! Auch wenn Hanno nur die ersten sieben Jahre seines bewegten Lebens in der DDR verbracht hatte. Er fühlte sich unbeschreiblich gut, obwohl seine linke Schulter ordentlich zwackte und die Arme wie zwei zu weich gekochte Spaghetti herabbaumelten. Mit einem Honigmondgrinsen auf Anschlag biss er in den köstlich duftenden French Burger.

Das war eine Woche wie aus dem Bilderbuch und während er das Blauschimmelkäse-Hackfleisch-Brötchen-Tomaten-karamellisierte-Zwiebel-Salat-Gemisch, das sich in seinem Mund befand, genüsslich runterschlang, erinnerte er sich an Omars Worte:

»You'll know when it's time to go! Now it's time to stay! Believe me!«

So hatte er ihm vor ein paar Tagen Mut zugesprochen. Omar war sowieso der Größte für Hanno!

Aber jetzt mal eins nach dem anderen. Die ganze Sache mit dem verfluchten Teppich hatte nämlich auch mindestens drei gute Seiten gehabt. Allen voran war aus einem Bekannten ein Freund, aus Small Talk im Souvenirladen eine ernste Debatte beim religiösen Gelehrten und so schließlich aus Omar OMAR geworden. Sie hatten sich in der letzten Woche oft bis spät abends über Gott und die Welt unterhalten. Omar war schwarz wie die Nacht, hatte volle Lippen und eine breite Nase. Es stand ihm also ins Gesicht geschrieben, dass er weder Araber noch Berber war. Seine Heimat Sierra Leone jedoch hatte er Mitte der Neunziger wegen des verheerenden Bürgerkriegs verlassen. Nach einer langen und beschwerlichen Flucht war er dann hier in Marokko gelandet. Zu Hause hatte er studiert und vor seiner Flucht als Beamter im öffentlichen Dienst gearbeitet. Omar war zutiefst gläubiger Muslim, sprach perfekt Englisch, fließend Französisch und hatte sich schon immer für Kunst interessiert. Mit dem, was er von seinen Ersparnissen über die Grenzen retten konnte, hatte er hier seinen Souvenirladen eröffnet. Außerdem bot er lokalen Künstlern die Möglichkeit, ihre Bilder an seinen Wänden aufzuhängen und zum Verkauf anzubieten. Es hatte viel Zeit gebraucht, doch mittlerweile war er zu einer anerkannten und respektierten Persönlichkeit im Dorf geworden und diese Stellung wollte er nun nutzen, um Hanno zu helfen. Im Anschluss an das Freitagsgebet hatte er mit den wichtigen Männern im Dorf geredet und für Verständnis geworben. Er hatte angekündigt, dass er gemeinsam mit Hanno vor aller Augen den Teppich waschen würde, und jeden, der wollte, eingeladen, daran teilzuhaben. Am Abend dann, kurz vor Sonnenuntergang, hatte sich das ganze Dorf am Strand versammelt. Hanno und Omar bahnten sich an den blauen Fischerbooten vorbei und durch die Masse ihren Weg zum Meer. Im kniehohen Wasser wuschen sie für alle sichtbar den übelriechenden Teppich. Auf den Balkonen, Terrassen und Dächern ringsum hatten sich Schaulustige versammelt. Sowohl Touristen als auch Einheimische. Die ganze Zeremonie dauerte ungefähr eine halbe Stunde.

Danach hatte sich die allgemeine Stimmung deutlich verbessert. Hanno konnte das Haus wieder verlassen. Für die Surf Traveller war er sowieso gleich nach seiner Aktion am *Anchor* ein Star gewesen. Zwar fand so mancher, dass der Gebetsteppich unnötig oder zumindest unglücklich gewählt war. Im Grunde aber fanden sie das Werk alle super. Nachdem Omar mit den Einheimischen diskutiert hatte und der Teppich nun gereinigt war, waren auch die allermeisten Locals zufrieden. Die meisten, aber natürlich nicht alle. Said hatte eine kleine Gruppe von Verbündeten um sich geschart und versuchte noch immer, Stimmung gegen Hanno und Omar zu machen. An Land konnte sich Hanno wieder frei bewegen. Die verächtlichen

Blicke waren ausgeblieben und er brauchte auch keine Angst um Leib und Leben mehr zu haben. Ins Wasser hatte er sich aber noch nicht wieder getraut. Bis heute Morgen am *Killer Point*.

Gerade als er den letzten Bissen seines Burgers verschlang, kam Jonny die Terrasse heraufgeschlendert, und damit wären wir beim zweiten positiven Resultat des ach so verheerenden Teppichdesasters.

Jonny, der New Yorker Dude, der ihn an jenem Abend vom *Anchor Point* mit nach Taghazout genommen hatte, besaß eines der angesagtesten Ateliers mitten in Brooklyn. Er war gemeinsam mit seiner frisch vermählten Gattin Cecilia nach Marokko gekommen. An jenem Morgen, als Hanno Prügel bezogen hatte, waren sie zu einem Roadtrip aufgebrochen. Zuerst nach Imsouane zum Surfen. Dann weiter nach Essaouira, einer kleinen Künstlerhafenstadt mit wunderschöner Medina. Später nach Marrakesch. Danach auf den Toubkal, den höchsten Berg Marokkos, und zurück nach Agadir. Von hier aus sollte es eigentlich nochmal für drei Tage nach Sidi Ifni, einem verschlafenen Fischerdorf ganz im Süden Marokkos, gehen, aber das hatte Jonny gecancelt. Er wollte Hanno unbedingt nochmal sehen, bevor er gemeinsam mit seiner Frau nach Frankreich fliegen würde. Dort wollten sie die letzten zwei Flitterwochen verbringen, um pünktlich zu Weihnachten wieder zurück in New York zu sein.

Nicht nur, dass Jonny Hanno überaus sympathisch fand, er war auch sehr an dessen künstlerischem Schaffen interessiert. Die Installationen, die Fotos, aber vor allem die später entstandenen Leinwände hatten es ihm angetan. Und obwohl er sich fest vorgenommen hatte, auf diesem Trip Business Business sein zu lassen, kam er wie jeder tüchtige Geschäftsmann nicht umhin, eine Gelegenheit beim Schopf zu packen, wenn sie sich ihm bot.

Jonny war schon Mitte oder Ende vierzig, schlaksig mit lockigem Haar. Er sah irgendwie aus wie eine Mischung aus Lennon und Dylan. Bei hüfthohen Wellen machte er eine ganz ansehnliche Figur auf dem Longboard, ein Kelly Slater aber war er sicher nicht. Nach Marokko war er gekommen, um zu verstehen, was die Hippies um Hendrix damals an Essaouira so begeistert hatte, und obwohl er von dem sagenumwobenen Hafenstädtchen fasziniert war, zog es ihn doch zurück ins Hier und Jetzt. Zur Kunst der Gegenwart in *Morocco's surf capital*.

»Hey Hanno, how are you doing? Did you have the balls to paddle out this morning?«

Hanno verschränkte die Arme vor der Brust, räusperte sich und antwortete, so cool er konnte:
»For sure! Six thirty on the dot. Didn't see you out there for some reason!«

Dann stand er auf, die beiden klatschten ab und Jonny setzte sich zu ihm, während er sich einen Mango-Snickers-Smoothie bestellte.
»Damn, did you really paddle out this morning? It was huge! I went to *Anchors* at about nine—I mean just to watch the whole thing. There were five people. Literally five people at *Anchors*, but I didn't see you.«

»I was at *Killers*!«

»And how was it?«

Hanno griff nach der letzten Fritte, zog sie einmal durch den Ketchup und schob sie sich lässig in den Mund.
»Not too bad for the first surf in two weeks.«

»Really? You went out there! Did you get any waves?«

»Man, it was heaven! I had three waves, but the first one was the best! 20 seconds of pure joy. Take off, barrel, cutback, push push, barrel, push push, cutback, push again and flying over the lip.«

Hanno imitierte mit der Hand den Ride auf der Welle und bei dem Wort Barrel zog er jedes Mal den Kopf ein, als müsse er sich ganz klein machen, um in den bevorstehenden Tunnel zu passen. Jonny saß ihm mit vor Staunen geöffneten Augen gegenüber und konnte kaum glauben, dass dieser unscheinbare Deutsche tatsächlich eine dieser Monsterwellen abgeritten hatte. Aber Hanno war noch nicht am Ende seiner Story.
»Wait! Wait! I didn't even tell you the craziest part of it all: As I paddled out to the point after surfing my third wave, I saw someone sitting out there. Guess who?«

Jonny zuckte mit den Achseln. Hanno beugte sich zu ihm hinüber und flüsterte ihm ins Ohr:
»Said«

Natürlich wusste Jonny sofort, wer gemeint war. Hanno holte tief Luft.
»I went to *Killers* for a reason, man. I would have loved to surf *Anchors* this morning, believe me. But I thought that's just gonna end up being trouble, so I left it for the locals. I was sure that if they go, they'll all go together at *Anchors*. I went to *Killers*, and then Said came. He must have seen me. He did it on purpose to fuck around with me, I'm sure.«

Jonny konnte kaum fassen, was er hörte.
»And what happened?«

»You won't believe it anyway! Just before I was back at the peak he took a wave. It was the first one of a set and he went over the falls. He got the next four waves on his had and he lost his board.«

Wieder lehnte sich Hanno über den Tisch und flüsterte:
»Man, this motherfucker was about to die. I'm not even kidding! Literally he was about to get fucked real bad.«

»So what did you do?«

»Well, I waited until the set was gone, and then I paddled towards him. I told him to lay on my board, and he did. Then we paddled out of the impact zone just in time before the next set was detonating. I rested there for a minute, and then I paddled him back to the bay. He was hardly doing anything, and I was scared that he was unconscious. At the very end we even caught one of the smaller waves and rode the whitewater on the belly. I would've never believed you if you told me that I was going to ride a wave with Said ever again and even on the same board.«

Jonny lachte laut.
»That's too funny. I can't believe that's true, and what did he say?«

»Even better. He did not say a single word. Right before we arrived at the beach, he jumped of my board and swam the last bit. I walked towards him at the beach, but he kept his distance and didn't say anything. All he did was give me a really weird look and then just ran off.«

»He was embarrassed!«

»Guess so.«

Hanno lehnte sich zurück, verschränkte die Arme und schaute gen Himmel.
»Man, that was a morning! I still can't believe it.«

Jonny saugte das letzte bisschen Mango-Snickers-Smoothie aus seinem Glas, schaute hektisch auf seine Uhr und verabschiedete sich.
»Uh, it's already 12:30. Goddamn it. I need to leave! I promised Cecilia to come and get her after the massage. I wanted to take her to Agadir today to have a nice lunch and do some sightseeing. I leave tomorrow morning, but we definitely need to talk before that. Did you check your Instagram account lately?«

Hanno nickte verlegen mit dem Kopf, denn dies war die dritte gute Nachricht. Sein Instagram-Account und sein Facebook-Profil waren in der letzten Woche durch die Decke geschossen. Die Bilder von den Installationen waren hunderttausendfach gelikt und geteilt worden. Er räusperte sich.
»I did! Not too bad, huh?«

Jonny wischte sich nervös mit der Hand durchs Gesicht.
»Not too bad? Man, people go nuts on your shit! Look, we need to talk again because I want to work with you, and we need to figure out details. I leave tomorrow morning. How about I invite you for dinner tonight?«

»Sounds good to me.«

»Okay, why don't you come to our hotel? We stay at the *L'Auberge* this time. How about at sevenish? Does that work for you?«

»Yes, why not?«

Jonny und seine Flip-Flops schlappten die Treppe hinunter auf die Straße. Mit der rechten Hand hielt er die Sonnenbrille auf der Nase, während er mit der linken Hanno zum Abschied zuwinkte.

»Okay, see you there.«

»See you.«

***

Die *L' Auberge* war ein mittlerweile alteingesessenes Hostel in Taghazout. Es war direkt am Hauptstrand, wo die Fischer sich jeden Morgen das Petri Heil auf ihren Zweitaktern zuflöteten, und es hatte auch ein verhältnismäßig großes Restaurant. Es war eines der ersten von Europäern geführten Buisnesses und noch immer das hipste und cleanste Hostel weit und breit. Vorher waren Jonny und Cecilia in der *Villa Mandala* untergebracht gewesen. *Surf Morocs* Fünf-Sterne-Yoga-Retreat-Hotel in Tamraght war diesmal leider ausgebucht und so mussten sie die letzte Nacht hier verbringen.

Hanno und Mark hatten sich zu ihrer Zeit immer lustig gemacht über die schnieken All-inclusive-Surftouristen, die hier ein und aus gingen. Mark hatte stets gesagt:

»Die erleben da drin genauso viel von Marokko wie ein Goldfisch im Glas vom Ozean.«

Sie waren damals jung und hatten keinen Pfennig auf Tasche. Außerdem waren sie stolz darauf gewesen, dass sie die Länder, die sie bereisten, aus der Sicht der Locals zu sehen bekamen. Sie hatten in denselben Restaurants gegessen und waren im Prinzip mit einem ähnlichen Budget unterwegs wie die Einheimischen. Jetzt war Hanno älter geworden und wenn das Apartment, in dem er hauste, auch kein

Fünf-Sterne-Luxushotel war, so war es schon weit über dem Standard der letzten Jahre. Er hatte keine Lust mehr, sich stinkende, dreckige Toiletten mit anderen Hippies zu teilen, und überhaupt war es ihm wichtig geworden, seine Ruhe zu haben. Er hatte auch bemerkt, dass klare, saubere, helle Räume ihm halfen, sich auf seine Projekte zu konzentrieren und produktiv zu sein.

Auf dem Tisch standen eine Kerze und ein Korb mit Brot, eine Schale mit Butter und eine mit grünen Oliven. Jonny und Cecilia ließen noch auf sich warten, aber Hanno war hungrig und durstig. Deshalb hatte er sich schon mal eine *Soup Morocc* und einen Pfeffitee bestellt. Der freundliche marokkanische Kellner war gerade damit beschäftigt, beides durch das halbvolle Restaurant zu jonglieren, als das glückliche Ehepaar den Raum betrat. Das Grinsen, das sich beide kaum verkneifen konnten, und der turtelnd-torkelnde Gang ließen keinen Zweifel daran, dass die beiden gerade eben ihre Flitterwochen zelebriert hatten. Während der Kellner die Suppe und die silberne Kanne Tee zielsicher auf den flachen Tisch vor Hanno abstellte, schwang sich das Pärchen durch den schmalen Gang des Restaurants auf der Suche nach Hanno. Der hatte es sich in der orientalischen Sitzecke mit den bunten Polstern gemütlich gemacht und so dauerte es einen Moment, bis sie ihn gefunden hatten.

Cecilia trug ihre goldenen Locken offen über dem edlen, leichten halblangen Sommerkleid, das ihre Konturen voll zur Geltung brachte. Jonny war in ein seidenes Hemd und eine lockere lange Stoffhose gekleidet. Hanno stand auf, um den beiden die Hand zu geben. Doch Cecilia umarmte ihn einfach zärtlich, während ihr *thick southern accent* seinen Ohren schmeichelte.

»What a pleasure to meet ya again. I most certainly knew it would happen!«

Als sich ihr Busen an seinen Oberkörper schmiegte und er ihre festen Nippel durch das Kleid und sein Shirt spürte, fiel ihm auf, dass er seit dem Tag, an dem er marokkanischen Boden berührt hatte, absolut enthaltsam gewesen war. Er hatte all seine Energie seinem künstlerischen Schaffen widmen wollen und auch meistens nichts vermisst. Dieser Anblick jedoch entfachte ein Feuer in ihm. Klar hatte er schon auf seinen ersten Trips bemerkt, wie sehr die Frauen im arabischen Kulturkreis mit erotischen Reizen geizten. Meist waren sie nicht einmal Teil des öffentlichen Lebens, sondern hinter den hohen dunklen Mauern der eigenen vier Wände verborgen. Auch wenn marokkanische Frauen, speziell hier in Taghazout und Agadir, schon Rebellinnen in der Arabischen Welt waren und nicht selten ihr Haar offen trugen, waren sie niemals leicht bekleidet zu sehen. Auch die vorwiegend europäischen Touristinnen hatten sich in aller Regel aus Anstand und Respekt der hiesigen Kultur gegenüber meist für westliche Verhältnisse zurückhaltend gekleidet. Cecilia aber war die vollkommene Verkörperung von Leidenschaft: ihre Kleidung, ihr zierlicher, fast zerbrechlicher, feingliedriger Körper, das goldbraune Gesicht einer Maya-Göttin. Dazu ihre Aura, die Art und Weise, wie sie blickte, lachte, ihr Gang, sich setzte – alles elegant und verführerisch zugleich.

Für den marokkanischen Kellner musste sie wirken, wie von Iblis persönlich gesandt, um die Menschheit zu verführen. Alles außer ihrer Hautfarbe war der absolute Kontrast zur traditionellen arabischen Frau. Statt mit Reizen zu geizen, war ihre Flamme am lodern, als ob der Allmächtige die Glut schüren würde. Das wilde offene Haar, die sinnlichen Lippen, der naive Blick. Nur durch ein Wunder war der Diamant an ihrem Finger noch nicht verglüht.

Die Mischung aus mexikanischem Blut, amerikanischer Sozialisation, feministischem Selbstbewusstsein und gutem Geschmack musste auf die Einheimischen wirken wie die menschgewordene Hure Babylon höchstpersönlich.

In Hanno jedenfalls war nun jede einzelne Faser seines geschundenen Körpers zum Bersten gespannt und er spürte, wie er sich auf einmal nach Liebe, Wärme und vor allem nach wildem Sex sehnte.

»Did you? Well, I am glad you were right«, antwortete er so selbstbeherrscht wie möglich und während er mit Jonny abklatschte, fügte er hinzu:

»Well, I guess Jonny has about as good a taste for art as he has for women.«

Cecilia schmunzelte verlegen, ohne es zu sein, und die beiden Frischvermählten, die offensichtlich *high* bis unters Dach waren, setzten sich auf die Polster neben Hanno. Nach einem Moment des Ankommens war es Jonny, der das Wort ergriff.

»Did you go for another surf?«

Hanno schüttelt den Kopf.

»My shoulder still hurts pretty bad, and the swell was even getting bigger. No way for me to paddle out again today.«

Der Anblick der goldenen Göttin machte es ihm unglaublich schwer, sich auf das Gespräch zu konzentrieren.

»I spent the afternoon working on ähhh new project.«

Während der gut gekleidete Kellner die Bestellung der neuen Gäste aufnahm, schweifte Cecilias Blick verträumt durch den Raum.

»You've been to Essaouira before?«

Hanno antwortete wahrheitsgemäß mit Ja und die drei verstrickten sich in ein Gespräch über die wunderschöne Medina und die Magie des alten Hafenstädtchens, bis sie vom Kellner mit zwei Tajines und einem Teller Tuna-Steaks unterbrochen wurden. Jonny schien es gewohnt zu sein, dass alle Männer im Raum seine Frau anstarrten. Nein, mehr noch, er schien es zu genießen, die hungrigen Herren mit den gierigen Blicken zu beobachten. Er war sich seiner sicher und weder eifersüchtig noch verlegen um ihr Auftreten. Wenn überhaupt, dann war er stolz auf seine Ehefrau. Zwischen Tajine und Thunfisch unterhielten sich die drei über New York, Berlin und Paris, über Musik, Mode und schließlich über Kunst. Cecilia stocherte gelangweilt zwischen den Calamari umherum.

»You know Banksy, right? Ah, sure you do! But do you know MBW? That's where Jonny made his money. He bought and sold Mr. Brainwash pieces!«, sagte sie mit leicht verächtlichem Unterton.

»I did! So what? Nothing wrong with it!«

Jonny schaute trotzig drein.

»I am an art dealer! That's what one does!«

»Sure, if art is just about making money, that's what one does! But I am so tired of that NY art scene. Nothing is real there. It's a scam, just a huge fucking scam! Art can be so much more if it is real! And look at him—he is real! He almost got killed for his piece!«

Cecilia fuhr sich selbstbewusst durch die langen, blond gefärbten Haare und schaute tief in Hannos Augen. Jonny zwinkerte Hanno zu.

»Guess she likes you!«

Zärtlich küsste er seine Frau.

»Well, whatever, honey! How about we change the topic slightly?«

Cecilia zündete sich eine Zigarette an. Hanno war verunsichert. Er hatte sich verhältnismäßig selten mit anderen Künstlern auseinandergesetzt. Natürlich kannte er Banksy, die Ikone der Streetartszene, und auch von Mr. Brainwash hatte er gehört. Aber das war auch alles. Selbst während des Studiums hatte er sich nur so viel wie unbedingt nötig mit anderen Künstlern beschäftigt. Er wollte sich nicht ablenken lassen und so unbeeinflusst wie möglich an das eigene Schaffen herangehen. Cecilia zog an ihrem Glimmstängel.

»It's all just fucking boring anyway! But do you know eL seed! He is truly amazing! I love his Calligraffiti!«

Hanno zuckte die Achseln.

»eL seed? No, I've never heard about him.«

»You better check him out. French-Tunisian artist! So good. You remember, honey? He talked at the TED conference we went to in March up in Vancouver!«

»Sure, honey! Sure! Really cool dude! But how about you let Hanno talk a little bit! Maybe he wants to tell us more about his upcoming projects?«

Hanno, der gerade das letzte der drei Thunfischsteaks auf seinem Teller bearbeitete, schaute etwas überrascht auf. Er hatte sich den ganzen Nachmittag darüber Gedanken gemacht, was er Jonny erzählen sollte. Zu einem Ergebnis war er jedoch nicht wirklich gekommen.

»Well, I work on the dolphin project right now. Three paintings. One from the finished installation, one from the day I got beaten up painted on the demolished canvas and a final one showing me and Omar washing the rug. I use oil and acrylic colors in one picture. Call it oil-cryl style. The oil gets used for all the good things. You know, like the dolphin, the nature, and the rug. The acrylic marks the bad things. The trash, the destruction, the humans. Really like it, but it's difficult to work with both oil and acrylic in one picture.«

Jonny titschte gerade den letzten Bratensaft seiner Hähnchentajine mit einem Stück Baguette auf, als er sich schmatzend einmischte.

»Well, I know you got some success with your framing actions, and I really like the pictures you painted from the installations before. I bet the ones that you're working on will be just as good. Let me tell you something. You know, I've been working with hundreds of artists over the years. Some of them were fucking awesome but never recognized, some were just producing bullshit but been damn successful. As Cecy mentioned, I even worked with the real big names in the biz. I've been working with all of them just to make some cash, but, at this point of my life, I'm lucky enough not to be under pressure anymore. I have a smooth-running business, and I've made my fortune already. I just got married to the most beautiful woman in the world.«

Er deutete mit einer ausladenden Geste auf Cecilia.

»Hanno, I have everything I ever dreamed of, and I did everything I always wanted to do except for one single thing! I never made someone big. I never took a tiny grain of sand and blew it up on the sky of the art world so that a new star would shine. I never found one that I thought would have the potential to shine bright enough. Never until I set my foot on that little beach in between *Anchor's* and *Mystery's* about two weeks ago. But ever since then, I can't stop thinking about it. I can't tell you exactly what it is that makes me sure that you are the one. But God bless me. I felt it right away, and I'm sure as hell.«

Cecilia zwinkerte Hanno zu und schmunzelte, bevor ihr Blick sich wieder im Raum verlor. Jonny machte eine Pause und es war so still geworden, dass man die Glut knistern hören konnte, als Cecilia an ihrer Kippe zog. Sie ließ genüsslich zwei Rauchringe Richtung Lampe aufsteigen. Dann nickte sie mit dem Kopf und sagte mit einem Lächeln auf den Lippen:

»Damn, he is obsessed with it, Hanno. It's like someone planted a seed in his mind, and no one can stop it from growing. Just so you know he is a crazy dude. That's why I love him.«

Sie sahen einander tief in die Augen, Cecilia lehnte sich langsam zu Jonny hinüber und flüsterte ihm etwas ins Ohr. Dann drückte sie den Stummel in den Aschenbecher, stand auf und lief davon. Wieder waren alle Blicke auf sie gerichtet, als wäre sie in ihrem gelben Kleid die kraftspendende Sonne für ein Heer ausgezehrter Höhlenmenschen. Jonny griff nach der Packung Marlboros, die Cecilia auf dem Tisch hatte liegenlassen. Er zündete sich eine an, ließ den Kopf einmal von links nach rechts rollen, musterte Hanno und begann erneut zu sprechen.

»So here is the deal: I take your pictures from the dolphin installation and put them in my atelier in Brooklyn. I post all of your online shit on my accounts. I pay you 3,000 bucks a month for three years, so you can basically do what you want to do without the pressure of running out of money and without getting stupid because you are flushed with it. Whatever kind of art you come up with will be exposed exclusively at my places for the next three years. The profit made will be split fifty-fifty between the two of us.«

Jonnys Augen waren noch immer klein und rot. Ziemlich sicher von dem guten marokkanischen Haschisch. Sein Geist aber schien klar und seine rechte Hand, die gerade eben noch die Kippe im Mundwinkel fixiert hatte, war jetzt über den Tisch gestreckt.
»Do we have a deal?«

Hanno wusste nicht, wie ihm geschah. Er hatte nach seinen Andeutungen schon damit gerechnet, dass Jonny ihm für gutes Geld die Bilder vom Delfin abkaufen würde. Dass er aber mit solch einem umfassenden Angebot aufwarten würde, damit hatte er beim besten Willen nicht gerechnet. Seine rechte Hand wollte schon losschnellen und einschlagen, als sein Verstand ihm plötzlich einen Streich spielte.

Scheiße, Mann ... Ich kenn den Typen erst seit ein paar Tagen ... Eigentlich ist er ganz cool ... Aber was, wenn der mich über den Tisch ziehen will ... Da muss ich erstmal noch wen drübergucken lassen ... Was, wenn im Kleingedruckten irgendwas versteckt ist ... Aber warum sollte er das machen … Was hätte er davon … Ich glaub das nicht … Was'n Deal … Alter, schlaf lieber erstmal 'ne Nacht drüber … Klingt einfach zu gut, um wahr zu sein …

Noch nie hatte ihm jemand ernsthaft Geld für seine Kunst geboten. Klar hatte er ab und an mal was verkauft, aber einen richtigen Deal, mit Vertrag und Unterschrift, hatte er noch nie abgeschlossen. Als Jonny Hannos Zögern bemerkte, zog er langsam die Hand zurück.

»I see, I see. I didn't expect you to hesitate with that offer.«

Hanno begann, innerlich zu zittern. Unter keinen Umständen wollte er die Gelegenheit einfach so sausen lassen!

»Well, look that sounds like a fucking awesome deal to me, but I need a night to sleep it over. That's just the way I am. And if you really want to work with me for the next three years, you should better get used to it.«

»No problem, Hanno. You take the time you need. I already spoke to my lawyer back home, and the contract is about to be done tomorrow and shipped to Morocco the very next day. You have time until the end of the year to sign it and send it back. Just so we understand each other right. This contract will come without any backdoors or foolish paragraphs. It's going to be one hundred percent straight forward and I'm not willing to discuss the pay rates. As I said I have everything I need, and I would do that whole thing for you. I never handed out a contract quite like this before. If you don't like it, fine! Good luck on your own!«

Jonny stand auf.

»Okay! I need to get going. Cecilia is waiting for me. We are on our honeymoon and not on a business trip. So I guess I should take care of her before she gets mad. I don't want to get divorced before we're back in the U.S.«

Jonny lachte laut.

»You have my Facebook and my e-mail address anyway. So, let me know how you feel about my offer.«

Er schmiss eine großzügige Menge Geld auf den Tisch und rief Hanno im Hinausgehen zu:

»And don't wait too long. You never know. We'll meet with eL seed in Paris!«

Chapter Twenty-Five

On My Way

Phil Collins

Der Platz war groß, laut, dreckig und voller Menschen. Es war ein wildes Durcheinander und ständig versuchte jemand, Elli etwas zu verkaufen. Sie drängelte sich durch die Massen hinüber zu dem weißen Bus ohne Heckklappe, der sie hoffentlich aus diesem Schlamassel und an ihr Ziel bringen würde.

Elli war ganz schön geschafft. Sie hatte das Wochenende durchgearbeitet. Natürlich online von zu Hause. Gestern Nachmittag dann hatte sie noch schnell ihren Rucksack gepackt. Am Abend war sie mit dem letzten Zug von Leipzig nach Frankfurt/Main gefahren. Sie hatte ein paar Stündchen im Flughafen genickt, um dann am frühen Morgen mit dem Bus nach Frankfurt-Hahn zu fahren. Von dort aus ging ihr Flug nach Marrakesch. Die vier Stunden im Flugzeug konnte sie kein Auge zumachen. Die Billigflieger waren nicht gerade bekannt für ihren Komfort, und dann saß sie zu allem Überfluss auch noch genau zwischen zwei älteren Herren mit etwas zu viel auf den Hüften. An Schlaf war da nicht zu denken. Als sie in Marrakesch angekommen war, ging's gleich mit dem Taxi zum Busbahnhof. Der Bus war deutlich komfortabler, als sie erwartet hatte. Es war ein richtiger Reisebus, wie man sie auch aus Europa kannte, und nachdem sie das hektische Treiben auf dem Bahnhof überstanden und all die handgreiflich werdenden Personen abgeschüttelt hatte, saß sie auf ihrem Sitz und schaute hinaus auf die dreckigen Straßen einer staubigen Großstadt. Als der weiße Bus die Häuser der roten Stadt hinter sich gelassen hatte und auf der breiten, gut asphaltierten Schnellstraße durch die karge Steppe Richtung Süden rollte, übermannte sie die Müdigkeit und die Augen fielen ihr zu. Erst kurz bevor der Bus wieder zum Stehen kam, wurde sie geweckt. Eine junge Dame mit blonden langen Haaren lehnte über ihr.

»Hey! Sorry, but we are about to arrive in Agadir. Time to wake up.«

Elli musste sich kurz sammeln, bevor sie in der Lage war zu antworten:
»Oh, danke schön! Ich mein … ähh … thank you!«

Sie sprach nur selten Englisch, und aus der Kalten heraus fiel es ihr ziemlich schwer. Eigentlich mochte sie es, fremde Sprachen zu sprechen, und wenn sie erst einmal wieder drin war, dann klappte es ja auch ganz gut. Nur am Anfang war ihr ihr Gestottere und Geholper peinlich. Doch diesmal sollte sie dazu nicht die Chance bekommen.

»Ach, du kommst auch aus Deutschland? Na, das ist aber schön. Dann kann ich ja auch endlich mal wieder Deutsch reden. Du, ich wollt nur kurz fragen, ob Agadir schon deine Endstation für heute ist. Ich muss nämlich noch weiter und such jemanden, der Lust hat, sich 'n Taxi zu teilen.«

Elli griff sich in die schwarzen Locken.
»Ach, na, das passt aber gut. Wo willst du denn hin?«

»Ich will nach Tamraght, das ist so ungefähr 'ne halbe Stunde nördlich von Agadir an der Küste. Da hab ich 'n Surf-Camp gebucht.«

Beiläufig wickelte Elli eine der Locken um ihren Finger.
»Hmm … Kenn mich leider überhaupt nicht aus hier. Ich weiß nur, dass ich nach Taghazout muss. Da kann man auch surfen, aber wo das genau ist, weiß ich selbst nicht.«

»Aber ich! Das ist gleich der Nachbarort von Tamraght. Hast du in Taghazout auch 'n Camp gebucht?«

Gerade als Elli antworten wollte, öffneten sich die Türen des Busses und die an Bord befindlichen Gäste begannen, hinaus auf den Busbahnhofsplatz zu drängen. Elli war froh, sich diesmal nicht alleine ins Getümmel stürzen zu müssen. Nicht nur, dass es sich dreimal sicherer anfühlte, jetzt begann ihr die ganze Sache sogar richtig Spaß zu machen. Zwei Frauen gegen den Rest des Orients. Nachdem sie sich durch den üblichen Tumult zum Taxistand gekämpft hatten, begann das Gefeilsche. Zusammen und mit etwas Geduld schafften sie es, den Fahrer von 40 auf umgerechnet 15 Euro runterzuhandeln. Stolz stiegen sie in den weißen Mercedes 240 D und während die Nachmittagssonne begann, die Stadt in orangenfarbenes Licht zu tränken, schnabbelten die beiden neuen Freundinnen aufgeregt miteinander. Es war eine seltsam innige Begegnung ohne jegliche Anlaufschwierigkeiten. Die beiden waren sich auf Anhieb sympathisch. Nein, eigentlich viel mehr als das. Vielleicht lag es an der Situation. Daran, dass sie beide offensichtlich attraktive westliche junge Damen waren und sich zusammen einfach besser aufgehoben fühlten.

Denn für alleinreisende Frauen konnte ein Marokkotrip schnell anstrengend werden. Vielleicht sahen sie in der anderen die ersehnte Gemeinschaft, den ersehnten Schutz oder einfach jemanden, mit dem man all die neuen Eindrücke teilen konnte. Was auch immer es war, es fühlte sich für beide gleichzeitig und unmittelbar so an, als träfen sie eine verwandte Seele. Als würde dieser fremde Mensch einen für den Rest des Lebens begleiten. Es war kein naiver Gedanke einer 14-Jährigen auf Klassenfahrt. Sie wussten beide, dass das Leben wild war und dass man viele interessante Personen auf Reisen traf und sich das Ganze meist nach einer Weile in Luft auflöste. Aber irgendwie fühlten sie doch, dass dies etwas anderes war. Etwas ganz Besonderes. Etwas, das gerade entstand und vielleicht für immer bleiben würde. Während die beiden damit beschäftigt waren, sich aneinander zu berauschen, war das Taxi bereits durch die Stadt und am Hafen vorbeigefahren. Es hatte den königlichen Palast links liegen lassen und bog gerade von der Hauptstraße ab, um eine holprige alte Teerstraße den Berg hinaufzufahren. Elli sah ihre neue Freundin mit besorgtem Blick an.

»Ich glaube, wir sind gleich da.«

»Ja, sieht ganz so aus.«

»Wie lange bleibst du eigentlich?«

»Bin nur eine Woche hier, dann flieg ich zurück nach Deutschland. Hatte 'n paar ziemlich wilde Wochen. Ach, eigentlich war das ganze Jahr total verrückt. Ich dachte mir, da relaxe ich nochmal 'n bisschen allein in Marokko, bevor es pünktlich zu Weihnachten wieder nach Hause geht. Freu mich schon voll auf Schnee und Familie.«

Elli grinste.

»Das ist ja lustig. Ich war das ganze Jahr zu Hause und dachte mir, zu Weihnachten hau ich lieber ab. Ich kann den ganzen Konsumwahnsinn in Deutschland nicht mehr ertragen.«

Die beiden lachten einander an, als das Taxi vor dem Hostel zum Stehen kam. Ein großes weiß-blaues Gebäude, das von riesigen hölzernen Terrassen umgeben war. Vor dem Haus war ein weiter Garten. Elli gefiel der alternative Style des Hostels.

»Nicht schlecht! Das sieht aber schnieke aus.«

»Jip. Klang auch ganz gut im Netz. Die haben vegane Küche hier und geben sich Mühe, alles ein bisschen nachhaltiger zu gestalten.«

»Na, da wünsch ich dir viel Spaß erstmal. Wollen wir uns morgen vielleicht mal zum Abendbrot treffen oder so? Würd mich tierisch freuen.«

»Ja, das wäre echt supi. Lass mal machen.«

Nachdem die sozialen Netzwerkdaten synchronisiert waren, verabschiedeten sie sich schweren Herzens voneinander. Dann rollte der alte Mercedes den aus Löchern und Flickwerk bestehenden Weg wieder hinab und machte sich auf das letzte kerzengerade Stück Landstraße auf zum Ziel. Ganz allein im Taxi, wurde Elli auf einmal ein bisschen nervös. Sie fragte sich, wie es Hanno wohl gerade zumute war und ob sie sein Apartment überhaupt finden würde. Er hatte es ihr zwar beim letzten Skypen erklärt, aber sie war sich trotzdem nicht ganz sicher, wo genau es sich in Taghazout befand.

Das Taxi hielt mitten im Ort und sie stieg aus. Nach genau dreieinhalb Sekunden stand Mohammed neben ihr und begann den üblichen Small Talk. Elli erkundigte sich bei ihm nach einem Teppichhändler namens Omar. Mohammed ergriff die Chance beim Schopf und Elli am Oberarm.

»No problem! I show you! Come on! This way here!«

Er führte sie die Hauptstraße entlang und durch die enge Gasse, bis sie vor Omars Laden standen. Elli war glücklich. So einfach hatte sie sich das Ganze nicht vorgestellt. Langsam stieg sie die zahllosen Stufen hinauf bis ins Dachgeschoss. Da stand sie jetzt endlich vor Hannos Tür und klopfte energisch, bis dieser völlig überrascht öffnete.

»Willst du mich verarschen?! Was machst du denn hier?«

Hanno konnte es nicht fassen. Elli lehnte am Türrahmen, den Kopf geneigt, mit einem verführerischen Funkeln in den Augen.

»Och, dachte, ich komm mal vorbei auf 'n Käff, oder biste grad beschäftigt?«

»Elli, du spinnst doch! Komm rein und lass dich drücken. Das ist ja schön, dich zu sehen!«

Die beiden umarmten einander lange und innig. Hanno gab Elli einen Kuss auf die Stirn. Dann war es für einen Moment still. Obwohl er sich riesig freute, sie zu sehen, fühlte er gleichzeitig auch diesen Schmerz. Er wusste, dass sie in den letzten drei Monaten, also in der Zeit, die er hier in Marokko verbracht hatte, mit Martin am Start gewesen war, und obwohl er sich immer eine offene Beziehung gewünscht hatte, spürte er in diesem Moment, dass es nicht einfach war, einen Menschen zu teilen. Er hatte es auch bei den Telefonaten jedes Mal gespürt. Vielleicht hatten sie auch deshalb so selten geskypt. Auf jeden Fall tat es weh. Es war, als würde jemand mit einer Pinzette in sein Herz fitzen. Rational war das Ganze nicht zu erklären. Elli war immer lieb und verständnisvoll gewesen. Sie hatte ihm zugehört und jetzt war sie sogar anderthalb Wochen früher nach Marokko gekommen, um ihn zu überraschen. Sie war eine wundervolle Frau und doch verkrampfte sich sein Herz bei dem Gedanken daran, dass sie in den letzten Monaten in fremden Armen verweilt hatte. Nachdem Elli ihren Rucksack in die Ecke geknallt und Hanno das größte Chaos auf der Dachterrasse beseitigt hatte, machten sie es sich auf der Couch bequem. Während er ihr einen frischen Minztee kochte und ein Omelett zubereitete, erzählte er von den guten Neuigkeiten der letzten Woche. Für einen Moment war sie sogar ein bisschen enttäuscht, bevor sich Erleichterung in ihr breitmachte. Es fühlte sich ein wenig so an, als ob sie all den Aufwand umsonst betrieben hätte. Aber nichts war für umsonst. Elli glaubte fest daran, dass alles im Leben seinen Sinn hatte.

Nachdem sie gegessen hatte, zündete Hanno eine Kerze an und öffnete die mitgebrachte Flasche Rotwein. Elli sorgte für ein bisschen Musik und drehte einen Joint. Hannos dreimonatige Askese hatte ihm gutgetan, aber er hatte sich auch darauf gefreut, das Fasten zu brechen und heute war der perfekte Abend dafür.

Chapter Twenty-Six

It Ain't Over 'Til It's Over

Lenny Kravitz

Der neue Tag begann so, wie der alte geendet hatte. Elli und Hanno wälzten sich eng umschlungen von einer Seite des Bettes zur anderen und genossen es, den anderen zu riechen, zu schmecken und zu fühlen. Nach dem Liebesspiel gab es Frühstück in Hannos Lieblingscafé am *Hashpoint*, direkt an der Strandpromenade und mit einem wundervollen Ausblick. Die beiden ließen sich Zeit beim Essen und Elli konnte es nicht fassen, dass Hanno tatsächlich jemanden gefunden hatte, der ihn nicht nur die nächsten drei Jahre finanziell unterstützen würde, damit er weiter Kunst machen konnte, sondern sogar daran glaubte, dass er ein Ausnahmetalent sei. Irgendwie klang das alles viel zu gut für sie. Aber natürlich gönnte sie es ihm von ganzem Herzen. Hochmotiviert von den Ereignissen der letzten Woche hatte Hanno drei verschieden große Rahmen angefertigt, für sein nächstes Projekt. Er wollte eines der ausgetrockneten Flussbetten hinauflaufen und den darin befindlichen Müll und Unrat in Szene setzen. Elli fand die Idee großartig.

Mit einer Kamera bewaffnet und den Rahmen im Handgepäck machten sich die beiden auf den Weg. Hanno hatte noch in aller Eile ein paar der kräftig-lila-pinkfarbenen Blüten der Wunderblume gesammelt, die sich über diverse Häuserfronten am Strandboulevard schlängelte. Sie würden als Inbegriff des natürlich Schönen einen herrlichen Kontrast zu all dem widerlichen menschlichen Müll erzeugen. Elli war überrascht, wie nah Schönheit und Schrecken beieinanderlagen. Es war ihr erster Tag in Marokko und Hanno dachte nicht daran, sie zu schonen. Sie waren den ausgetrockneten Bachlauf hinter der Moschee noch keine 20 Meter hochgelaufen, als die ekelhafte Visage der menschlichen Existenz ihr förmlich ins Gesicht sprang. Es stank erbärmlich und das karge Flussbett war zu beiden Seiten hin mit Plastikmüll zugepflastert. Von der Stadtseite aus bahnten sich kleine Rinnsale ihren Weg aus den Häusern durch das PVC-Gewirr und es stank erbärmlich. Zwischen den Abertausenden Tüten und Flaschen, Folien und Tetrapaks liefen abgemagerte und zerlumpte Katzen, die in ihrer Not die vermüllte Kloake nach Fressbarem durchsuchten.

Die Häuser, die keine zwei Meter neben dem Bachlauf standen, säuselten nicht den lieblichen orangeroten Singsang wie jene an der Hauptstraße. Es war roher Beton, aus dem die rostigen Stahlarmierungen herausragten, der sie hier anschrie. Sie erinnerten eher an Verliese als an Wohnungen, und die Menschen, die ihnen hier nur 50 Meter entfernt von der Hauptstraße begegneten, liefen geduckt und hatten kaum einen Zahn im Mund. Als sie nach wenigen Metern eine tote graue Katze fanden, hielt Hanno inne und begann mit der ersten Installation. Er klemmte eine der mitgebrachten Blüten hinter das Ohr der Katze und arrangierte den umherliegenden Müll. Er baute einen Turm aus den zahllosen Deckeln der Plastikflaschen, und nachdem er fertig war, hielt Elli einen der Rahmen ins Bild, damit Hanno es fotografieren konnte. Es war ein widerlich-trauriges Schauspiel, das zwar den beißenden Geruch der Verwesung schuldig blieb, aber dennoch sehr berührend war. Auf ihrem Weg nach oben hielten sie immer wieder inne, um Mosaike aus Plastik zu arrangieren oder den Verlauf des grünblau-grausilber schimmernden Rinnsals zu dokumentieren.

Als die Schatten der Arganbäume länger wurden und der Wind auffrischte, bemerkte Elli, wie müde und ausgelaugt sie war. Zum Schlafen war sie ja in den letzten beiden Nächten kaum gekommen und die Sonne forderte genauso ihren Tribut wie der Ekel. Da fiel ihr ein, dass sie sich ja auch noch mit ihrer neuen Freundin zum Abendbrot verabredet hatte. Es war definitiv Zeit, sich auf den Rückweg zu machen und während Hanno noch damit beschäftigt war, immer neue Installationen aus Müll, Fäkalien, Kadavern, Blumen, Steinen und Landmarken zu arrangieren, bewunderte Elli seine Fähigkeit, gleichermaßen harmonisch wie kontrastreich zu gestalten. Hätten sie nicht die ganze Zeit im Müll umhergewühlt und würde es hier nicht so bestialisch stinken, sie hätte ihm schon längst die Kleider vom Leib gerissen und ihn im Schatten der Arganbäume vernascht. Doch jetzt war gründlich Duschen angesagt und dann ein ordentliches Abendessen.

Als Hanno und Elli frisch gereinigt eine gute Stunde später Hand in Hand vom Apartment aus zum Marktplatz schlenderten, hatte sich die Sonne gerade in den Schoß des Atlantiks fallen lassen und vom Minarett gegenüber rief der Muezzin zum letzten Gebet des Tages. Sie setzten sich auf eine der Bänke und beobachteten, wie die Kids mitten auf dem Marktplatz Fußball spielten. Hanno war schon oft aufgefallen, wie fair sie miteinander spielten. Nicht nur, dass sie praktisch ohne Fouls auskamen; sie spielten auch meistens barfuß, und er hatte noch nie gesehen, dass sich einer von ihnen an den Betonbänken auf dem Platz oder der flachen kniehohen Mauer, die ihn umgab, die Füße verletzt hätte. Das Gebolze schien auch keinen der Dutzend Ladenbesitzer zu stören, obwohl natürlich hin und wieder ein Ball über ihre Theken flog oder auf ihren Waren landete. Es war ein herrlich befremdliches Bild und auch Elli genoss die kindlich-unbeschwerte Heiterkeit des Treibens, als einer der blau-weißen Busse der Linie 32 auf der anderen Seite der Straße zum Stehen kam.

Vor einigen Jahren hatte sich einer der Fahrer den Spaß erlaubt, in der digitalen Anzeige, die normalerweise den Zielort und die Liniennummer wiedergibt, nur die Nummer und den Schriftzug *GO SURFING* einzutippen. Jetzt gab es keinen Küstenbus mehr ohne Aufforderung zum Wellenreiten.

Elli sprang begeistert auf, als sie ihre neue Freundin die Straße überqueren und auf sie zulaufen sah. Doch Hanno verschlug es die Sprache. Wie vom Blitz getroffen wusste er nicht, ob er sich freuen oder flüchten sollte. Der Schock saß so tief, dass er weder zu einer emotionalen noch zu einer physischen Reaktion fähig war. Elli hatte erwähnt, dass ihre neue Freundin Lena hieß, aber Hanno hatte sich nichts dabei gedacht und nachdem sie sie herzlich begrüßt hatte, wollte Elli sie natürlich auch Hanno vorstellen. Der jedoch saß immer noch regungslos auf der Bank. Er hatte Lena nicht mehr gesehen, seit sie Deutschland vor einem knappen Jahr verlassen hatte. Anfangs hatte er öfter überlegt, ihr zu schreiben, aber ihm waren nie die richtigen Worte eingefallen. Er hatte sie oft vermisst, doch hatte er sich das nicht eingestehen wollen. Er hatte gespürt, dass er sie noch immer liebte, aber er hatte sich nicht getraut, es ihr zu sagen. Es hätte die Sache für beide nicht einfacher gemacht und er wusste, dass es für Lena schon schwer genug gewesen war. Auch Lena hatte mit allem gerechnet, nur nicht damit, Hanno hier zu treffen. Seitdem er das Studium in Leipzig begonnen hatte, war er nicht mehr ernsthaft auf Reisen gewesen. Sie hatte angenommen, dass er sich nach dem Bachelor in seinem Atelier einschließen und arbeiten würde, bis er den Durchbruch geschafft hatte oder verrückt geworden war. Jetzt verharrten sie von Angesicht zu Angesicht und wussten nicht recht, was sie tun, denken oder fühlen sollten.

Sie hatten noch immer einen guten halben Meter Abstand und schauten einander tief in die Augen. So standen sie sich wortlos gegenüber und ließen die Zeit verstreichen. Obwohl sie keine Miene verzog, sah Hanno deutlich, wie Wut, Trauer und Verzweiflung in ihren Augen aufloderten. Und auch Lena konnte sehen, was wohl sonst jedem Betrachter verborgen blieb. In Hannos reglosem Antlitz spiegelten sich Wehmut und Reue. Oft schon hatten sie einander so gegenübergestanden. Eigentlich immer genau in den Momenten, in denen andere Pärchen die emotionalsten Worte füreinander fanden. So war es gewesen, als sie sich das erste Mal gesehen hatten. Vor dem ersten Kuss und nach dem ersten Sex. Als Lena schwanger war. Als sie das Baby verloren hatte. Als sie sich vor einem Jahr verabschiedet hatten. Und so war es auch jetzt, als sie sich nach einer gefühlten Ewigkeit wiedersahen.

Elli verstand nicht ganz, was da gerade passierte. Es war ein seltsamer Anblick, wie mitten in dem bunten Treiben zwischen den Fußball spielenden Kindern und den noch immer geschäftigen Läden, zwischen Bushaltestelle und Taxistand die beiden, völlig versteinert, offensichtlich stumme Worte miteinander wechselten. Wie sie reglos im goldgelben Spotlight der Straßenlaterne standen, als wären sie das Zentrum der Welt und als würde sich zumindest für diesen Moment das ganze Universum um sie drehen. Es lag so viel Schwere, so viel Ernst und Hingebung in dem gelbgoldenen Kegel, der die beiden umgab, dass sie es nicht wagte, den Augenblick zu stören und sie stattdessen einfach ein paar Schritte zurück machte, um sich mit etwas Abstand auf die halbhohe Marktmauer zu setzen.

Als Hanno in Lenas Augen erkannte, dass die Flammen der Wut des Tanzens müde wurden und die Glut der Verzweiflung im Brunnen der Vergebung versank, machte sich seine rechte Hand vorsichtig auf den Weg zu ihr. Doch so sehr sie sein Angebot annehmen wollte, Lena fühlte sich noch immer wie gelähmt. Erst als sie sah, wie das

Blau der Enttäuschung sich in seinen Augenwinkeln sammelte und er verständnisvoll nickte, machte es klick. Lena fing seine Hand auf halbem Rückweg ab, und während sie einen zögerlichen Schritt auf ihn zu machte, führte sie sie zärtlich und ruhig auf Brusthöhe zwischen Hanno und sich. Jetzt berührten sie einander nur mit den Handflächen und es war erneut lange still. Dann nickten sie beide und sagten zur selben Zeit:

»Wow! Schön dich wiederzusehen.«

Chapter Twenty-Seven

Adventures In Paradise

Minnie Riperton

Der vergangene Abend war schön gewesen. Sie hatten bei Pizza, Tajine und Spaghetti im *Le Spot* gesessen und auf das abendliche Taghazout hinabgeschaut. Lena hatte viel zu berichten über die letzten Monate des Reisens und aus ihrer wilden Zeit im Norden Kaliforniens. Hanno genoss es, den Abenteuern zu lauschen, und Elli, die es ebenfalls aufregend fand, Lenas Geschichten aus aller Welt zu hören, freute sich umso mehr für die beiden, je mehr sie spürte, dass die anfängliche Unsicherheit entspannter Vertrautheit wich. Sie war kein bisschen eifersüchtig, obwohl sie merkte, dass es Lena war, die heute Abend im Mittelpunkt stand. Ganz im Gegenteil. Mit jeder weiteren wilden Geschichte, die sie erzählte, bewunderte Elli die neue Freundin ein wenig mehr. Jedes Mal, wenn Hanno aus vollem Herzen über einen von Lenas Scherzen lachte, freute sie sich ein bisschen mehr, ihn so glücklich zu sehen, und es erleichterte sie unheimlich zu spüren, dass sie nicht die einzige Quelle der Freude für ihn war. Oft schon hatte sie diesen unangenehmen Druck im Leben verspürt, weil sie merkte, dass Menschen, die sie liebten, vornehmlich Männer, all ihre Lebensfreude nur aus dem Umgang mit ihr schöpften, und was anfänglich äußerst schmeichelhaft war, machte ihr später meist schwer zu schaffen. Sie fühlte sich dann oft verantwortlich für das emotionale Wohlbefinden des anderen und dadurch selbst unter Druck. Noch viel schlimmer war jedoch, dass das Gegenüber so seine ganze Attraktivität verlor, weil es sich unnötig abhängig machte und deshalb lächerlich klein auf sie wirkte. Sie selbst hatte so oft im Mittelpunkt gestanden, war so oft das Epizentrum der Aufmerksamkeit, dass es ihr eher angenehm war, sich im Schatten Lenas ein wenig ausruhen zu können. Sie hatte selten Sonnen getroffen, die genauso hell strahlten wie sie selbst. Doch in jenen wenigen Fällen spürte sie deutlich, wie die gravitative Kraft des fremden Egos sie langsam aber sicher in die Umlaufbahn des Schwestergestirns sog.

Nach dem Essen waren sie noch auf ein Gingerbier im *Café Mouja* zur Jam-Session gewesen, weil es aber viel zu laut war, um sich zu unterhalten, genossen die drei zwischen Reggae und Songwriter-Texten die angenehme innere Unruhe und Aufregung, die sich in jedem anders, aber doch in allen dreien breitgemacht hatte. Bevor Lena sich dann ins Taxi setzte, um zurück nach Tamraght in ihr Hostel zu fahren, hatten sie sich noch für den nächsten Tag verabredet.

Der Wellen-Forecast hatte *flat* wie ein Bügelbrett prophezeit und wie so oft, wenn keine Wellen waren, fuhr die Crew von Lenas Hostel ins Paradise Valley. Lena hatte Hanno und Elli spontan eingeladen. Weil Hanno schon länger eine Idee fürs Valley hatte und Elli noch nie da gewesen war, hatten sie sich an diesem Morgen gemeinsam auf den Weg gemacht.

Die vierzigminütige Fahrt durch die weite, von Tausenden Arganbäumen übersäte hügelige Landschaft hatten die drei gemeinsam mit dem Equipment für das bevorstehende Rahmenprojekt auf dem Dach des 50 Jahre alten Landrovers verbracht. Es war ein Riesenspaß gewesen, sich die Fahrtluft durchs offene Haar wehen zu lassen und von hoch oben auf die atemberaubende Landschaft zu schauen. Neben ihnen lagen noch die vier je drei Meter langen Rundhölzer und ein 250 Meter langes Hanfseil, das Hanno für den bisher größten Rahmen und das aufwendigste Projekt besorgt hatte. Weil die anderen Gäste und die Crew des Hostels von der Idee begeistert waren, hatten alle mit angefasst, um die Ladung die letzten zwei Kilometer von der Straße bis ins Zentrum der Oase zu schleppen. Sie waren zu zehnt gewesen und so konnten sie sich beim Tragen abwechseln. Ein schmaler Pfad führte sie durch das von Dattelpalmen übersäte, saftiggrüne Tal hin zu den grundwassergespeisten Pools. Am letzten und größten Wasserbecken hatten sie sich dann niedergelassen. Während sich der Rest der Crew nach der Anstrengung erst einmal Abkühlung im kalten Nass verschaffte, hatte Hanno sogleich damit begonnen, den Rahmen zusammenzubauen. Er hatte ein wenig Vorarbeit auf dem Balkon geleistet, denn die Enden der Balken waren bereits so ausgespart, dass sie perfekt ineinanderfassten. Mithilfe des mitgebrachten Seils hatte er sie dann verschnürt. Den Rest des groben Hanftaus hatte er an den Ecken befestigt, um den Rahmen dann waagerecht aufhängen zu können. Trotz der vielen motivierten Hände sollte es knapp zwei Stunden dauern, bis die Seile abgespannt waren und das gute Stück sieben Meter über der Wasseroberfläche und knapp drei Meter unter dem Absprung hing. Als es dann endlich soweit war, gingen die Kameramänner und -frauen in Position. Jeweils einer kletterte auf den dies- und jenseitigen Rand des ungefähr 20 Meter breiten und 30 Meter hohen Canyons, in dem sie sich befanden. Zwei weitere standen links und rechts auf Wasserhöhe, und damit auch keine Perspektive ausgelassen wurde, schwamm sogar einer mit GoPro bewaffnet im Pool, um Unterwasseraufnahmen zu machen. Lena, Elli und Hanno kletterten die steile Wand zum Absprung hinauf. Oben angekommen, setzten sie sich im Schneidersitz nieder. Lena und Elli hatten jeweils einen Baumwollbeutel voller Blüten dabei, die sie am Morgen auf dem Weg gesammelt hatten. Vorsichtig kippten sie die Blüten in die Mitte des unterhalb von ihnen schwebenden Rahmens. Hanno hatte ihn mit einer hauchdünnen Schicht Frischhaltefolie so präpariert, dass die Blüten, anstatt hindurchzufallen, in der Mitte aufgefangen wurden. Natürlich flogen einige der wunderschönen gelben und pinkfarbenen Blüten am Ziel vorbei und segelten hinab in das blaugrün schimmernde Wasser unter ihnen. Die zerklüfteten gelbbraunroten Felswände, die hier und da von grünen Vegetationsflecken besprenkelt waren, wurden im unteren Bereich graugelb und organisch. Der Quell des Lebens hatte sie immerfort umspült und aus den rauen Ecken und Kanten mit der Geduld der ewigen Wiederkehr sanfte, runde Becken geformt. Dort jedoch, wo zwischen dem strahlenden Weißblau des Himmels und dem rauen, schuppigen Gelbbraun des Felsens sich die Schlucht in die Welt geschnitten hatte, schlängelte sich das saftiggrüne Band des floralen Zaubers durch die sonst so karge Steppe. Und in dieser atemberaubenden Kulisse hing nun, einem fliegenden Teppich gleich, dieser riesige Holzrahmen, in dessen Mitte wie durch Zauberhand gelbe und rosafarbene Blüten schwebten. Schon dieses Bild allein war den Aufwand wert gewesen, doch es sollte noch besser kommen. Hanno, Lena und Elli waren mittlerweile ziemlich aufgeregt, denn jetzt wurde es ernst und einen zweiten Versuch würde es nicht geben. Es musste alles beim ersten Mal klappen. Es war mucksmäuschenstill geworden, als Hanno langsam rückwärts von fünf auf null zählte.

Mit jeder Zahl, die durch den Canyon hallte, wurden Elli und Lena ein wenig ruhiger. Als Hanno bei drei angekommen war, gaben sie einander die Hände. Auf zwei machten sie gemeinsam einen kleinen Schritt näher an die Kante. Bei eins entfloh der letzte Funke Angst aus ihren Augen und auf Los sprangen sie gemeinsam durch das umrahmte Blumenmeer in den türkisfarbenen Pool unter ihnen.

Als Hanno unter Wasser seine Augen öffnete, konnte er die goldgelben Strahlen der Sonne sehen, und als sie auftauchten, rieselten langsam die letzten Blüten auf sie herab.

Chapter Twenty-Eight

Run Wild

The Deslondes & Twain

Elli fand, dass Lena verdammt heiß aussah in dem knallengen schwarzen Gummianzug mit dem hellblauen Patagonia-Logo hinten auf der Schulter. In weiser Voraussicht und zu einem Schnäppchenpreis hatte Lena das gute Stück in dem hipsten Surfshop San Franciscos noch am Tag vor ihrer Abreise gekauft. Man musste kein Weichtier sein, um den kleinen, muggeligen Hipsterschuppen an der 46th Ecke Irving, gleich neben dem *Golden Gate Park*, zu mögen. Hier hatte sie auch drei Monate vorher das pfirsichfarbene Neun-Fuß-Longboard gekauft, das sie und Elli gerade zusammen vom Parkplatz zum *Anchor Point* trugen. Hanno war schon seit einer Stunde im Wasser. Die Wellen waren einfach zu gut gewesen, als dass er ruhigen Gewissens hätte rumsitzen können. Elli war im Urlaub und hatte mit Surfen sowieso nichts am Hut und Lena freute sich einfach darüber, mal etwas Zeit alleine mit ihrer neuen Freundin verbringen zu können, und so hatten sich die beiden auf Kaffee und Kippchen im *Sunset* getroffen und einen leckeren Crêpe genascht, bevor auch sie sich auf zum *Anchor* gemacht hatten. Jetzt stand Lena mit ihrem fast drei Meter langen Brett auf dem Felsen und wartete auf eine Wellenpause, damit sie ins kalte Nass springen und zu Hanno an den Peak paddeln konnte. Elli saß oben auf den Mauerresten mit ihrer Kamera, um für die Ewigkeit festzuhalten, was sonst von den Gezeiten erfasst und weggespült worden wäre. Sie war noch nie zuvor an einem richtigen Surfspot gewesen und die Szenerie war atemberaubend. Die zahllosen Tropfen, die der leicht ablandige Wind den brechenden Wellenkämmen entriss, funkelten im reichen Licht der satten Nachmittagssonne wie die Smaragde in Alibabas Schatzkammer. Nur wenige Meter von ihr entfernt rollten die blaugrünen Wellen unter dem Tosen Poseidons und in absoluter Perfektion an ihr vorbei. Sie konnte die Gischt auf der Haut fühlen, das Salz in der Luft schmecken und wenn ihr Arm nur ein bisschen länger gewesen wäre, dann hätte sie beinahe mit Hanno abklatschen können, als dieser in schwungvollen Kurven auf der letzten Welle an ihr vorbeigesurft kam. Der absolute Höhepunkt des Nachmittags war jedoch Prinzessin Lena auf ihrem Longboard gewesen. Als Elli sah, wie Lena auf ihrem ewiglangen Brett begann, eine dieser Wellen anzupaddeln, vergaß sie vor lauter Bewunderung ganz und gar Bilder zu machen. Nachdem Lena den Take-off gemeistert und die Typen am Point hatte alt aussehen lassen, schwebte sie einer Pfauenfeder gleich über ihr Brett, bis sie mit beiden Füßen die Nose erreicht hatte. Ihre Arme zeigten gen Himmel und mit sanften Bewegungen aus der Hüfte balancierte sie auf dem Brett wie eine Flamme um den Docht. Dann wieder lief sie zurück, um ein, zwei elegante, schwungvolle Kurven zu fahren und nur Sekunden später wieder auf der Spitze ihres Brettes zu stehen. Elli fiel auf, dass Lenas weibliche Art zu surfen sich zwar deutlich unterschied vom maskulinen, kraftvollen Style der Typen im Wasser, dass sie aber kein wenig blass oder unspektakulär neben ihnen wirkte.

Ganz im Gegenteil. Alle bewunderten sie. Nicht weil sie die derbsten Tricks machte, sondern weil sie so unglaublich elegant und sexy surfte. So leicht und frei. So zart und mühelos. Immer mit einem Lächeln im Gesicht. Jetzt wurde es Elli klar. Lena tanzte zur Musik der Meere, zur Melodie längst verwehter Winde, wie sie selbst zu den Gesängen verstorbener Legenden, wenn der Soulsound im Club Wellen schlug. Das Ergebnis jedoch war das Gleiche. Die Männer lagen ihnen zu Füßen. Während Lena eine halbe Stunde gebraucht hatte, um sich im Gedränge am Peak die erste Welle zu ergattern, wurde sie nun hofiert. Keiner von den muskelbepackten Typen wagte es mehr, ihr eine Welle streitig zu machen. Stattdessen wurde sie nun durchgewunken, sodass sie eine perfekte Line nach der anderen in die türkisfarbenen Wasserkämme zaubern konnte.

Nachdem sich Elli wieder ein wenig gefasst hatte, zückte sie erneut die Kamera, um Lenas Tanz mit dem Atlantik zu dokumentieren.

***

Nach der gelungenen Surfsession am *Anchor Point* und einem schmackhaften Abendbrot im *Le Spot* fielen Hanno und Lena fast die Augen zu. Nur Elli war noch Feuer und Flamme und wollte unbedingt auf die Party am *Paradis Plage*. Einer der Dudes, die sie während der Foto-Surfsession angequatscht hatte, hatte ihr zugesteckt, dass dort am Abend eine lustige Sause stattfinden würde. Es erforderte etwas Überredungskunst, Hanno und Lena davon zu überzeugen, noch auf einen Drink mitzukommen, aber zum Glück war dies eine von Ellis Stärken und insgeheim hatten auch Hanno und Lena Lust, noch ein wenig das Tanzbein zu schwingen. Also bestellte Elli noch drei Espresso und dann machten sie sich auf den Weg. Sie stoppten nochmal kurz bei Hannos Apartment. Die Damen mussten noch an ihrem Outfit arbeiten und Hanno steckte Tabak, Haschisch und Geld ein. Zum Abschluss gab es noch einen kräftigen Schluck aus der Flasche Berliner Luft, die Elli aus dem frostigen Deutschland mitgebracht hatte, und dann ging es schnurstracks zum Taxistand. Nach dem üblichen Gefeilsche rollte der weiße Mercedes mit drei gut gelaunten Europäern auf der Rücksitzbank die Küstenstraße entlang gen Norden.

Lena und Elli trauten ihren Augen kaum, als sie durch das Foyer des Fünf-Sterne-Hotels zu dem kleinen Club am Strand liefen. Elli musste sofort daran denken, wie sie vor zwei Tagen mit Hanno den Müllbach hinaufgelaufen war. Noch nie hatte sie einen größeren Kontrast zwischen absolutem Luxus und erbärmlicher Armut gesehen. Sie konnten schon von Weitem die orientalischen Klänge hören und als sie näher kamen, sahen sie das bunt gemischte, aber noch recht verhaltene Publikum. Zu Lenas Überraschung waren nicht nur Touris hier als Gäste, sondern auch ein guter Teil Marokkaner. Die jedoch waren selbstverständlich ausschließlich männlicher Natur.

Der Abend war noch jung und die Party hatte noch nicht recht begonnen, deshalb setzten sich die drei erstmal um die große Feuerschale vor dem Club. Hanno rollte einen Joint, Lena bestellte drei Bier und Elli verschaffte sich einen Überblick. Es waren bereits gut 50 Mann hier und der Zustrom an Gästen riss nicht ab, als plötzlich vier Marokkaner mit traditionellen Instrumenten auf der Bildfläche erschienen und begannen, dem noch etwas steifen Publikum einzuheizen. Als Lena mit den Getränken beladen von der Bar zurückkam, war Elli schon vom Feuer verschwunden. Sie setzte sich neben Hanno und während Alkohol und Haschisch Wirkung zeigten, beobachteten sie gemeinsam, wie Elli die Tanzfläche eröffnete. Noch war die Stimmung verhalten und die Gäste chillten auf den Bänken. Nur Elli genoss die arabischen Rhythmen. Ihr langer, tiefsitzender Rock betonte die sich immer im Takt bewegenden Hüften. Das eng sitzende, kurze Oberteil ließ ihren Busen noch größer erscheinen, als er ohnehin schon war, und der flache Bauch zuckte ständig von links nach rechts. Die langen, glatten schwarzen Haare flogen ekstatisch durch die Luft und ihre jadegrünen Augen funkelten. Wenn Lena es nicht besser gewusst hätte, sie hätte ihr Surfbrett darauf verwettet, dass es sich bei dieser Schönheit um die marokkanische Meisterin im Bauchtanz handelte.

Nachdem sich die Band mit ihrer exzellenten Gasttänzerin verabschiedet hatte, begann der DJ im Club die housigen Vinylplatten in Rotation zu versetzen. Jetzt erhoben sich auch Hanno und Lena aus ihrer viel zu gemütlichen Ecke und folgten Ellis Ruf auf die Tanzfläche. Es sollte nicht lange dauern, dann brannte der Saal. Elli, Lena und Hanno waren mit Abstand das heißeste Trio Nordafrikas und ohne jeden Zweifel das schwingende Zentrum des Clubs.

Elli und Lena genossen all die Aufmerksamkeit, die ihnen von den zahllosen muskelbepackten und braungebrannten Surf-Dudes entgegengebracht wurde. Ununterbrochen tanzte sich einer nach dem anderen an die verführerisch verschlungenen Wunderblumen heran. Hanno machte es Spaß, auch mit den Typen zu tanzen, und er genoss es zu sehen, wie die beiden Frauen mit ihnen spielten. Elli war wie meistens nicht abgeneigt, hier und da ein wenig rumzuknutschen. Lena blieb etwas konservativer und ließ sich höchstens hin und wieder ans Lagerfeuer führen, um einer amüsanten Unterhaltung zu lauschen und sich einen Drink spendieren zu lassen. Hanno indes nahm sich ab und an eine Auszeit, um das mitgebrachte Haschisch konisch zu verpacken und in Brand zu stecken. Doch in regelmäßigen Abständen trafen sie sich wieder auf der Tanzfläche, um den anderen eine lange Nase zu machen und sich gegenseitig zu feiern. So gingen die Stunden dahin, bis die letzte Platte gespielt war und das müde Personal die meist ordentlich betrunkenen Gäste höflich aufforderte, den Club zu verlassen. Elli und Lena liefen Arm in Arm zum Taxi. Sie hatten an diesem Abend nicht nur wild miteinander getanzt, sondern sich auch gelegentlich geknutscht. Hanno hatte sich in vornehmer Zurückhaltung geübt, denn ihm war die ganze Situation noch nicht geheuer. Weder hatte er eine Ahnung, was jetzt eigentlich in Lenas Leben abging, noch wusste er genau, was er selbst wollte. Es hatte ihn nicht gewundert, dass Elli die ganze Sache zu genießen schien, und er gönnte den beiden Damen ihr Vergnügen. Außerdem hatte er seine Freude daran, sie zu beobachten. Es war komisch, aber Lena einfach so zu knutschen, nach allem, was passiert war, und ohne vorher wenigstens einmal in Ruhe gequatscht zu haben, hatte er sich genauso wenig vorstellen können, wie vor ihren Augen Elli zu knutschen.

Deshalb entschied er sich dafür, diesmal auf dem Beifahrersitz Platz zu nehmen und den Damen die Rücksitzbank und das Vergnügen zu überlassen.

Als das Taxi dann nicht unweit von Hannos Apartment hielt, war es Elli, die Lena einlud, noch mit nach oben zu kommen. Die wurde ernst und schaute erst Elli und dann Hanno an, ohne zu antworten. So war es eine Weile still, bis der ungeduldige Taxifahrer das andächtige Schweigen unterbrach.

»It's threehundred Dirham and another hundred to Tamraght.«

Da platzte es plötzlich aus den dreien raus und sie konnten sich nicht mehr halten vor Lachen. Noch bevor Hanno sich gefangen hatte, um ihm zu antworten, drückte Lena dem Fahrer die verabredeten 200 Dirham in die Hand und stieg aus.

»Good joke, bro!«

Sie schüttelte den Kopf.

»Die versuchen es aber auch jedes Mal. Eigentlich wollt ich ihm noch 50 Dirham Trinkgeld geben. Ts! Aber nicht auf die Tour! Warum steht ihr hier so doof rum? Hab mir sagen lassen, da steigt noch 'ne verdammt heiße After-Hour in so 'nem kleinen schnuckeligen Apartment gleich hier um die Ecke …«

Elli und Hanno schauten sich verwundert an. Lena aber grinste nur und lief los. Als sie das Apartment erreichte und Hanno gerade die Haustür aufgeschlossen hatte, drückte Lena ihn gegen die Wand.

Doch diesmal hielt sie nicht einmal für den Bruchteil einer Sekunde inne, bevor sie ihn wild zu küssen begann. Elli schlich sich hinter die beiden, ließ ihre Hände zärtlich über Lenas Rücken gleiten, und während sie ihren Nacken küsste, flüsterte sie:
»Meint ihr zwei beiden, ihr schafft es noch die Treppe hoch?«

Hanno verdrehte die Augen.
»Glaub, hier ist jemand ganz schön heiß.«

Lenas eine Hand glitt langsam in seine Hosentasche, während sie ihn mit der anderen gegen die Brust und von sich weg drückte.
»Uh, uh, uhh! Was haben wir denn hier? Wow! Das fühlt sich ja an wie ein großer ...«

Sie machte einen Schritt zurück und stellte sich auf die erste Stufe.
»Ach nee, war nur 'n kleiner Schlüsselbund! Wer zuerst oben ist, darf in der Mitte liegen.«

Sie drehte sich um und rannte die Treppe hinauf. Als Hanno versuchte, sie am Arm zu packen, rutschte er aus und legte sich unangenehmerweise einmal quer in den Hausflur. Elli lachte laut los, machte einen großen Schritt über ihn und stürmte hinter Lena her. Hanno schüttelte schmunzelnd den Kopf, als er sich aufraffte und auf allen Vieren hinter den beiden herjagte. Erst vor der Wohnungstür holte er sie ein. Lena hatte gerade den Schlüssel ins Schloss fahren lassen, als ihr Elli das Oberteil vom Leib riss und ihr gleichzeitig in den Hals biss. Hanno drängelte sich zwischen die beiden. Die Tür öffnete sich und zusammen stürzten sie auf den Teppich vor der Couch.

Chapter Twenty-Nine

What A Wonderful World

Louis Armstrong

Der Vollmond scheint silbern auf die Hauptstraße herab und Taghazout ist seltsam still. Keine Menschenseele ist zu sehen, alle Geschäfte sind geschlossen. Nur in den Häuserecken kauern dicht zusammengedrängt ein paar Straßenhunde im orangeroten Licht der Laternen. An jeder Fassade klebt eine verpasste Gelegenheit! Warum war ich nochmal hier? Ach egal!

Ohne darüber nachzudenken, beginne ich, mit einem Spachtel bewaffnet, die versäumten Chancen vorsichtig von den Schauseiten der Häuser abzukratzen. Jede einzelne wird in das große Buch der Zeit geklebt, das auf meinem Handwagen liegt. Alles picobello sauber, weiter geht's! Ziehe den Wagen hinter mir her, am Ortsausgangsschild vorbei Richtung *Anchor Point*. Es dröhnt in den Ohren. Wo kommt das her? Was ist das denn bitte schön? Wow! Ein Konvoi aus Hunderten riesiger Stahlkutter. Sie drängen durch die schwarzgraue Häuserschlucht. Sie setzen Segel. Sie hissen die Piratenflagge. Sie halten auf mich zu. Niemand an Deck. Aber die schießen! Mit goldenen Ankern und braunen Zapfen. Nichts wie weg hier! Scheiß Karre! Scheiß Buch! Warum muss ich das mitschleifen! Schneller jetzt! Einfach nur weg hier! Dieser Höllenkonvoi kommt näher! Immer näher!

Zapfen schlagen ein. Da vorne ist *Killers*! Das Kliff! Wo ist die Straße hin? Kein Ausweg. Weit unten, dieses rote Viereck vor den hellblauen Fluten. Wieder das Geräusch. Klack! Eine Tür kracht ins Schloss! Wer da?! Was hier los? Nein, nicht schon wieder! Jetzt ist Schluss. Irgendwann muss auch mal gut sein! Geh da rüber und frag die, was hier los ist.

Anker detonieren überall. Na und? Einfach weitergehen. Bang boom bang! Scheiße, voll auf die Birne! Hmm ... tut gar nicht weh, und warum blutet es nicht? Einer der Zapfen trifft den Handwagen.

Er hinterlässt einen qualmenden Einschlagkrater im Bestseller meines Lebens. In Windeseile wächst eine mächtige Sonnenblume aus dem Loch. Als Krone trägt sie einen hölzernen Rahmen um ihre Blüte. Alles fühlt sich frei an, beschwingt. Heiteren Schrittes weiter nach vorne und auf den Konvoi zu. Einfach den Arm ausstrecken und lächeln, dann wird schon nichts passieren.

Aus dem grauschwarzen Moloch schält sich ein hellheiteres Paradies, das rote Viereck am Fuße des Kliffs wird zum fliegenden Teppich. Er landet neben mir und auf dem edlen Knüpfstück steht in arabischer Schrift gestickt: *Du bist, wer du bist, wer du im Rahmen deiner Möglichkeiten entscheidest zu sein.* Jetzt fällt es mir ein: Ich bin hier, um zu tun, was ich tun muss und mich von allem anderen frei zu machen!

Ich springe auf das wundervolle Webwerk und fliege das Kliff hinab durch die hellblauen Barrels am *Anchor Point.* Aus weiter Ferne ist der Muezzin zu hören: *Allahu akbar* schallt es über die friedliche Landschaft.

Als Hanno sein Bewusstsein wiedererlangte, war die Welt um ihn herum warm, weich und seltsam angenehm.

Du bist, wer du bist, wer du im Rahmen deiner Möglichkeiten entscheidest zu sein, hallte es noch immer durch seinen Kopf. An diesem Satz schien ihm was dran zu sein. Er hatte allerdings überhaupt keinen blassen Schimmer, wo er sich gerade befand. Es passierte ihm hin und wieder, dass er in jenen ersten Sekunden, in denen er die Augen noch geschlossen hatte, sein Geist aber wach war, keinen blassen Dunst hatte, wo um Himmels willen er sich befand. Er wusste weder, wie spät es war, noch, in welchem Bett er lag, in welchem Land, auf welchem Kontinent oder auf welchem Planeten. In diesem Moment der Verwirrung spürte er, wie jemand sein allmorgendlich steifes Glied berührte. Vorsichtig öffnete er die Augen und sah, wie Elli mit ihrer Zunge sacht begann, seine Flöte zu bespielen. Er spürte Lenas warme, weiche Brüste auf seinem Rücken, während sie ihre Hüfte an seiner zu reiben begann. Jetzt fiel ihm wieder ein, wo er sich befand. Mitten im Paradies.

***

Lena zog sich eines von Hannos viel zu großen T-Shirts über und schlich sich auf den Balkon. Ein halbvolles Glas Minztee stand noch auf der Brüstung. Die Sonne schien, das Feuerzeug schnalzte. Sie zündete sich die wohlverdiente Kippe danach an. Was war das für ein Jahr gewesen! Erst hatte sie Hanno nach sieben langen Jahren verlassen, weil sie partout keine offene Beziehung wollte, und dann war sie vom Regenbogen in die Traufe gefallen. So sehr Kevin am Anfang auch geschillert, gefunkelt und geprickelt hatte, so blass, leer und enttäuschend war der Abschied gewesen. Die Sache mit Amanda hatte sich einfach von vornherein schlecht angefühlt. Es war ein einziges Drama gewesen. Genau, wie Paul es prophezeit hatte. Aber zum Glück war sie nach dieser Enttäuschung nicht gleich nach Hause geflogen. Elli hier getroffen zu haben, war das größte Geschenk des Jahres gewesen. Lena bewunderte Elli, weil sie ihr nicht ein einziges Mal das Gefühl gegeben hatte, neidisch oder eifersüchtig zu sein. Davor hatte sie größten Respekt. Sie war sich nicht sicher, ob sie selbst in Ellis Situation dazu in der Lage gewesen wäre. Und Hanno? Hanno hatte sich einfach so unglaublich vertraut und gut angefühlt. Seine Umarmungen waren warm und hatten ihr das ersehnte Gefühl von Geborgenheit gegeben, das sie so lange vermisst hatte.

Lena nahm einen Schluck aus dem Teegläschen. Sie schaute hinüber ins Zimmer, wo die beiden noch immer umschlungen im Bett schlummerten. Ihr weinroter Slip baumelte über dem Pfosten und sie musste lachen. Es war schon komisch. Jetzt war sie einmal um die ganze Welt gereist, nur um auf der Suche nach sich selbst wieder da anzukommen, wo sie gestartet war. Bei Hanno. Diesmal zwar in Marokko und in Begleitung seiner neuen Freundin Elli. Doch all das störte nicht, denn endlich fühlte sie sich wieder zu Hause. Und gestern Abend dann war ausgerechnet sie es gewesen, die es nicht mehr hatte abwarten können, mit den beiden in die Kiste zu hüpfen. Sie drückte den Stummel in den Aschenbecher und schlich durchs Zimmer zum Bad. Auf halbem Weg zwinkerte ihr Elli verschlafen zu.

***

Als Hanno das nächste Mal aufwachte, lag er allein im Bett, aber das bordeauxrote Höschen, das unschuldig am Bettpfosten baumelte, gab ihm die Gewissheit, dass er nicht nur geträumt haben konnte. Während er sich aufraffte, schossen ihm immer wieder die Bilder der vergangenen Nacht durch den Kopf. Er hatte noch nie so heißen, wilden, erfüllenden Sex gehabt wie mit den beiden und er war sich fast sicher, dass es ihnen genauso ergangen war. Gut, bei Elli konnte man nie wissen, aber bei Lena hatte er keine Zweifel. Er kannte sie genau und er hatte ihren Körper noch nie so ekstatisch gesehen.

Nach einem Blick in den leeren Kühlschrank beschloss er, schnell runter auf den Markt zu gehen, um für ein ordentliches Frühstück einzukaufen. Er wollte den Damen etwas Gutes tun. Während er sich Hose und T-Shirt überzog, hörte er die beiden im Bad kichern.

Keine zwei Minuten später stand er vor seinem Lieblingsladen und legte Brote, Orangen, Eier, Käse, Tomaten, ein Glas Honig und eines mit Nutella, eines mit Amlou und drei mit Joghurt, ein Bund Minze und ein Bund Koriander auf den metallisch glänzenden Tresen. Nachdem er bezahlt hatte und den Einkauf in seinem braunen Umhängebeutel verstaut hatte, drehte er sich um. Er drängelte sich durch die Einheimischen, die hinter ihm standen, als er Said über den Markt direkt auf sich zuhumpeln sah. Ihre Blicke trafen sich und Hanno überkam ein eiskalter Schauer. Seit jenem Morgen am *Killer Point*, als Hanno ihm das Leben gerettet hatte und er danach wortlos davongelaufen war, hatten sie sich nicht mehr gesehen. Hannos Knie wurden weich und für einen Moment überlegte er, sich einfach umzudrehen und so zu tun, als ob nichts passiert wäre. Er wollte Said nicht bloßstellen und hatte kein Interesse daran, ihn erneut zu provozieren. Auf einmal schossen Hanno die Bilder des Traumes der letzten Nacht durch den Kopf. Weglaufen war keine Option, egal was in den nächsten Sekunden passieren würde, er würde keinen Rückzieher machen. Außerdem hatte er sich ja auch nichts vorzuwerfen. Die Sache mit dem Teppich war unglücklich gewesen, aber er hatte sie schließlich zusammen mit Omar bereinigt. Sich öffentlich dafür entschuldigt. Letzte Woche hatte er Said das Leben gerettet, auch wenn der das wohl nie eingestehen würde. Wahrscheinlich hatte ihn der Vorfall nur noch mehr verärgert. Hanno hatte niemandem im Dorf davon erzählt. Er wollte es nicht an die große Glocke hängen, auch weil er wusste, wie sensibel das Thema Ehre hier war. Jetzt aber wollte Said es offensichtlich darauf anlegen und Hanno wollte wissen, was passieren würde. Es wurde still und alle drängten sich an die Seite, bis nur noch Hanno und Said auf dem Markt standen und langsam aufeinander zuliefen. Wie in einem Italo-Tarantino-Western. Jeder im Dorf wusste, wer die beiden waren, und alle warteten gespannt darauf, was nun passieren würde. Kurz bevor sie in Schlagreichweite kamen, hätte Hanno am liebsten die Hände zur Deckung gehoben. Unter keinen Umständen wollte er sich die Blöße geben, auf offener Straße vor versammelter Mannschaft eine zu fangen und des Platzes verwiesen zu werden. Dann aber lächelte er und streckte seine Hand aus. Wenn schon, dann wollte er erhobenen Hauptes untergehen. Doch anstatt eines Schlages ins Gesicht erwartete ihn ein Angebot. Damit hatte er nicht gerechnet. Saids Miene war noch immer versteinert, doch er ergriff die Chance. Der Händedruck war fest und bedeutender, als es je ein Wort hätte sein können. Saids dunkelbraune Augen sprachen ihre eigene Sprache. Der Blick war ehrlicher und respektvoller als jeder je von Menschen formulierte Satz. Das schaulustige Publikum atmete erleichtert auf, als die beiden sich gegenseitig ehrerbietig auf die Schulter klopften, und genau wie ein paar Stunden zuvor in seinem Traum begann auch jetzt der Muezzin zu singen.

***

Auf den wenigen Metern bis zu seinem Apartment fühlte er sich geradezu berauscht. Es war einer dieser Momente der übermenschlichen Erhöhung. Einer dieser Momente, in denen er das Gefühl hatte, es gäbe ihn doch, den Allmächtigen, und wenn sein Handeln einem auch oft verwirrend erschien, am Ende sorgte er dafür, dass das Richtige und Gute geschah. In Momenten wie diesen hatte er das unzerstörbare Gefühl, dass am Ende, ganz am Ende, immer alles gut ausgehen würde, wenn man sich nur genügend anstrengte und nie aufgab. Er wusste, dass das, was gerade geschehen war, für Said ein Riesendeal gewesen sein musste. Ehre stand über allem im arabischen Kulturkreis und sich mit jemandem zu versöhnen, konnte einem schnell als Schwäche ausgelegt werden. Hanno hatte beim besten Willen nicht damit gerechnet, dass sich die Situation nochmal entschärfen würde. Nichtmal, nachdem er ihm das Leben gerettet hatte. Doch jetzt war es so gekommen und er genoss das sinnlich warme Gefühl der Versöhnung, das sich in ihm breitgemacht hatte.

Chapter Thirty

Knockin' On Heaven's Door

Bob Dylan

Als er die Tür zu seinem Apartment öffnete, um die gute Nachricht freudestrahlend den beiden Damen seines Herzens mitzuteilen, saß Lena weinend auf dem Balkon. Elli hatte tröstend ihre Arme um sie gelegt, aber Lena schien außer sich vor Wut. Als sie Hanno sah, schrie sie ihm entgegen:

»Warum muss es immer die Falschen treffen? Warum, verfluchte Scheiße nochmal? Gibt es denn keinen Funken Gutes in dieser Welt? Kein bisschen Gerechtigkeit?«

Sie stampfte auf und Tränen schossen ihr aus den Augen.

»Was ist denn hier los? Habt ihr euch gestritten?«, fragte Hanno, der von der Situation völlig überrumpelt war. Elli schüttelte den Kopf.

»Vielleicht setzt du dich erstmal. Es gibt schlechte Nachrichten«, erwiderte sie gefasst. Hast du heute schon deine Mails gecheckt?

Hanno schaute sich um, dann schüttelte er den Kopf. Vorsichtig schob Elli ihm Lenas Tablet zu.

»Ziemlich sicher hast du in deinem Postfach die gleiche Mail.«

Der Absender der elektronischen Post war Robs Mom. Hanno begann vorsichtig zu lesen und mit jedem Buchstaben wurde er vorsichtiger. Bis er in der Mitte der Mail das Lesen ganz einstellte und verwirrt Elli anschaute.

»Mit sowas macht man keinen Spaß. Das ist dir klar, oder?«

Elli nickte zögernd und Lena begann, lauter zu schluchzen, bevor sie erneut auf Hanno einschrie.

»Das ist kein Spaß, verfluchte Scheiße nochmal!«

Wie wild trommelte sie mit den Fäusten gegen Hannos Brust, als dieser sie zu umarmen versuchte, und während auch ihm die Tränen über die Wangen rollten, flüsterte er:

»Alles wird gut! Ich bin mir ganz sicher, am Ende wird immer alles gut!«

Doch Lena hörte nicht auf zu trommeln und schrie:

»Nichts wird gut! Gar nichts ist gut auf dieser Welt!«

***

Es war an der Zeit zu gehen. Kein Zweifel. Da waren sich die drei sofort einig gewesen. Jetzt hieß es, zurück nach Hause, und zwar so schnell wie möglich. Noch am selben Morgen buchten sie ihre Flüge. Hanno wollte unverzüglich bei Rob sein und Lena wenigstens Abschied nehmen von einer ihrer besten Freundinnen. Elli kannte zwar weder Rob noch Biene, geschweige denn deren Familien, aber sie wollte Hanno und Lena jetzt auf keinen Fall allein lassen und deshalb machten sie sich am nächsten Tag gemeinsam auf den Weg. Die Verabschiedung von Omar war Hanno mehr als schwergefallen. So viel hatte er ihm zu verdanken und so aufrichtig hatte er ihn bewundert, dass er sich jetzt wünschte, ihn einfach in den Koffer packen und mitnehmen zu können. Doch nur der, dem der Abschied schwerfällt, hat jemanden wahrhaft ins Herz geschlossen, und wer froh ist, endlich zu gehen, der kann nur selten Spaß gehabt haben.

Hanno hatte einige der dunkelsten Tage durchstehen müssen. Aber die letzte Woche war die schönste seines Lebens gewesen. Jedenfalls bis zu dem Moment, an dem er von der Mail erfahren hatte. Er atmete tief ein, als der weiße 200 D das Ortsschild hinter sich gelassen hatte. Während das Taxi auf der kerzengeraden Landstraße gemütlich dahinglitt, fielen ihm wieder die Worte seines Onkels ein. Er schüttelte den Kopf, als ihm die bittere Ironie, die Brunos Rede durch Bienes tragischen Tod erhielt, bewusst wurde. Er hätte keine Sekunde gezögert, die glücklichen Momente der letzten Woche zu tauschen, um seinem Freund Rob das widerfahrene Leid zu ersparen. Doch so funktionierte das Leben nun mal nicht, und die Situation schien ihm der Beweis dafür, dass kein noch so weiser Spruch und kein noch so gutgemeinter Rat einem Leid ersparen oder gar Glück verschaffen konnten. Der Fahrer schaltete das Radio ein und sanfter orientalischer Pop schwang sich durch den mit dunkelroten Teppichen dekorierten Mercedes. Für einen Moment hellte sich Hannos Gemüt auf und er hatte das Gefühl, in der Mitte eines aufregenden Lebens zu sitzen. Rechts neben ihm saß seine Ex-Ex Lena. Ihr langes blondes Haar hing ihr über die honigfarbene Schulter und ihre tiefblauen Augen schauten aus dem Fenster. Die noch immer perfekten Wellen, die über die Sandbänke brachen, flüsterten ein schüchternes Auf Wiedersehen. Links neben ihm saß seine Freundin Elli mit verschränkten Beinen. Den Arm um ihn gelegt und den Kopf auf seiner Schulter abgelegt, baumelten ihre schwarzen Locken vor seiner Brust. Hinter ihm die harten Jahre voll Angst und Panik. Die schweren Zeiten voller Selbstzweifel und Unsicherheit, die er in dem kleinen Fischerdorf zurückgelassen hatte. Vor ihm eine vielversprechende Zukunft, ein unglaublich erscheinender Deal, der ihm drei unbeschwerte Jahre sichern würde. Unter ihm die kurvige Straße des Lebens mit all den unvorhersehbaren Schlaglöchern und Bodenwellen des Schicksals. Gerade jetzt, als der Zufall, das Karma oder eine höhere Gewalt den alten Benz wieder in eine dieser Asphaltschluchten schleuderte und ihn so der schönen Aussicht in des Lebens Ferne entriss, erhielt er von oben, aus dem Himmel über ihm, eine Eingebung. Es war nicht viel mehr als ein kurzes Flackern seiner Nervenenden gewesen. Ein Flüstern Gottes. Ein winziger Funken der Inspiration. Hoch oben in der Luft. Es würde noch einige Zeit vergehen, bis er auf dem schöpferischen Stroh des kreativen Drängens landen und das Leben in ihm neu entfachen würde.

Es würde passieren, ganz sicher. Doch nicht jetzt und nicht hier. In den nächsten Tagen und Wochen ging es um etwas ganz anderes.

Ein Mensch war gestorben, um genau zu sein waren es zwei Menschen, die das Zeitliche gesegnet hatten. Aber vielleicht ebenso tragisch war, dass ein anderer alleine zurückblieb. Rob und Biene waren das perfekte Paar gewesen. Schon immer. Sie waren wie Yin und Yang, seit sie sich damals in der 7. Klasse ineinander verliebt hatten. Sie hatten alles geteilt und waren einander immer treu gewesen. Sie hatten an den anderen geglaubt und sich gegenseitig unterstützt, egal wie hart es manchmal war. Und jetzt das! Es gab Tausende Arschlöcher auf diesem Globus und ausgerechnet Biene musste es treffen. Es war nicht mal ihre Schuld gewesen. Ein verfluchter Autounfall auf dem Weg nach Hause. Sie war einem entgegenkommenden Auto ausgewichen, das an einer unübersichtlichen Stelle zum Überholen angesetzt hatte. Alle anderen hatten überlebt, weil Biene über die Böschung und in den Straßengraben ausgewichen war. Der mintgrüne T3 hatte sich mehrfach überschlagen und Biene erlag ihren Verletzungen noch am Unfallort. Mehr war noch nicht bekannt. Die nächsten Tage, Wochen und Monate würde er an Robs Seite verbringen. Er wusste ganz genau, wie es sich anfühlte, und er würde ihn nicht allein lassen. Niemand war ihm in seiner eigenen dunkelsten Zeit so zur Seite gestanden wie Rob. Genau wie vor drei Monaten, als er in einem dieser weißen Mercedes in umgekehrter Richtung auf dieser Landstraße entlanggerollt war, bahnten sich auch jetzt Tränen den Weg über sein Gesicht, aber im Unterschied zu damals war er nicht allein. Er legte seinen linken Arm um Elli, deren sonst so fröhliches und unbeschwertes Herz im schweren langsamen Takt des Mitgefühls schlug. Lena hatte stark geschwollene rote Augen. Sie war völlig erschöpft und ließ ihren Kopf in seinen Schoß fallen.

Hinter Verzweiflung und Erschöpfung, zwischen Wut und Zorn und neben Angst und Hoffnungslosigkeit machte sich ein traurig angenehmes Gefühl der Geborgenheit in den dreien breit. So fuhren sie, ein jeder für sich und in Gedanken vertieft, gemeinsam Richtung Zukunft.

I Have A Dream

ABBA

Jetzt ist es still im Raum. Mucksmäuschenstill. Kein Scharren und kein Klappern mehr. Niemand wagt es, das Tafelsilber zu berühren. Kein Schlucken, kein Schmatzen und selbst die Kinder sind verstummt. Alle Blicke sind auf Hanno gerichtet und der beginnt zu reden. Ruhig, klar, sicher und vor allem überzeugend. So wie nie zuvor.

»Also … Erfolg … hmm … In unserem momentanen Wirtschaftssystem ist das natürlich das Anhäufen von möglichst viel Kapital zum Zweck des Konsums oder der persönlichen Machterweiterung. Ausbeutender, schmarotzender, parasitärer, imperialer Kapitalismus seit nunmehr gut 200 Jahren.

Erfolg im Leben? Hmm … Das ist etwas ganz anderes. Ein erfolgreiches Leben zeichnet sich erstens und vor allem durch gelingende soziale Beziehungen aus. Durch Beziehungen, in denen man sich aufgehoben und sicher fühlt. Durch echte Freundschaften. Am Ende wird man sich daran messen müssen, wie viel Liebe man zu schenken in der Lage war und wie viel Liebe man selbst geschenkt bekommen hat.

Und zweitens zeichnet sich ein erfolgreiches Leben auch dadurch aus, dass man die selbstgesteckten Ziele erreicht hat, und ja, Anhäufen von Geld kann eines dieser Ziele sein. Du bist das beste Beispiel dafür. Der Respekt, den du von mir wie von vielen anderen erntest, ist der Tatsache geschuldet, dass du dein selbstgestecktes und zugegebenermaßen recht ambitioniertes wirtschaftliches Ziel erreicht hast. Kohle scheffeln. Punkt. Wenngleich die Anhäufung von Schotter ein – moralisch gesehen – nur recht minderwertiges Ziel ist, so musstest du doch einige Entbehrungen auf dem Weg auf dich nehmen.

Ich ziehe meinen Hut!«

Die Familie ist sichtlich beeindruckt und nickt zustimmend. Bruno hingegen verzieht keine Miene, als Hanno symbolisch seinen Hut zieht.

»Ach so … na, vielen Dank! Und was ist jetzt dein edles Ziel?«

Hanno stützt die Ellenbogen nachdenklich auf den Tisch, bevor er weiterspricht, ungewohnt souverän.

»Moralisch ambitioniertere Ziele sind jene, die einen Mehrwert für das Gemeinwesen schaffen. Mehr Gerechtigkeit, Freiheit oder Gleichheit für alle. Ziele, die Spaß, Genuss oder Erkenntnis für viele bedeuten. Nicht umsonst sind die Idole der Menschheit allesamt Einzelne oder Gruppen, die durch ihr Wirken sich selbst und vor allem den Rest der Menschheit bereichert haben. Musiker, Schriftsteller, Denker, Erfinder, Wissenschaftler oder revolutionäre Politiker und ja, verdammt nochmal, auch Maler.

Ich stelle mein Leben in diesen Dienst! Und klar bin ich mir bewusst, dass die Wahrscheinlichkeit des Scheiterns exorbitant groß ist. Aber es braucht halt die tausend Gescheiterten, die es vergeblich probiert haben, um den einen Erfolgreichen hervorzubringen. Den Einen, der das Neue, das Andere, das Besondere findet!«

Hanno unterbricht für den Bruchteil einer Sekunde seinen Redefluss, um Luft zu holen, als Bruno noch immer völlig unbeeindruckt zum Konter ansetzt.

»Oder anders ausgedrückt: Aller Voraussicht nach endest du wie 99,9 Prozent aller Künstler als Taxifahrer oder Hartzer Roller, als Alkoholiker oder depressiv in der Klapse! Manometer, Hanno, jetzt sei doch nicht so verdammt naiv! So wirst du nie 'ne Familie ernähren können. Was du brauchst, ist 'n richtiger Job, 'ne feste Beziehung und 'n vernünftiges Leben. Wann wachst du endlich auf, Junge?«

Alter … Du raffst's einfach nicht … Wie viele Menschen, die was »Vernüftiges« gemacht haben, enden genauso … Und woher willst du wissen, dass deine liebreizende Tochter oder ihr Lackaffe nicht nächstes Jahr wegen Burnout bei der Morgenrunde in der Tagesklinik sitzen … Es kann, verflucht nochmal, jeden treffen … Ja, auch mich … Das weiß ich wohl … Aber dein scheiß Vortrag hilft weder mir noch irgendwem sonst hier …

Hanno erhebt sich wutentbrannt.

»Wann ich aufwache? Ich habe alle selbstgesteckten Ziele bisher erreicht. Ich habe meine Lehre mit Eins abgeschlossen. Ich bin um die Welt gereist, habe viele verschiedene Kulturen bewundern dürfen und ich habe erfolgreich studiert!«

Hanno runzelt die Stirn und schaut Bruno fest in die Augen.

»Ich werde nach Marokko gehen und Kunstwerke schaffen, die die Menschen berühren. So wie es Mark getan hätte. Alles andere ist mir egal! Es kann gut sein, dass ich als Arbeitsloser oder Taxifahrer ende. Ja, es ist sogar höchstwahrscheinlich, dass ich im Leben nicht annähernd so viel Schmott anhäufe wie du oder deine wunderschöne Tochter, aber das bedeutet nicht, dass mein Leben erfolglos sein wird.

Weißt du, ich bin davon überzeugt, dass das Wichtigste im Leben jene allerletzte Sekunde ist, in der ein jeder von uns den Spiegel vorgehalten bekommt. Wenn man in dieser Sekunde glücklich ist, dann hat man ein erfolgreiches Leben gelebt und kann beruhigt ins Jenseits ziehen. Es braucht weder einen Gott noch einen Satan als Richter und auch keinen anderen Menschen. Nur einer kann das Urteil fällen und das bist du ganz allein. Ich weiß zum Glück, was ich machen muss, damit ich in jener Sekunde ruhigen Gewissens sterben kann und du wirst mich nicht davon abhalten können.

So, und wenn du nichts dagegen hast, dann geh ich jetzt! Ich hab es nämlich pappesatt, mich ständig rechtfertigen zu müssen, nur weil ich Trampelpfade interessanter finde als Autobahnen. Mein Lebensweg führt mich jetzt direkt ins Bett! Du weißt doch, ich bin ein Träumer und, Entschuldigung, aber vielleicht wach ich nie auf!«

Hanno wendet den Blick von Bruno ab, schaut in die Runde und plötzlich weichen Wut und Empörung dem angenehmen Gefühl der Zufriedenheit, zum ersten Mal im Leben vor versammelter Mannschaft genau das gesagt zu haben, was er wollte. Er verneigt sich schüchtern und verabschiedet sich mit den Worten:

»Ich bitte die Damen und Herren um Verzeihung, aber wenn es an der Zeit ist zu gehen, dann sollte man seine Siebensachen packen und keinen Moment länger warten. Ich wünsche noch einen schönen Abend! Auf Wiedersehen!«

GLOSSAR

SURF-VOKABELN

Im Folgenden findest du eine Auswahl der wichtigsten Surfvokabeln. Die Liste ist natürlich nicht vollständig. Bei Bedarf lässt sich alles Weitere bei dem Dude von nebenan erfragen. Du weißt schon, der mit den blonden Strähnen und der *tan line* über der Boardshort.

Aereal oder Air
Sprung über den Wellenkamm hinaus mit anschließender Landung in derselben Welle. Eines der anspruchsvollsten Manöver.

Anchor Point
Marokkos berühmteste Welle. Legendärer Rechter Point in Taghazout.

Barrel / get barreled
Bei besonders steilen Wellen bildet sich zwischen überschlagender Lippe und Wellenwand ein Hohlraum: die sogenannte Barrel oder Tube. Surfer, die in diesem Hohlraum surfen, können sagen: *Fuck yeah! I got barreled!*

Boardbag
Eine Tasche, um Surfbretter beim Transport zu schützen.

Booties
Schuhe aus Neopren. Sie schützen die Füße vor Seeigeln, Muscheln, Riffs und Kälte.

Cutback
Ein 180-Grad-Turn gegen die Fahrtrichtung zurück zum Brechungsrand der Welle.

Closeout
Bezeichnet das Brechen einer Welle auf gesamter Länge, sodass der Surfer sie nicht mehr reiten kann.

Down the line
Down the line meint: der brechenden Welle folgen. Es wird
meist benutzt, um zum Ausdruck zu bringen, dass man bei sehr
schnell brechenden Wellen mit Vollgas diese entlangrast, ohne
Kurven zu fahren oder Tricks zu machen.
Just fucking down the line.

Drop-in / reindroppen
Als Drop-in wird ein Manöver bezeichnet, bei dem, entgegen
der internationalen Vorfahrtsregelung, ein zweiter Surfer dem
Vorfahrtsberechtigten in den Weg fährt oder versucht, ihm die
Welle streitig zu machen.

Duck-Dive
Eine Technik, mithilfe derer man unter heranrollenden Wellen
durchtauchen kann.

Face
Das »Gesicht« der Welle: jener steile Teil, der noch nicht
gebrochen ist. Der perfekte Bereich für Manöver aller Art.

Finne
Flossenähnliche Richtungsstabilisatoren unter dem Tail des
Boards.

Fish / Fishboard
Eine Surfboardform (Shape). Fishboards sind kurz, breit und
haben wenig Biegung (Rocker). Außerdem besitzen sie ein Fishtail
(Swallow-Tail), das aussieht wie die Schwanzflosse eines Fisches.

Gerry Lopez
Surflegende aus den 60er- und 70er- Jahren. Außerdem Shaper
der legendären Lightning Bolts, den berühmtesten Surfboards der
70er- Jahre.

High Line
Die einfache Fahrt im oberen Drittel des Faces der Welle.

High Tide / Mid Tide / Low Tide
Übersetzt: Hochwasser / halbe Tide / Niedrigwasser.

Impact-Zone
Jener Bereich, in dem die Wellen üblicherweise brechen.

Tow-in-Surfing
Beim Tow-in-Surfing wird der Surfer durch einen Jetski in die Welle gezogen. Dabei steht er bereits auf seinem Brett und spart sich so das Paddeln und den Take-off.

Kelly Slater
Robert Kelly Slater (*11. Februar 1972 in Cocoa Beach, Florida) ist ein US-amerikanischer Profisurfer und elffacher Weltmeister im Profisurfen der ASP.

Killer Point
Etwas nördlich von Taghazout unterhalb eines hohen Kliffs versteckt sich ein weiterer Weltklasse-Rechtshänder.

Leash
Eine Leine, die den Fuß des Surfers mit dem Surfbrett verbindet. Sie verhindert bei einem Sturz, dass der Surfer sein Brett verliert.

Linkshänder / left hander
Wellen, die mit Blickrichtung vom Ozean zum Land regelmäßig nach links brechen, bezeichnen Surfer als linke Wellen oder Linkshänder.

Line-up
Der Bereich, in dem die Surfer sitzen, während sie auf die nächste Welle warten.

Local
Ortsansässige Surfer oder auch allgemein einheimische Personen.

Longboard
Surfbrett mit einer Länge über 8,6 Fuß (ca. 2,60 m).

Magicseaweed.com
Eine sehr bekannte Website, die Wellenvorhersagen für die
kommenden Tage zur Verfügung stellt.

Neo / Neoprenanzug / Wetsuit / Gummianzug / Springsuit
Ein aus Neopren gefertigter Anzug, der den Surfer vor Aus-
kühlung schützt. Je nach Wassertemperatur werden kurze
oder lange Anzüge aus unterschiedlich dickem Neopren verwendet.

Ocean Beach
Einen Strandabschnitt mit dem Namen Ocean Beach findet man
sowohl in San Francisco als auch in San Diego, Kalifornien.

Paddle-out
Das vom Strand aus hinaus zur Welle Paddeln. Als Paddle-out
wird auch eine alte hawaiianische Tradition bezeichnet, bei der
die Angehörigen eines Verstorbenen gemeinsam hinaus auf den
Ozean paddeln, um die Asche des Angehörigen zu verteilen.

Peak / First, Second, Third Peak
Die Stelle, an der eine Welle beginnt zu brechen. Besonders
lange Wellen haben gelegentlich mehrere Stellen, an denen sie
zu brechen beginnen. Nach einer Closeout-Section kann dann
eine zweite und gegebenenfalls später eine dritte Peak sein.

Polyesterharz
Ein Zweikomponenten-Kunstharz, das zum Surfbrettbau
eingesetzt wird.

Rechtshänder / right hander
Wellen, die mit Blickrichtung vom Ozean zum Land regelmäßig
nach rechts brechen, bezeichnen Surfer als rechte Wellen oder
Rechtshänder.

Rincon
Ein weltberühmter Surfspot nahe der kalifornischen Stadt Santa
Barbara.

San Fran / Frisco
Die üblichen Abkürzungen für San Francisco.

Semi-Gun / Gun
Ein Surfbrett für besonders große Wellen. Üblicherweise lange (ab 7 Fuß), dicke Bretter mit spitz zulaufender Nose und Tail und viel Aufbiegung.

Set / Setwellen
Eine paar Wellen, die sich im Laufe ihrer Reise sortiert haben und als geordnete Gruppe Richtung Land wandern. Sets bestehen in der Regel aus einer ungeraden Anzahl von Wellen. Üblicherweise drei oder fünf Wellen.

Shaper
Ein Shaper designt und baut Surfbretter in Handarbeit.

Shorty
Kurzärmlige Neoprenanzüge oder solche mit kurzen Hosenbeinen. Oder: kurze Surfboards bis 7 Fuß, die eine spitze Nase haben.

Single Fin
Surfbretter, die nur eine einzige Finne besitzen. Unabhängig von ihrer Länge oder Form werden sie als Single Fins bezeichnet.

SoCal
Abkürzung für Südkalifornien.

Spot
Der Ort (im Wasser), an dem eine Welle bricht.

Spray
Das vom Surfer wegspritzende Wasser während eines Turns wird als Spray bezeichnet. Je mehr, desto besser.

Swell / Wind Swell / Ground Swell

Die Dünung wird als Wind Swell bezeichnet, wenn sie eine Periode kleiner als zehn Sekunden aufweist. Ist die Periode über zehn Sekunden, spricht man von dem präferierten Ground Swell.

Take-off

Das Manöver, bei dem man vom liegenden Zustand in den stehenden wechselt. Es bezeichnet also das Aufstehmanöver, nachdem man eine Welle angepaddelt hat und bevor man sie surft.

Trestles

Ein weiterer weltberühmter Surfspot in Südkalifornien nahe der Stadt San Clementi.

Tube

siehe Barrel

Turn / Top Turn / Bottom Turn

Das Fahren einer Kurve mit dem Surfboard in der Welle. Je nach Lage der Kurve in der Welle spricht man vom Top Turn (oben am Wellenkamm) oder vom Bottom Turn (unten am Wellenboden).

Wall

Als Wall oder Face wird der steile aber ungebrochene Teil der Welle bezeichnet.

KLETTER-VOKABELN

Im Folgenden findest du eine Auswahl der wichtigsten Kletter-vokabeln. Die Liste ist natürlich nicht vollständig. Bei Bedarf lässt sich alles Weitere in der Kletterhalle deines Vertrauens erfragen.

Abalakov-Schlinge

Eine Sicherungstechnik, die in vereistem Gelände angewandt werden kann. Mithilfe einer langen Eisschraube bohrt man auf einer waagerechten Ebene zwei Kanäle ins Eis. Die beiden Kanäle sollten ungefähr im 45-Grad-Winkel angelegt werden, sodass sie sich am Ende berühren. Dann fädelt man eine Rebschnur hindurch und erhält so eine Sanduhr im Eis.

Chalk / Chalkbag

Chalk oder Magnesiumcarbonat wird beim Klettern zur Schweiß-aufnahme an den Händen benutzt. So lässt sich die Griffigkeit verbessern und das Abrutschen verhindern. Der Chalkbag ist ein kleiner Beutel, in dem das weiße Pulver aufbewahrt wird.

Dynamo

Dynamisches Klettern kommt da zum Einsatz, wo die Abstände zum nächsten Griff zu groß sind.

In so einer Situation bietet es sich an, die Entfernung dynamisch zu überwinden. Dabei wird die stabile Position aufgegeben und zum nächsten Griff gesprungen, wobei der Kontakt zur Wand völlig aufgegeben wird.

Der Dynamo (Dyno) ist ein »Alles-oder-Nichts-Zug« und nicht gerade die leichteste Übung beim Klettern. Es ist ein physisch wie psychisch sehr anstrengender Zug und erfordert ein hohes Maß an Konzentration, Körperbeherrschung und Entschlossenheit.

Freeclimbing / Freiklettern

Unter Freiklettern versteht man das Klettern an Felsen oder Kunstwänden, bei dem keine künstlichen Hilfsmittel zur Fortbewegung erlaubt sind. Zum Freiklettern zählen das Sportklettern und Bouldern sowie das traditionelle sächsische Freiklettern und das Freiklettern im Rahmen des alpinen Kletterns.

Mit Ausnahme des selten praktizierten Free-Solokletterns dürfen bei allen anderen Formen des Freikletterns Hilfsmittel wie Seil und Haken zur Gewährleistung der Sicherheit verwendet werden. Das »Frei« im Wort Freiklettern bezieht sich ausschließlich auf „frei von technischen Hilfsmitteln" zur Fortbewegung. Nicht, wie dies oft fälschlicherweise angenommen wird, frei von Sicherungsmitteln.

Free-Solo

Die Begehung einer Kletterroute im Alleingang unter Verzicht auf technische Hilfs- und Sicherungsmittel. Dies impliziert natürlich fatale Folgen eines Absturzes. Kurze Kletterrouten direkt über dem Meer werden nicht als Free-Solo, sondern eigenständig als Deep Water Soloing bezeichnet. Auch die Begehung von sehr hohen Boulderproblemen, sogenannten Highballs, zählen nicht als Free-Solo.

Karabiner / Kara

Ein Karabiner ist ein Haken mit federunterstütztem Schnapperverschluss. Ursprünglich wurde er von Kavalleristen genutzt, um den Karabiner schnell am Bandelier zu befestigen.
Heute kommt er beim Klettern in unterschiedlichster Form vor und wird vielfältig eingesetzt.

Leiste

Sehr schmaler Felsabsatz oder Klettergriff, auf dem maximal ein bis zwei Fingerglieder Platz finden.

Schweizer Flaschenzug

Ein Verfahren der Gletscherbergung (Spaltenbergung). Dabei wird eine Person, die in eine Gletscherspalte gestürzt und angeseilt ist, ohne ihre Mithilfe unter Zuhilfenahme eines Flaschenzugs durch den oder die Kameraden gerettet.

Seillänge / Länge

Beschreibt einerseits die Länge eines Seiles, auch Kletterseiles, andererseits im Klettersport eine vertikale Höhe von ca. 60 Metern. Diese Angabe ist als Richtwert zu verstehen und kann mit den empfohlenen/verwendeten Seiltypen variieren. So bestimmt sie beim Klettern die maximal vom letzten Standplatz aussteigbare Länge, welche zumeist bei 50 oder 60 Metern liegt. So wird dann auch die Anzahl der Seillängen in einer Mehrseillängentour danach ermittelt, wie oft nachgeholt werden muss. Die als tatsächliche Kletterstrecken bezeichneten Seillängen können bei Mehrseillängenrouten auch unterschiedlich lang sein (z. B. insgesamt vier Seillängen mit 35 Metern, 45 Metern, 50 Metern, 30 Metern).

Sloper

Klettergriff oder Felsvorsprung, auf den die offene bzw. halboffene Hand aufgelegt und dadurch Reibung erzeugt wird.

GANGSTER-VOKABELN

Im Folgenden findest du eine Auswahl der wichtigsten Gangster-vokabeln. Die Liste ist natürlich nicht vollständig. Bei Bedarf lässt sich alles Weitere beim Dealer deines Vertrauens recherchieren.

AK / AK47

Kalaschnikow ist die umgangssprachliche Bezeichnung einer Reihe von sowjetisch-russischen Sturm- und Maschinengewehren. Das Urmodell AK 47, benannt nach dessen Entwickler, Michail Timofejewitsch Kalaschnikow, gilt als legendär.

Bitcoin

Digitale Währung, gleichzeitig auch der Name des weltweit verwendbaren dezentralen Buchungssystems sowie die vereinfachende Bezeichnung einer kryptografisch legitimierten Zuordnung von Arbeits- oder Rechenaufwand. Überweisungen werden von einem Zusammenschluss von Rechnern über das Internet dank Blockchain-Technologie dezentral abgewickelt, sodass anders als im herkömmlichen Bankverkehr keine zentrale Abwicklungsstelle benötigt wird.

Bud

Bezeichnet die reifen Blütenstände oder auch das getrocknete getrimmte Weed.

Crypto Currencies

Eine Kryptowährung oder einfach Kryptogeld ist ein digitales Zahlungsmittel, das mit Prinzipien der Kryptografie erstellt und transferiert wird, um ein dezentrales und sicheres Zahlungssystem zu realisieren. Bitcoin ist die bekannteste Kryptowährung. Bis zur Einführung des venezolanischen Petro im Februar 2018 wurden Kryptowährungen im Gegensatz zu Zentralbankgeld ausschließlich von privater Hand geschöpft.

DEA

Die Drug Enforcement Administration ist eine dem Justizministerium der Vereinigten Staaten unterstellte Strafverfolgungsbehörde mit Hauptsitz in Arlington (Virginia). Ihr Ziel ist es, die illegale Herstellung von Drogen und den Drogenhandel in den USA zu unterbinden.

Dealen

Das Handeln von illegalen Waren. Üblicherweise werden Deals ohne Verträge oder Rechtssicherheit abgeschlossen, stattdessen mit Handschlag und Knarre im Anschlag.

Haschisch

Das aus der Blüte der weiblichen Hanfpflanze gewonnene gepresste Harz. Es handelt sich aufgrund der Produktionsmethode nicht um das reine Harz, sondern vielmehr um ein Konzentrat, das durch Pflanzenbestandteile wie Blütenhaare (Trichome) oder winzige Blätterreste »verunreinigt« ist. Es enthält in Abhängigkeit von der Produktionsmethode und der verwendeten Blütensorte zwischen 10 und 50 % THC. Das reine Harz wird als »Oil«, »Shatter« oder »Wax« bezeichnet und mithilfe von Lösungsmitteln wie Alkohol, Flüssigbutan oder Flüssigkohlenstoffdioxid extrahiert. Diese Öle können neben den anderen natürlicherweise in Cannabis vorhandenen Ölen wie Terpinen und Cannabinoiden auch bis über 90 % THC enthalten.

Joint

Als Joint bezeichnet man eine gerollte Marihuana-Zigarette. In den USA und weiten Teilen der Welt wird darauf Wert gelegt, dass ein Joint nur aus den zerriebenen Blüten der weiblichen Cannabis-Pflanze besteht und keinen Tabak enthält. In Europa hingegen ist es üblich, jede gerollte Zigarette, die Marihuana enthält, als Joint zu bezeichnen. Also auch einen Spliff (gerollte Marihuana-Zigarette aus einer Mischung von Blüten und Tabak).

M16

Das M16-Gewehr war seit 1967 die Standardwaffe der US-Streitkräfte und wurde im Laufe der Zeit von Nachfolgemodellen wie der M16A2 oder M16A4 abgelöst.

Marihuana / Mary J

Marihuana, Gras oder Weed bezeichnen in der deutschen Umgangssprache den getrockneten Blütenstand der weiblichen Hanfpflanze (Cannabis).

Mom

siehe Trim.

NORML

Die National Organization for the Reform of Marijuana Laws (abgekürzt NORML, dt: Nationale Gesellschaft für die Reformierung der Marihuana-Gesetze) ist eine gemeinnützige Organisation in den Vereinigten Staaten von Amerika, die sich für einen straffreien Gebrauch von Cannabisprodukten einsetzt.

Pot

Slang für Marihuana.

Pound

Im angloamerikanischen Maßsystem eine Einheit für die Masse. Ein Pfund besteht aus 16 Unzen.
Ein amerikanisches Pound entspricht 454 Gramm und ist die gängige Abpackungsgröße in *the industry*.

Trim / Trim-Season / Trim Crew
Als Trim bezeichnet man das Abschneiden der kleinen Blätter im Blütenstand, sodass möglichst nur der perfekt geshapte Bud übrigbleibt. Üblicherweise wird dies gleich, nachdem die Ernte getrocknet ist, durchgeführt. Die Trim-Season ging früher von Oktober bis Dezember. Aufgrund neuer Produktionsverfahren wie die *light deprivation method* und Gewächshäusern ist mittlerweile von Ende Juni bis Dezember Trim-Season. Die Crew besteht üblicherweise hauptsächlich aus Frauen, die oft zehn bis zwölf Stunden am Tag die Blüten beschneiden. Die Managerin wird als Mom bezeichnet und kümmert sich um Organisation, Verpackung, die Mahlzeiten und das allgemeine Wohl der Crew.

Turkey Bags
Dünne Klarsichtplastiktüten, die ursprünglich zum Einfrieren des Thanksgiving-Dinners gedacht waren. Zufälligerweise haben sie genau die richtige Größe für ein Pound getrocknetes Marihuana. Sie werden üblicherweise dazu verwendet, die getrimmten Blüten zwischenzuverpacken, bis sie für den Verkauf oder zum längeren Lagern vakuumiert werden.

Weed
Slang für Marihuana.

9 mm M&P / Smith and Wesson
Eine der beliebtesten 9-mm-Pistolen vom renommierten amerikanischen Hersteller Smith and Wessov

Printed in Germany
by Amazon
Distribution